瑞登堡著述中文翻譯系列一

天堂與地獄

Emanuel Swedenborg's Works in Chinese, Book 1

Heaven and Hell

以馬內利·瑞登堡
Emanuel Swedenborg

瑞登堡華語讀書會翻譯
Swedenborg Society for Global Chinese

瑞登堡著述中文翻譯系列一：《天堂與地獄》
Emanuel Swedenborg's Book: Heaven and Hell

出版 Publisher:	神道出版社 TheoLogos Publications
作者 Author:	以馬內利·瑞登堡 Emanuel Swedenborg
翻譯 Translator:	瑞登堡華語讀書會
校對 Revisor:	以西緬 Aubrey Zhang
網站 Web:	TheoLogos.net/b5
地址 Address:	2199-3151 Lakeshore Road Kelowna, BC, Canada V1W 3S9

© Copyright 2016 神道出版社 TheoLogos Publications
2016 年 12 月美加首印 US & Canada 1st print December 2016
2022 年 6 月 Lulu.com 再版 2nd print via Lulu.com June 2022

ISBN: 978-1-927530-46-7

神道出版社版权所有。除非经版权持有者事先许可，本书不得为获利之缘故以任何电子、机械、影印、录音或其它任何方式部分或全部翻印、存盘、传输。

All rights reserved. No part of this publication may be reproduced, stored in a retrieval system, or transmitted, in any form or by any means, electronic, mechanical, photocopying, recording, or otherwise, for the purpose of gaining profit without the written prior permission of the copyright holder.

目錄

出版者的話.. i
原著序言.. 1

上篇、天堂

第1章、主耶穌就是天堂的神.. 3
第2章、主的神性構成天堂.. 5
第3章、主的神性就是愛：愛神與愛人................................ 7
第4章、天堂大體分為兩個國度.. 11
第5章、天堂細分為三層天.. 13
第6章、天堂由無數社羣組成.. 17
第7章、社羣乃天堂縮影，天使乃最小的天堂.................... 21
第8章、天堂整體如一人.. 25
第9章、每個社羣也如一人.. 29
第10章、天使也呈完整人形.. 31
第11章、天堂整體和局部皆如人，源自主神聖的人性...... 35
第12章、天堂的一切與人的一切對應................................ 39
第13章、天堂也與地上的一切對應.................................... 45
第14章、天堂的太陽.. 51
第15章、天堂的光和熱.. 55
第16章、天堂的四方.. 61
第17章、天使狀態的起伏變化.. 65
第18章、天堂的時間觀.. 69
第19章、天堂景象的代表和顯像...................................... 73
第20章、天使的衣著.. 75
第21章、天使的居所.. 77

第 22 章、天堂的空間觀.. 79
第 23 章、天堂的樣式.. 83
第 24 章、天堂的治理.. 89
第 25 章、天堂的敬拜.. 93
第 26 章、天使的大能.. 95
第 27 章、天使的語言.. 99
第 28 章、天使如何與人交流.. 103
第 29 章、天堂的書作.. 109
第 30 章、天使的智慧.. 113
第 31 章、天使天真無邪的秉性.. 119
第 32 章、天堂和諧的景象.. 123
第 33 章、天堂與人類的聯結.. 127
第 34 章、天堂藉聖言與人類聯結.. 131
第 35 章、天堂地獄皆出自人類.. 135
第 36 章、天堂中的非信徒.. 139
第 37 章、天堂中的孩童.. 145
第 38 章、天堂內的智者與愚者.. 151
第 39 章、天堂內的富人與窮人.. 157
第 40 章、天堂中的愛情與婚姻.. 163
第 41 章、天使的工作與職責.. 171
第 42 章、天堂的喜樂與福份.. 175
第 43 章、天堂浩瀚無邊.. 183

中篇、靈界與死後真相

第 44 章、何爲靈界.. 187
第 45 章、人的內在是靈.. 191
第 46 章、人死後復活並開始進入永生.. 195
第 47 章、人死後依然是完整的人.. 199
第 48 章、人死後擁有一切,唯獨撇棄了塵體................................ 203

第 49 章、人在世間的生活決定死後境況.................................. 211
第 50 章、生命的樂趣轉為所對應的死後事物.............................. 219
第 51 章、人死後的第一個階段.. 223
第 52 章、人死後的第二個階段.. 227
第 53 章、人死後的第三個階段：天堂學前班.............................. 233
第 54 章、無人能不通過任何途徑而單憑神的憐憫進天堂.................... 239
第 55 章、活出天堂的樣式並非想像的那麼難.............................. 243

下篇、地獄

第 56 章、主掌管地獄.. 249
第 57 章、主不將人投入地獄，皆為生前自選.............................. 253
第 58 章、地獄之人因自私自利而邪惡愚昧................................ 257
第 59 章、如何理解不滅的火和咬牙切齒.................................. 265
第 60 章、魔鬼惡毒兇殘的伎倆.. 271
第 61 章、地獄的形狀、位置與數量...................................... 275
第 62 章、天堂地獄之間的平衡.. 279
第 63 章、人的自由源於天堂與地獄之間的平衡............................ 283

出版者的話

有一位生於1688年逝於1772年的神之僕人，名叫以馬內利·瑞登堡（Emanuel Swedenborg），他集科學家、解剖學家、哲學家和神學家於一身，在世84年間用了近30多年的時間，寫了大量的神學著作。他所寫的書，與眾不同的特別之處，在於神讓他在幾十年的時間裏，藉著在天堂與成千上萬的天使，以及死後復活在靈界或地獄裏的靈魂，方方面面的交談，讓他對人死後的真相，有著來自第一手資料的客觀、理性的見解。

在瑞登堡所寫的大量著作中，有一本叫 Heaven and Hell《天堂與地獄》的書，最受關注和歡迎，因為其詳細描述了人死後的真相。雖然這本書中所揭示的很多情節，大多是我們過去從來沒有想過和聽過的，但從聖經原文的角度看，我們發現這本書與聖經的三一性（整體性、不變性和無誤性），大都沒有什麼衝突之處。為此，我們選擇將《天堂與地獄》這本書，作為瑞登堡著述中文系列的第一本出版，以饗中文讀者的需要。

瑞登堡所經歷和描繪的天堂與地獄，以及死後靈界的真相，能幫助我們對聖經有更深的領悟，也幫助我們將深奧難懂的靈性世界與我們朝夕相處的現實生活緊密聯繫起來。靈界不再是遙遠的太空，其實離我們不遠，因為我乃同時活在兩個世界。就肉體而言，我們活在所謂物質的自然界；就靈魂而言，我們却是活在靈性的世界。所以，瑞登堡對靈界的描繪同時也是對人性深處的剖析，因而令人信服，而不覺得陌生和遙遠。相信本書能帶給你一段神奇的靈界之旅，使你對靈界有形象清晰的認識，如親臨其境一般。

對於從聖經的字面入手，看不見其深層含義的人來說，此書可以幫助我們透視聖經中的深層含義，餵養自己饑渴的靈魂，使自己的靈命長進。附帶的一個果效，就是便於我們個人知道：靈界的真實，與我們活生生的現實有一種對應關係，以致信仰不至於成為空中樓閣，即沒有生命的神學理論，而是融會貫通地將靈界的真理，用在日常生活、工作、學習中，通過腳踏實地的實踐，使其成為自己的血肉。只有如此，才可叫信仰成為實實在在的樣式，用良性循環的方式，從自己身上擴展到身邊最近的人，乃至自然影響自己所在的小區，社團，和社會。

為此，我們鼓勵沒有信仰的人，可以藉著這本書開啓你裏面的靈性，甚至藉著這本書與你可以情投意合的人，開始一個《天堂與地獄》的讀書會；對於有信仰的人，我們鼓勵你將此書當作一本靈修書籍，爲了提高你自己的靈性，調整自己信仰中可能不全面或有偏差的地方，以致更新你的信仰，甚至加深你在信仰中的認識和實踐層次。

當然，無論你是無神論，還是有信仰的人，也不管你的信仰到底是什麽，如果在看了這本書之後，能使你有願意去親自看《聖經》的動力，那就是好上加好了，畢竟世界印量最大的《聖經》可以給你提供，印證此書講的到底是與不是，真與不真的最直接可見的證據。

本書共分三大部分，第一部分講述天堂的情景，第二部分講述人死後的情景，第三部分講述地獄的情景。

注意，此書在編排上，除了常規的章節標題外，還保留了原著中從作者序言開始的每 50 小節爲一大段的排序——段落開始的阿拉伯數字是原著中這一大段的序號，特此說明。

本書的海外精準版基於"瑞登堡華語讀書會"原來的集體翻譯，是他們背後默默無聞的無私擺上，使得此中文版成爲可能，爲此我們獻上最誠摯的感謝。爲使翻譯更加忠實於原文，同時並適合海外中文讀者嫻熟聖經的用詞習慣，我們根據 John Ager 於 1900 年由拉丁文所翻譯的英文譯本，對起初的中譯進行了再次校對，必要的地方還參照了拉丁原文。而且，對原來中文翻譯中冗長或翻譯不精準的地方，也做了必要的調整。這就是爲什麽我們稱其爲"精準版"的緣故。也盼望熱心的讀者，將其中還可能有的疏漏及時反饋給我們，幫助我們在此基礎上，將此中文譯本做得更加精益求精，特別是與原來的拉丁原文也沒有任何出入。

最後，需要特別指出的是，根據原書的上下文，其中的"主"（the Lord）皆指向曾經道成肉身而後又從死裏復活的拿撒勒人耶穌。因此，爲了讓人更明瞭其在文中所指，有些地方的"the Lord"，我們就直接譯爲"主耶穌"。

神道出版社
2016 年 12 月 12 日

原著序言

1. 在《馬太福音》中，當主耶穌向那時的門徒，講到新約時代最末了的時候，預言了教會在愛心與信心方面下滑的光景，祂說：

那些日子的災難一過去，日頭就變黑了，月亮也不放光，衆星要從天上墜落，天勢都要震動。那時，人子的兆頭要顯在天上，地上的萬族都要哀哭。他們要看見人子，有能力，有大榮耀，駕著天上的雲降臨。祂要差遣使者，用號筒的大聲，將祂的選民，從四方，從天這邊到天那邊，都招聚了來。（馬太福音 24:29-31）

若照字面意義來理解這段話，必定以爲在最後審判之時，聖言所說的這些事都要嚴格照字面一件一件地應驗，也就是真的太陽要變黑，月亮要無光，衆星要從天上墜落，主的兆頭要顯在天上，祂要駕著天上的雲降臨，天使要吹響號筒。而且，正如聖言在其它地方所預言的那樣，這個物質的世界將要被毀滅，然後新天新地才會出現。

現今大多數基督徒都是這樣看的，也是這樣相信的，但對於隱藏在聖言中的奧秘，却毫無所知。事實上，聖言的每一細微之處都有一內在的含義（即"靈義"），來描述屬靈和屬天的事物，而不是好像是字面所描述的，那些大自然和屬世的事物。聖言的每句話，乃至每個字，都包含著內在的靈義。

因爲聖言純粹以對應的方式寫成，以致其每一細微之處，都可能有一內在靈義，包含在字義之中。關於此靈義的本質，我已在先前所寫的《屬天的奧秘》一書中闡述了，也可在《解析啓示錄》所引用前書中，關於啓示錄"白馬"的解釋那裏看到。正是基於這個層次的靈義，現在讓我們來看一下，應當如何理解上述聖言中所提到的"主駕著天上的雲降臨"："日頭"代表人對主的愛；"月亮"代表人對主的信；"衆星"代表人對真理和良善的領悟；"人子的兆頭顯在天上"代表神性真理的顯現；"地上哀哭的萬族"代表與真理和良善或信心和愛心相關的所有事物；"主在能力和大榮耀中駕著天上的雲降臨"代表主在聖言中的顯現和啓示；"雲"指聖言的字面意思；"榮耀"指聖言的內在含義；"吹響號筒的天使"藉指天堂，神性的真理就是從此而來。

這樣，我們就能清楚明白這些話的含義：到了教會的末期，當教會不再有愛心，也遇不見信心之時，主就會將聖言的內在靈義揭示出來，開啓天堂的奧秘。

本書要揭示的奧秘是關於天堂、地獄及人死後的生命真相。

如今，教會對天堂、地獄及人死後的生活，幾乎一無所知，儘管聖言中有大量的描述可供他們查閱。事實上，許多出自教會的人否認這一切，在心裏說："誰從那個世界返回過，並告訴我們呢？"

爲避免這種負面的觀點，影響乃至敗壞那些心地單純、信仰簡單的人。如今將天堂地獄等靈性世界的真相，公諸於世，期望能以此照亮無知，驅散疑雲。

第一章、主耶穌就是天堂的神

2. 首先,我們需要知道誰是天堂的神,因爲其他一切,都是從這裏開始的。在整個天堂中,除了主耶穌,沒有其他任何人被稱爲神。正像經上所記,也就是主祂自己所說的:祂與父原爲一,父在祂裏面,祂在父裏面;人看見祂就是看見父;一切聖潔的事物皆從祂而出(參約翰福音 10:30, 35; 14:9-11; 16:13-15)。

我曾經常與天使們談論這一點,他們都一致說,在天堂中實在無法把神一分爲三。這是因爲他們既知道,又感覺到神是一,而這個一就在主的裏面。他們又說,凡從世界進入教會,認爲有三位神存在的人,將無法進入天堂,因爲他們的注念從一位神,漂移到另一位神,而且因爲在天堂中,他們不允許想著"三"而說的却是"一"。

這是因爲在天堂中,每一個人所說的便是他所想的,在那裏言語就是人所思所想的直接表達,或者說是意識心智在說話。鑒於這個緣故,天堂無法接受的,就是那些在這個世界上,將神一分爲三,對每一個部分採取不同的理解,而沒有將三合而爲一,並集中在主耶穌身上的人。實際上,在天堂中所有的心智都是共享的,這樣,如果有一個剛到天堂的人,在心裏關注"三",但嘴裏却說"一",他會被立刻認出來,而因此被天堂所拒絕。

但願我們知道,對於那些還尚未將不可分割的真與善分開、信與愛分開的人,當他們在另一個世界受教的時候,即教導主耶穌就是宇宙之神的時候,他們都會接受這一屬天的觀念。然而,對於那些將信仰與生活分開,即那些沒有將真實的信條活出來的人來說,情況則不然。

3. 那些在教會中只認父而不認主耶穌的人,而且是已經確認此觀念的人,不會在天堂中。由於他們不能直接領受源自天堂的靈流,而在天堂中,只有主耶穌是敬拜的中心,因而他們一步一步地,喪失了判斷事物真僞的能力。最終,他們成了啞巴,或談吐愚拙,說話好似兩臂關節鬆散垂晃的人一樣。

照樣,那些像索西尼信徒(Socinians)那樣,否認主的神性而只承認其人性的人,也在天堂之外。他們是偏右滑入深淵,這樣他們就與其他來自基督教世界的人,徹底隔開,分立兩邊。

還有一些人,他們聲稱信奉一位不可見的神,稱其爲宇宙的靈魂,是一切事物的源頭，但却拒絕關乎主耶穌的所有信仰，最後發現他們實乃根本不信神，因爲他們所信的那不可見的神，實乃大自然第一因的某種屬性而已。對這樣本是大自然某種屬性的"神"，既不是信的對象，也無法成爲愛的對象，因爲其不能成爲人所思所想的關注點。這樣的人也被逐出，與那些被稱爲"自然神論者"爲伍。

至於那些生在教會之外的人，即所謂"俗人"，情況又不一樣，我會在後文中談及。

4. 構成天堂第三部分的小孩子們，都是起初被引導，而承認並相信，主耶穌就是他們的父，後來又承認並相信，祂是萬有的主，即天地的神。後面會說明，小孩子如何在天堂成長，並藉著知識的教導，被帶到完全地步，甚至長至賦有天使的聰明和智慧。

5. 教會之人當毫無疑問地確信，主耶穌就是天堂的神，因爲祂曾親自宣告："凡父所有的都是我的"（馬太福音 11:27；約翰福音 16:15; 17:2），"天上地下所有的權柄都賜給我了"（馬太福音 28:18）。祂說"天上地下"，因爲掌管天的同時掌管地；天與地事實上相互依存。主掌管天地，表示我們可從祂那裏，領受一切與愛相關的良善，和一切與信相關的真理；因而領受所有的智慧和聰明，以致所有的幸福。一言以蔽之，領受永遠的生命。

這也正是主耶穌自己所教導的，祂說："信子的人有永生，不信子的人得不著永生"（約翰福音 3:36）。祂還說："復活在我，生命也在我！信我的人，雖然死了，也必復活；凡活著信我的人，必永遠不死"（約翰福音 11:25-26）。還說："我就是道路、真理、生命"（約翰福音 14:6）。

6. 有些靈（譯注：即死後離開物質世界進入靈界的人）儘管在地上已經承認父，但他們對主耶穌的認識只限於：像其他人那樣，祂僅僅是個人。這意味著他們不相信主耶穌是天堂的神。爲此緣故，他們被允許在靈界遊蕩，看能否找到一個不屬於主的天堂。他們尋訪多日，無果而終。

此等人將幸福建立在榮耀自己和控制別人之上；由於不能如願，且被告知這些尋求與天堂無關，他們就憤憤不平。希望有一個可以讓他們凌駕於別人之上的天堂，在此可享受如同世上那樣的榮華富貴。

第二章、主的神性構成天堂

7. 天使作爲一個集合體，被稱爲天堂，因爲從外在看，是天使組成天堂。但從本質上看，無論在整體上還是在細節上說，構成天堂的實乃主的神性，從主而出，並流進衆天使，且被他們所接受。從主發出之神性，是良善、是真理；天使從主接受良善和真理的程度如何，決定了他們成爲天使和天堂的程度也如何。

8. 天堂中的任何一位都知道、相信、甚至感受到：他們所立志並所做的，絕非出於自己的善；他所思並所信的，也絕非出於自己的理——一切都是出於神，即皆從主而來。從自我所出的一切善與理，並非真善與真理，因爲自我之中並無生命，生命由主而來。內層天也就是第三層天的天使，能清楚地感受，並感知到良善與真理的流入，且接受的越多，他們就越進入天堂，因爲他們越是被愛與信所吸引，也越發沐浴於聰明與智慧的光中，結果也就越處於天堂之快樂中。我們一旦看到這一切，都來自於主的神性，而天使也是藉此成爲天堂，就能清楚明白，是主的神性構成天堂，而非衆天使自己的什麼東西構成天堂。

這就是爲什麼天堂在聖言中，被稱爲主的"居所"和祂的"寶座"，也是爲什麼活在天堂之中，就是在主裏面的緣故。後面我會解釋神性是如何從主發出並充滿天堂。

9. 天使藉著智慧更進一步說，不但一切的良善與真理源於主，而且生命的一切都源於主。他們指出，沒有什麼能夠自生；萬物皆從之前的事物而出，這意味著萬物皆從一"源"生。天使稱此"源"爲萬物生命的根本。萬物也以同樣的方式來維持，因爲維持就是不斷地產生。任何事情如果不是通過居間的媒介，保持與此"源"之間的聯繫，就即刻崩潰瓦解。天使還說，生命之源只有一個，像溪流從源頭那樣，流到人的裏面並帶來生命，若非從生命之源獲得持續的供應，必要立刻枯竭。

天使進一步說，從主這唯一的生命之源流出的，皆是神性之善和神性之真。此善此真照著個體接受程度的不同來影響個體。人若將此善和此真，納入他的信仰和生活，便在天堂；人若抵制此善此真，就自行轉向地獄。事實上就是以善爲惡，以真爲謬，因而以生爲死。

天使注意到，宇宙萬有皆可溯源於良善和真理，由此證明主是一切生命之源。人的意志源於良善，人的領悟源於真理。良善和真理既從天上來，那麼天也便是人的生命之源。

天使既有此信念，若有人為其所行之善而感謝他們，就會不悅，因任何人將善歸給他們而隱退。再者，若有人相信自己有智慧，或靠自己能行善，他們也會感到費解。用他們的話說，為己所行之善不能稱之為"善"，因為此乃出於自我；因善而行的善是"天之善"，他們說這才是構成天堂的善，因為此善就是主自己。

10. 有些靈在世時，確信他們所行之善和所信之理，皆出於自我，或者將這些美德歸為己有，他們不會為天堂所接納。凡是以功利心行善，並因行善而自以為義的人，都抱有這樣的觀念。天使避開他們，視他們為愚為賊：愚，因為他們看到的僅僅是己，而不是神；賊，因為他們竊取了主之善和真為己有。說天使裏面的神性構成天堂，而不是主的神性構成天堂，此理在天堂是行不通的。

11. 人若在天堂或教會裏，就是在主裏面，主也在他裏面。這正是主所教導的，祂說："你們要常在我裏面，我也常在你們裏面。枝子若不常在葡萄樹上，自己就不能結果子；你們若不常在我裏面，也是這樣。我是葡萄樹，你們是枝子；常在我裏面的，我也常在他裏面，這人就多結果子。因為離了我，你們就不能做什麼"（約翰福音 15:4-5）。

12. 綜上所言，可以下一結論：主耶穌住在天使之中屬於祂自己的地方，所以祂是天堂的全部，也是天堂的本質。因為出自祂的是祂自己，所以源於主的善，就是住在天使之內，並在他們之間的主。於是，是源於主的善，而不是天使自己的什麼，構成天堂。

第三章、主的神性就是愛：愛神與愛人

13. 源於主的神性，在天堂被稱爲"神性之真"，至於爲何如此稱呼，後文有解釋。神性之真從主的神性之愛而出，注入天堂。神性之愛與神性之真，如同自然界太陽的火，與從火所發出的光。因爲此對應關係，所以火就代表愛，光就代表真。從而愛，就好比太陽的火，而出自此愛的真，好比太陽的光。

由此可以確定，出於神性之愛的神性之真，有怎樣的性質。就本質而言，它是神性之善與神性之真的結合，這樣的結合給天堂中的萬有帶來生命；正如世間太陽的熱與光的結合，使得春夏時節大地生機盎然。如果熱未與光聯合，光就是冷的，使得萬物枯萎消亡。

喻爲熱的神聖之善，是在天使之內並他們之間的愛之善；比作光的神聖之真，則是此善的工具與載體。

14. 構成天堂的神性，其實就是愛，因爲愛本是靈性的聯結體，將天使與主、天使與天使彼此相聯。因著這樣的聯結，以至他們在主眼中，形如一人。再者，愛是人生命最本質的東西，是天使和世人的生命之源。人若反思一下，會發現愛是人生死攸關的核心：愛現則暖，愛消則冷，愛竭則亡。當知道，我們裏面愛的性質，決定生活的品質如何。

15. 在天堂中，愛分爲對主和對人，兩種截然不同的愛：前者是第三層天或內層天的特質，是對主之愛；後者是第二層天或中層天的特質，是對鄰舍之誼（charity，在本書中還譯爲"友誼"，表示與信相適宜、关愛他人之友誼）。兩者皆源於主，分別構成相應的天堂。

在天堂之光中，能清楚看到兩者如何不同，以及如何聯合，在人間却只能依稀地分辨。天堂的"對主之愛"或說"愛主"，並非是指熱愛主所投射的某個形象，而是熱愛源於主的良善；愛良善就是立志並行出善來。同理，"對鄰之誼"或說"愛鄰"，並非是指愛親友鄰居所投射的形象，而指熱愛源於聖言的真理；愛真理就是想要並行出真理來。由此可知，"愛主"與"愛鄰"之別，有如善與真之別，兩者的聯合，有如善與真的聯合。

只是對於不明白什麼是愛、善、鄰舍的人來說，以上說法與他的觀念並不相符。

16. 當聽到教會之人並不明白愛主與愛鄰，就是對良善與真理的熱愛並願意奉行時，天使感到吃驚。然而，教會之人本該明白，人應當通過意志和行出對方所願，來表達對他人的愛，對方的回應也是通過這種方式，這樣二人之愛才聯合在一起。不行出對方所願之愛，本質上並非真愛。他們還應當明白，源自主的善，就是主自己的樣式，因為主在其中。人若通過意志和行動，使良善與真理成為生活的準則，那就是成為主的樣式，並與主聯合了，因為注念於什麼，也就熱愛什麼。這正是主所教導的，祂說："有了我的命令又遵守的，這人是愛我的；我也必愛他，與他同住"（約翰福音 14:21,23）。還說："你們若遵守我的命令，就常在我的愛裏"（約翰福音 15:10, 12）。

17. 從主所發，流向天使，並構成天堂之神性的，就是愛。事實上，天堂的所有人，皆是真愛與友誼的彰顯，顯出不可言喻之美，有愛從他們的面容，言談和他們生命的一切舉止中，散發出來。

再者，有生命的靈性氣場，從每位天使和每個靈中透射出來，並環繞著他們。通過這種生命氣場，即使他們相離甚遠，其愛之情感的質量也可知曉，因為此氣場是從他們的生命，散發而出，體現了他們的情感，和與此對應的思念，或者也體現了他們的愛，和與此對應的信。天使所散發的氣場充滿愛，能觸及所遇之人的至深處。

在靈性世界，所有人的定向，都由心中之愛所定；由此看出，愛是天使的生命之源。人若沉浸於對主和對鄰舍之愛中，就會一直面向主；而陷於利己之愛者，則始終背離主。無論身體如何轉動，都是如此。因為在靈性世界，人所處的空間關係，與人的內在狀態保持一致。地理方位也由此決定，其界定方式，不像物質世界那般固定，而取決於人的面朝向何方。事實上，不是人自己轉向主，而是主使那些願意行祂所行之善的人，轉向主自己。

18. 在天堂，主的神性就是愛，因為此愛能承受天堂中的一切，諸如平安、聰明、智慧和快樂。凡是與愛諧和相融的，皆可納入其中。愛發自渴求、尋找並吸收這些品質，並藉此不斷追求豐富與完美。其實人也能意識到這個事實，打個比方說，人審閱記憶中的儲存，將與己慾相合的調取出來，在己慾之中，將其收集並整理：在之中，是為了擁有它們；在之下，為使它們為己服務。凡是與己慾不合的，皆予以拒絕並排除。

對於願意吸收與之相合的所有真理，愛有一種充分而固有的能力，也有一種與所有真理相結合的渴望。通過觀察已升入天堂的人，這一點顯而易見。即使在世時頭腦單純的普通百姓，當他們進入天使當中，也獲得了天使的智慧，享受著天堂的快樂。這是因為他們因善而愛善、因真而愛理，並將這些品質融進自己的生活中，從而大有能力，來接受天堂，及其不可言喻的豐盛。

陷於己慾和物慾（譯注：己慾就是愛自己，物慾就是愛世界）中的人，則缺乏這種吸收的能力。他們背道而馳，但凡接觸良善與真理就極力躲避，樂意與地獄中陷入相同慾望的人爲伍。

有的靈對天堂之愛的神奇能力抱有懷疑態度，希望求得證實。爲此，在排除一切障礙的情形下，他們被帶進天堂之愛的狀態中，並領他們向天堂前行。在此過程中，他們感受到無法言喻的內在喜樂。然後不得不被迫又恢復到之前的狀態，他們爲此感到十分惋惜。

還有一些靈也被提到天堂，被提升得越高或進入越深，他們能領受的聰明和智慧也就越高或越深，竟能領悟之前無法理解的事情。由此可見，從主而出的愛，的確是爲天堂及其中一切豐富，所悅納的。

19. 由此推斷，"愛主"之愛與"愛鄰"之誼，自身就包容了由神性發出的一切真實。爲此主說："你要盡心、盡性、盡意愛主你的神，這是誡命中的第一，且是最大的。其次也相仿，就是要愛鄰舍如同自己。這兩條誡命是律法和先知一切道理的總綱"（馬太福音22:37-40）。"律法和先知"表示全部聖言，意味著一切神性之真。

第四章、天堂大體分爲兩個國度

20. 天堂存在無限的多樣性，沒有哪個社群、甚至哪一個體與其它完全相同。天堂有總體、具體、細節的劃分。總體上，天堂可分爲兩種國度；具體上，也可分爲三層天堂；就細節而言，又可分爲無數個社群。這三個方面，會在下面細談。

天堂在總體上被稱爲"國度"，因爲在聖言中，天堂被稱爲"神的國"。

21. 由主而出的神性，有的天使接受得深，有的則接受得淺。前者稱爲"屬天之天使"（celestial angels），後者稱爲"屬靈之天使"（spiritual angels）。天堂由此分爲兩種國度，稱爲"屬天國度"（celestial kingdom）和"屬靈國度"（spiritual kingdom）。

22. 屬天的天使，是在更深的層次接收主的神性，因此是更內層或更高層的天使；其所在的天堂，也因此被稱爲更內層或更高層的天堂。我們用"更高"或"更低"來描述更內在或更外在的事物。

23. 位於屬天國度中天使的愛，被稱爲"天愛"（celestial love），位於屬靈國度中天使的愛，被稱爲"靈愛"（spiritual love）。天愛是愛主之愛，靈愛是愛鄰舍之愛。再者，因爲一切的善都連於愛（凡是人所愛的，在他來看就是善的），因此這兩個國度的善也可分別稱爲"天之善"和"靈之善"。由此可見，屬天國度與屬靈國度的分別，有如愛主之善與愛鄰之善的分別。前者之善是更深層的善，前者之愛是更深度的愛，因此屬天之天使，是更內在的天使，稱爲"更高的天使"。

24. 屬天國度也稱作主的"祭司國度"，聖言稱其爲祂的"居所"；屬靈國度也稱作主的"君王國度"，聖言稱其爲祂的"寶座"。因著主的屬天神性，主在人間被稱爲"耶穌"；因著祂的屬靈神性，祂被稱爲"基督"。

25. 屬天國度中的天使，在智慧和榮耀上，遠勝於屬靈國度中的天使，因爲他們是在更深的層次，領受主的神性。他們沐浴在對主的熱愛之中，與主更爲契合。他們遠勝屬靈之天使，因爲他們直接將真理融入生活，而且恆常如此，不像屬靈之天使那樣，先將真理攝入記憶和思維。這意味著，屬天之天使，已將真理刻在心裏，融會貫通，無需分辨對錯。他們就像《耶利米書》中所描述的那些人：

"我要將我的律法放在他們裏面，寫在他們心上。他們各人不再教導自己的鄰舍和自己的弟兄，說，你該認識耶和華，因爲他們從最小的到至大的都必認識我"（31:33-34）。

在《以賽亞書》，他們被稱爲"受耶和華教訓的人"（54:13）。在《約翰福音》，主說凡蒙耶和華教訓之人，就到祂那裏（6:45-46）。

26. 我們說過，屬天之天使擁有更大的智慧和榮耀，因爲他們將真理直接融入生活，並且持續如此。他們在聽道時，便有意去行出來，而不是先存在記憶中，再分辨是對是錯。因著神性的流入，這樣的天使能立即知道，他們所聽之道是否確實爲真。神性的流注（influx）進入人的意志，是直接地流注；經意志流入人的思維，則是間接的流注。換句話說，主的流注直接進入人裏面的"良善"，經過"良善"間接流入人裏面的"真理"。凡屬於意志和行爲範疇的，我們稱之爲"良善"；凡屬於記憶和思維範疇的，我們稱之爲"真理"。所有的真理，若只是停於記憶和思考的層面，既不是善的，也不是活的，並未與人相融合；因爲人之所以爲人，是在於意志處於第一位，其次才是理解，而不是在於與意志分離的理解能力。

27. 屬天之天使與屬靈之天使，既存在如此的分別，自然就不在一起，也不往來，僅僅通過居間的被稱爲"天靈"（celestial-spiritual）的天使社群間接聯繫。通過這些居間的社群，屬天國度流入屬靈國度。因此，天堂雖分爲兩個國度，却依然構成一個整體。主始終預備這些居間的天使，通過他們，讓二者之間有交流與聯接。

28. 關於屬天之天使與屬靈之天使，下文會有更詳細的介紹，此處不再贅述。

第五章、天堂具體分爲三層天

29. 天堂分爲三層，彼此截然不同：內層天或叫第三層天，中層天或叫第二層天，外層天或叫第一層天。三者依次相連，相互依存，如同一個人的頭部、軀幹、腳部，亦如房子的頂部、中部、底部。主所發的神性，依同樣的順序貫注天堂，此次序的必然性決定了天堂的三重分佈。

30. 人的心智與性格的內在，也呈現類似的樣式，有內層、中層與外層三屬性。當人被造時，這樣的神聖次序，就被完整地組織在人的裏面，以至於人成爲神聖次序的樣式，因而成爲微縮版的天堂。因同樣的緣故，就人的內在而言，我們現在與天堂相通，死後便與天使同列。至於死後到底是進入內層、中層、外層天，取決於我們在人間生活時，對神性之良善和真理接受的程度。

31. 從主流出、爲第三層天或內層天所接收之神性爲"屬天"（celestial），其中的天使，因而被稱爲"屬天之天使"；從主流出、爲第二層天或中層天所接收之神性爲"屬靈"（spiritual），其中的天使，因而被稱爲"屬靈之天使"；從主流出、爲第一層天或外層天所接收之神性稱爲"自然"（natural），其中的天使，因而被稱爲"自然天使"。此靈性的"自然"並非世人所說的自然，此"自然"中有內層天之"天"和中層天之"靈"的內含藏於其中，所以外層天也被稱爲"屬天自然"（celestial-natural）和"屬靈自然"（spiritual-natural），其中的天使，也因此被稱爲"屬天自然天使"和"屬靈自然天使"。被稱爲"屬靈"的天使，接受從中層天或第二層天（也就是"屬靈國度"）而來的流注；被稱爲"屬天"的天使，接受從內層天或第三層天（也就是"屬天國度"）而來的流注。"屬天自然"與"屬靈自然"的天使之間雖有所區別，但因爲他們處於同一水平，所以共同組成外層天堂或第一層天。

32. 每個天堂都有內與外，與此對應，也有內在與外在的天使。天堂的內外如同人的自發能動性（voluntary）與智慧能動性（intellectual）：內在天堂對應人的自發能動，外在天堂對應人的智慧能動。一切的自發能動，都有智慧能動在背後，因此兩者形影不離。自發能動好比火焰，智慧能動好比火焰所發的光芒。

33. 我們應當十分清楚地知道，是天使的內在屬性，決定著他們最終歸屬哪層天堂。他們向著主的內在，被打開的層次越深，所處的天堂就越內在。不論天使還是世人，其內在皆分爲三層。第三層被打開者，位於內層天；只是第二層或第一層被打開者，則在中層天或外層天。

人的內在，是通過接收神性之善與神性之真而被打開。被神性之真感動，並立即將其納入其生活中，從而進入他們的意志，因此付諸行動，這樣的人，處於內層天或第三層天。而且他們照著各人藉著真理，所領受良善程度的不同，就住在內層天的不同地方。但有些人，被神性之真感動後，並不是即刻融真於意志中，而是先存入記憶，然後進行辨別，最後在經過這些過程之後，才定意並付諸行動，這樣的人，住在中層天或第二層天。有的人在世過著遵守禮儀的道德生活，敬天愛人，但全然不想受教，這樣的人，住在外層天或第一層天。由此可以得出結論：是內在的靈性狀態構成了天堂；天堂在人的心中，而不是身外。這正是主所教導的，祂說："神的國來到不是眼所能見的。人也不得說：'看哪，在這裏！看哪，在那裏！'因為神的國就在你們心裏"（路加福音 17:20-21）。

34. 一切的完美，往內豐富，往外貧瘠。因為越內在的事物越靠近主，其本性就越純粹；越外在的事物越遠離主，其本性就越粗糙。聰明、智慧、仁愛、一切的美善，和隨之而來的快樂，構成天使的完美。沒有上述品格的快樂，無法構成天使的完美，因為此快樂是外在的，不是內在的。

內層天的天使，他們的內在已被打開至第三層，其完美程度無可量度，遠勝於中層天的天使，因為後者的內在，只被打開至第二層。同樣的道理，中層天的天使之完美，也遠勝於外層天的天使。

35. 由於這種差別，某層天堂的天使，不能進入另一層天的天使之中。也就是說，低層天堂的天使，不能上來；高層天堂的天使，不能下來。任何一位從低層天上來的天使，會感到焦慮，甚至痛苦，看不見那裏的人，更別說與他們交談了。任何一位從高層天下來，必要折損智慧，變得拙口笨舌，也喪失自信。

有外層天的天使，由於尚未受教，知曉是天使的內在構成天堂，以為只要被准許進入更高的天堂，就能享受更大的快樂，便被允許進到更高層天的天使中間。誰料到達以後，儘管周圍有很多天使，他們卻無論怎樣努力，都一無所見，因為他們的內在，和內在視覺，尚未被打開到相應的層次。不久，他們就感到心如刀絞，甚至不知自己到底是生是死。於是他們趕緊返回到自己所在的天堂，並慶幸回到了同伴當中，且發誓不再奢望超出與自己的生命層次相配的境界。

而且，我也看到一些從更高天堂下來的天使，他們的智慧被剝奪到一個地步，以致他們不知道其原來到底從哪層天而來。

另外的情況則不同了，那就是當主將某些天使提到更高的天堂，好讓他們瞻仰其中的榮美時——此事時有發生。這時，他們事先會有預備，並由居間的天使作陪伴，藉此可與所去地方的天使有交流。

從上述事實可知，三層天是截然不同的。

36. 住在同一天堂的人可隨意來往，交往的樂趣由價值觀的相似程度而定。關於這一點，後文會有進一步的介紹。

37. 各層天堂雖截然有別，以致不同層的天使無法素常往來，主却可以通過直接或間接的流注，將每層的天堂聯結在一起。直接的流注，是從主流入所有天堂；間接的流注，是從上一個天堂流入下一個天堂。這樣，主將三層天連為一個整體。從始至終，環環相扣，乃至獨立的事物是不可能的。凡物若不透過媒介與"始"保持連接，就不能常存，必化為烏有。

38. 若不知道神性秩序與層次程度的關係，就無法明白各天堂是如何截然不同，也無法明白內在的人與外在的人，到底是什麼意思。對於內與外或者高與低，世人多將其理解為，從純粹到粗糙的延續。其實，內在與外在的事情並非連續，而是有著明確的分界。

層次分兩種，一種是連續的，一種是非連續的。層次的連續好比火光由明至暗，視力由強至弱，空氣由濃至稀，這些層次可按距離來度量。

非連續層或離散層，却截然分開，如同先與後、因與果、生與被生。人若仔細觀察，會發現世間萬物之中，都在某種程度上存在著這種產生與合成的現象，即一生二，二生三，依此類推。

只有當人獲取能力，開始對這種層次程度有所覺察時，才能明瞭天堂各層間的差別，人內在和外在機制的差別，靈性世界和物質世界的差別，以及人的靈與身體的差別，否則，就無法明白對應和表徵的特性和源頭，更無法明白流注的性質是什麼。感性的人無法領會這些區別，因為他們將豐富和貧瘠，甚至連豐富和貧瘠的程度，都一律看成是連續的，所以也無法理解屬靈的事物，以為其僅僅是更純自然而已。結果，他們因而站在門外，而且遠離智慧。

39. 最後，揭示一個有關三層天之天使的奧秘，是迄今人未曾想過的，因為層次雖然可以關聯起來，但還是無法理解。其實每位天使或每個人的裏面，都有其最核心、最高的層次，或者最核心、最高的內在物，以致主的神性生命，可以首先並優先流注到此處。也正是從這裏開始，其它那些依照有序的層次在流動著的內在，也因此從其中被推出。這個最核心、最高的層次，可稱爲主進入天使和人的"入口"，也是主在他們裏面最直接的"至聖居所"。

是這個最核心、最高的層次，使人成爲人，有別於非理性的動物，因爲後者沒有這個。正因爲這個緣故，人與動物不同，就其與心智和性格相關的一切內在而言，人能被主提升，能轉向祂。這也是爲什麼我們能信祂，因主之愛所感而轉向祂，因而看見並關注祂。這也是人能獲得聰明智慧、談話理性的原因。人也是藉此而活到永恆。

但是，主在這最深處所安排並預備的，並不能被任何天使清晰自然地所知曉，因爲這本身超越他的心智和智慧。

40. 以上所說的，是有關三層天的一些基本事實，接下來我們會進一步看各天堂的具體情況。

第六章、天堂細分爲無數社群

41. 同一層天堂的天使並非同住一處,而是根據他們所處之善與信的差別而分爲大小不同的社群。性相近,也就是處於同類之善的天使,組成一個社群。在諸層天裏,善有各種無數類別,每一位天使就好像擁有他自己的善。

42. 而且天堂中的社群間,都有一定的距離,因爲各社群所擁有之善,在總體和細節上有差異。因爲在靈性世界,造成距離之分的基點,是因爲內在狀態之間的差異,因此其中愛的狀態也不同。社群之間差異大,之間的距離就大;差異小,之間的距離就小。倘若相仿,就歸屬同一社群。

43. 一個社群內的所有個體,也遵循上述法則彼此有別。在善方面更完全的,因而在仁愛、智慧、聰明方面更卓越的天使,住在社群中央,其餘天使照完美程度的降低依次環繞而住,恰如光的強度從中央到周圍逐漸減弱。住在中央的光明最強,住在周圍的則漸遠漸弱。

44. 同類之間彼此不由自主地彼此吸引,彼此之間猶如自己人在家中。而不同類的,則如同外人在異鄉。與同類相處,活得自由自在,生活充滿樂趣。

45. 由此可見,在天堂中,是善將人們聚集;並照著他們遵行之善的性質不同,而彼此有別。並非天使自行聚集,而是衆善之源的主聚集他們。主引導、聯合和區分他們,並照各人行善的程度,保守他們在自由當中。這樣祂保守每個人,都處於他自己的愛與信、聰明和智慧之中,因而在快樂之中。

46. 再者,品質相似的人彼此相識,如同世人熟知自己的鄰居和親友那樣。天堂中品質相似之人,即使從未謀面,也宛如摯友。因爲在靈性世界,唯一的親友關係,只是靈性上的人際關係,因此也就是在愛與信方面的關係。

我在靈裏、因而離開肉體與天使來往時,時常經歷此番情景。在我看來,有些天使彷彿是從小一起玩著長大的夥伴,有些人却顯得素昧平生。前者的靈性狀態與我相仿,後者却迥異。

47. 同一社群的所有天使,他們的相貌大體類似,只是細節各異。

根據人間類似的現象，我能在一定程度上，把握這種總體上的類似和細節上的差異。眾所周知，每個種族在相貌和眼神上，都存在總體上的類似，我們由此區分不同的種族。種族之間如此，家族之間尤甚，天堂則更加淋漓盡致。因為在天堂，人的內在情感是可見的，它透過臉龐映現出來；臉龐就是他外在的相。在天堂，人的面貌不能異於他的內在情感。

而且這種在總體上的相似，在同一社群內的個體身上，又顯出細微的差異。有一張好似天使的面孔向我顯出來，但由於同處於一個社群中的天使，對善和理的渴慕有差異，這個面孔在他們中間的彰顯卻也有所不同。我注意到，在整個過程中，面貌的基本格調保持不變，只是衍生的細節在發生改變。這樣，整個社群的情感特質向我顯示出來，當中個體的面貌差異源出於此。正如前面所說，天使的面貌乃是他內在特質的彰顯，或者是其愛與信的外顯。

48. 正因如此，智慧卓著的天使，能透過面孔立時洞察人的秉性。在天堂，人不能矯飾表情，以隱藏他的內在秉性，更不能以詭計和偽善欺騙他人。

有時，確有偽善之徒混入天使社群當中。他們已習慣了做作，在眾人面前表現得慈眉善目，由此欺騙光明的天使。不過這種情況不會維持太久。他們很快會覺得痛苦不安，臉色發青，近乎昏厥，因為他們與流入其中，並施以影響的生命是全然對立的。所以，他們只好倉皇逃回地獄，回到同類當中，不敢再混入天堂。主在比喻中所說沒穿禮服進入婚宴，後被趕入黑暗之中的賓客，指的正是這種人（馬太福音 22:11-14）。

49. 所有的社群之間可以彼此交流，但並非你來我往式交流，因為很少有天使離開自己的社群，進入另一個社群。離開自己的社群就像離開自己的生活，進入一個不適應的生活。實際上，他們是通過各自生命所發的氣場來相互交流。生命的氣場，就是基於愛與信的情感所發的氣場。它向周圍的社群延伸，情感越深越純，延伸便越遠越廣。天使所擁有的聰明智慧，與這種延伸成正比。住在內層天最中央的天使，他的氣場能延伸到他所在的整個天堂。這樣，該天堂中的所有天使，都可因此相互交流。之後討論社群分佈的形態，及天使的聰明智慧時，我們再繼續深入討論天使之間的交流，因為情感與心智的延伸，與天堂的形態是一致的。

50. 前面說過，天堂有著大大小小不同的社群。稍大的社群由好幾萬天使組成，小點的社群由幾千名天使組成，最小的社群由幾百名天使組成。甚至有的天使獨自居住，這裏一戶那裏一戶，也可以說是這裏一家那裏一家。儘管如此，他們的分佈依然遵循社群的模式

——智慧卓越者的住在中央，稍遜者在周邊。他們更親近於主的引導，是天使中的佼佼者。

第七章、社群乃天堂縮影
天使乃最小的天堂

51. 每個社群是一個小型的天堂，每位天使是一個最小的天堂，因爲成就天堂的，是神性的善，此善與愛與信相關；天堂的每個社群和各社群內的每位天使皆有此善。儘管在各處有所變換和不同，總歸是天堂之善。唯一的區別是：此層天堂有此善，彼層天堂有彼善。所以，任何人若被提到天堂的某個社群，人們就說他到了天堂，並且是在他自己的天堂中。凡進入靈性世界的人無不瞭解這一點，所以當天堂之外或天堂之下的人，看到遠處有天使聚集，就說天堂在那裏。

此情此景就像宮殿的官員和侍從，雖然他們住在各自的居所，有的高貴，有的卑微，但是他們屬於同一個宮殿，履行各自的職責，爲王效力。由此可知主說"在我父的家裏有許多住處"（約翰福音14:2）和先知所說"天的居所"、"天上的天"是何含義。

52. 每個社群的形態，與整個天堂的形態是一致的，由此可知社群是一個小型的天堂。正如前面所說的（43節），在整個天堂，最優勝的天使總是住在中央，其餘的依次環繞而住。這種安排很像燈光一樣，越靠近光的地方越亮，越遠越暗。因此，在中間的人其亮度越大，越往外的人其亮度越小。

另外，主引導整個天堂，如同引導一位天使，引導單個社群也是如此。由此事實，也可推知社群是一個小型的天堂。正因如此，有時一個社群會顯爲一位天使的形象。主曾使我見過此番景象。再者，當主在天使當中顯現時，並非顯爲被衆人環繞，而是以一位天使的形象單獨出現。正因如此，主在聖言中被稱爲一位"使者"。同理，被稱爲米迦勒、加百利之名的天使，其實是天使社群，因各自的職能不同，而獲取的相應名字。

53. 正如每個社群是一個縮小版的天堂，每位天使也是一個最小的天堂。天堂不在天使之外，而在其內。天使內在的層次，也就是意識心智的各個層次，遵循天堂的形式被井然安排，來接受天堂的一切，而且是照著天使內在之善的品質，來接收這一切。就是基於這一點，每位天使就是一個天堂。

54. 我們斷不能說天堂在人之外。天堂乃是在人的裏面，因爲天使都是照這內在的天堂，來接收外在的天堂。由此可見，以爲進天堂就是純粹在於主的憐憫，而被帶入天使當中，與人的內在生命無關，那是大錯特錯了。恰恰相反，除非天堂在人裏面，外在的天堂就沒有任何部分可以流入以致被接受。

有一些靈持有上述不正確的觀念，爲此，他們被帶到天堂。由於他們的內在生命，與天使的生命全然對立，以致剛剛到達，其覺悟和認知就開始變得昏昧，乃至呆頭呆腦；其意志也受到折磨，彷彿癲狂了一般。簡而言之，生活敗壞的人進入天堂，就像魚兒離開了水，必要遭受痛苦。由此可見，天堂不是在人的外面，而是在人的裏面的。

55. 既然人都是照內在天堂的樣式，來接收外在的天堂，那麼天使自然是以同樣的方式接受主，因爲構成天堂的乃是主的神性。所以，當主在社群當中顯現時，祂的形象取決於社群本身所具之善的品質。這意味著，祂在不同的社群，所顯出的形象不盡相同。出現這種差別的原因不在於主，而在天使，他們出於自己內中之善，以及與此善保持一致的眼界來看主。因主顯現而受感的程度，取決於各自對主之愛的品質：對主之愛越深的人，受感越深；對主之愛稍淺的人，受感也淺；與天堂無緣的惡人，對主的出現會感到內心劇痛。

當主在社群當中顯現時，是以天使的形象出現；不過可通過祂散發的神聖氣質來認出祂。

56. 再者，天堂是承認、信靠、熱愛主的地方。因爲各社群的品質不同，主在不同社群所受到的尊崇也不同；這種多樣性有益無害，因爲這正是天堂之所以完美之根源。

要闡明其中原理，需要藉助學術界的說法，以解釋成分的多樣化，如何構成整體的完美性。但凡完美的整體，都是由多樣的成分所組合的，若非組成的元素具有多樣化，所組成的整體就是有欠缺的。若整體源於成分的多樣，並以完美的形式加以組合，各成分之間和諧相處，那麼才具有完美的品質。天堂正是由多樣成分，以完美的形式，組合而成的整體；在所有形式中，天堂是最完美的。

我們可從一些實例中看出這個道理，就是那些能體現美麗、魅力和愉悅，令人感官和靈性皆受感動的事物。這些事物的完美，都源自多樣成分的和諧融合，或依次排列，或同步組合。缺乏多樣化，就不能構成完美。所以我們說，多樣化產生快樂，而快樂的程度取決於多樣化的品質。這也如透過鏡子觀看，因爲物質世界也是我們瞭解靈性世界的一面鏡子。由此可見，即使是天堂，其完美也是由多樣化所構成的。

57. 天堂如此，教會也是如此，因爲教會是人間的天堂。它也由許多部分構成，每個部分都可稱爲一個教會。當從愛和信而來的善，在其中占主導地位時，就是教會。主將多樣成分融爲一個整體，如此便將衆教會合爲一個教會。

教會如此，教會內的每個成員也是如此；就是說，教會在人心裏，不在人身外。凡具備愛與信、有主同在的人，都是一個教會。

心有天堂的人，便是一個最小版的天堂，心有教會的人，也是一個最小版的教會；甚至可以說，和天使一樣，心有教會的人，也是一個天堂。因爲主造我們，就是要我們進入天堂，成爲天使。所以，任何人若擁有從主接收善的品質，就是一位天使。

有一點值得一提，就是世人與天使的共同之處及特別之處。世人的內心是照天堂的樣式成形的，我們若具備愛與信的品質，就成爲天堂的樣式，這是世人與天使的共同之處。特別之處在於，世人的外在身體與這個世界的樣式相合，這是天使所不具備的。人若恪守良善，他的內心世界就服從天堂，爲天堂服務。主便與他同在，無論他是在世上還是在天堂，就好像他已經進入他自己的天堂一樣。爲此，主以神聖次序臨在於兩個世界（靈界和物界），因爲神就是神聖秩序。

58. 最後要說明的是，對於心有天堂的人，天堂不僅以最大（即全息）的相關事物展現，而且也以最小（即極微）的方式存在，而此最小的，在此整體中，以內在的形象，重複出現。因爲人自成其愛，而此愛爲其主導之愛。此主導之愛注入細節之中，並整理安排各細節，以致各處彰顯其主導之愛的樣式。在天堂裏，主導之愛就是對主的愛，因爲天使愛主高於一切。正因如此，主是天堂的全部，也是天堂的本質。祂流入一切，部署一切，使一切呈現祂的樣式，使天堂成爲祂的居所。所以天使是一個天堂的最小版，社群是一個天堂的縮小版，所有社群組成一個天堂的宏觀版。

第八章、天堂整體如一人

59. 天堂在總體上形如一人，這在人間尚是不爲人知的奧秘，但在天堂却是普遍的共識。瞭解其中道理與細節，是天使有智慧的主要標志。事實上，許多領悟源自於此。不把握此基本法則，就無從獲得清楚的認識。天使知道所有的天堂，連同其中的社群，都形如一人，故他們稱天堂爲"最大的人"或"神性人"——其神性在於主的神性構成天堂（參7-12節）

60. 對屬靈和屬天的實質缺乏正確觀念的人，無法明白這些屬天和屬靈的事物，爲何以這樣的形象和樣式，來安排並聯結。他們以爲，是組成外在肉身的世間物質元素，使他們成爲真正的人。沒有這些，他們就不再是人。但願他們明白，人之所以爲人，不在於物質元素，而在於知曉何爲真的悟性，並擁有何爲善的意志能力。此等悟性和意志，恰恰是人之所以成爲人的屬靈和屬天內涵。

衆所周知，每個人的品格，取决於他的悟性和意志的品質。人們還當知道，肉身的形成只是爲了服務於此等悟性和意志，使它們能在大自然的最外層範圍內，靈活發揮其功用。所以，肉身自己就什麼也不能做，而是完全服從悟性和意志的指令，受其驅使。以至於人以唇舌言其所思，軀體四肢行其所志。悟性和意志才是主角，肉身憑自己什麼也做不了。由此可見，使人成爲人的是悟性和意志。這樣很顯然，與悟性和意志相關的事物構成人，當兩者運行於肉體的每一細微之處，當內在進入外在的時候，它們必以類似的樣式展現出來。正是基於這個理由，人被稱爲"內在人"和"屬靈人"，而天堂乃是這等人至大至完全的彰顯。

61. 鑒於關乎人的這種內在屬天觀念，天使從不關注某人肉體之所行，而只關注其行爲背後的意志，以及與其一致的悟性，他們稱此爲"人之本"。

62. 誠然，天使並未見過天堂在大的總體上，形如一人，因爲這不在他們的眼界之內。但是，他們常能看見成千上萬的天使所組成的社群，呈現這種形態，從而推斷整個天堂也是如此。在至完美的情形下，整體與局部相似，局部又與整體相似，二者的分別僅僅是大小之別。天使說，因爲主從至內和至高處，透視萬物，所以在主的眼中整個天堂必如一人。

63. 天堂既呈現如此屬性，主治理整個天堂，無疑如同治理一個具體的人。不論從整體還是局部而言，人都是由無數事物所組成的。整體而言，我們由各肢體、器官、臟腑等構成；局部而言，我們由諸神經、纖維、血管等構成——構件之中有構件，成分之中又有成分。當我們做任何事時，是我們裏面的所有成分都參與。同樣，天堂也是如此被主監護並引領。

64. 如此多樣的成分，能在一個整合的個體中行動如一，原因在於，其中沒有任何成分，不爲著共同的利益，在貢獻和發揮著作用。整體由局部構成，而局部又構成整體，因而整體服務局部，局部又服務整體。它們能彼此供應，彼此關注；每一構件與整體及其益處都具有某種關係，照此形式而被聯結。這就是爲何它們能行動如一。

在天堂的裏面，也擁有如此的聯結。天使們照著各自之"用"，而以上述形式整合爲一體。任何人若不能爲社群貢獻其用，就被逐出，因爲他們不適合於這個整體。"服務其用"是指爲共同的利益而與人爲善。倘若與人爲善的目的，是爲了利己，而非爲共同的利益，就"非服務其用"。後者利己高於一切，前者愛主高於一切。這就是爲何在天堂裏，人們都一致爲主，而不爲己而行。事實上，他們全都專注於主，以主爲萬有的唯一源頭，專注於主之國，以其幸福爲追求目標。這正是以下主所說之意："你們要先求祂的國和祂的義，這些東西都要加給你們了"（馬太福音 6:33）。"求祂的義"，就是追求主的善。

在人間，有人熱愛國家的利益高於個人的利益，對待鄰舍的利益如同自己。到了靈性世界，熱愛並追求天堂的正是他們，因爲主的國在那時替代了他們在世上的國。再者，並非爲己，而只是因爲善，而向人行善，這就是愛鄰舍的人；因爲在天堂，善就是"鄰舍"。凡具備如此品質的人，就在天堂之中。

65. 因爲天堂在總體上形如一人，實乃神性屬靈之人的最大樣式，就是在形體上也是如此，所以天堂也如同人體那樣，由不同的肢體和部位所構成，並被賦予類似的名稱。天使知道此社群或彼社群各處於哪個部位，就有甲社群位於頭部，乙社群位於胸部，丙社群位於腰部等說法。

大體而言，內層天或第三層天，構成頭部至頸部；中層天或第二層天，構成胸部至膝部；外層天或第一層天構成兩足至腳趾、以及兩手至手指。因爲雙臂和雙手雖位於兩側，但依然屬人體的"底層"。由此，我們也能看出天堂爲何分爲三層。

66. 當天堂之下的靈，耳聞目睹天堂既在上方也在下方時，都感到吃驚。因爲他們和世人一樣，以爲天堂只在上方，不知天堂的分佈類似人體的肢體、器官和臟腑的分佈，上下左右、各得其位。這是他們對天堂產生困惑的原因。

67. 前面已介紹天堂在總體上的樣式，以便讀者領會下文中有關天堂的論述，否則對天堂、主與天堂的結合、天堂與人間的結合、靈性世界向物質世界的流注、彼此對應等問題，就難以產生清楚的觀念。這些問題下文將依次進行論述，而首先介紹天堂在總體上的形態，正是爲此做好鋪墊。

第九章、每個社群也如一人

68. 我曾多次被允許看見，天堂的各社群，形如一人。在某社群，曾有善於冒充光明天使的偽善之徒混入其中。當他們被天使分別出來時，我注意到，該社群起初看似一團雲霧，後來漸漸顯爲一個人的輪廓，但不清晰，直到最後清楚分明地呈現出一個人的形狀。構成該人體的，是有益於此社群的人，不在其中的和不構成其中的，則是偽善之徒。後者被驅逐，前者被保留，清晰的分別，有效顯現出來。

偽善之徒說話動聽，甚至樂善好施，但是他們做任何事，都是爲了自己。他們談論主、天堂、愛和屬天生命，口氣好像天使，行爲也得體，以致他們看起來，好似他們所宣稱的那樣。但他們的所思所想，却並非如此。他們什麽都不信，純粹爲己，所行之善，都是爲了一己私慾，即使有益於人，也是希圖表現，其最終目的還是利己。

69. 我也曾被允許看見一整個天使社群，呈現爲一個人的形狀，而主清晰在其中。此時，在東方高天之上，有一團雲霧顯現，起初是白色，後來變成紅色，周圍有星光環繞。在下降的過程中，雲團越來越亮，最後呈現一個完美的人形。環繞的星光原來都是天使，由於從主接收光，而顯出此等形象。

70. 我們當知，雖然社群內的所有個體，在總體上呈現一個人的形狀，但是不同社群的人，形又各不相同，好比一個家族的成員各有不同的面貌。因爲正如前面所說（47節），社群的不同形象取決於他們內在之善的不同。故此，內層天或第三層天的社群，呈現爲最完全最優美的形象。

71. 值得一提的是，組成社群的成員越多，關係越契合，所呈現的人形就越完美。因爲正如前面所說（56節），是多樣化，成就了天堂的完美。成員越多，多樣性就越明顯。

天堂的每個社群，其人數皆與日俱增；成員越多，就越完美。這樣，不僅每個社群日臻完美，整個天堂也日臻完美，因爲天堂由社群構成。

天堂既隨成員的增長而日臻完美，那麽認爲天堂終將閉合，以防止人滿爲患的觀點，便是大錯而特錯了。其實，天堂永遠不會閉合，不斷增長的成員，將使天堂日臻完美。所以，天使最大的願望，莫過於每天迎接新的天使加入。

72. 每個社群在總體上如一人，就是因爲天堂在總體上，形如一人（如上一章所述）。在天堂這至爲完美的形狀裏，局部形如整體，微觀形如宏觀。天堂的局部，就是組成天堂的各社群，每個社群都是一個小型的天堂（參51-58節）。

局部與整體之所以相似，在於天堂的所有品質都出於愛，出於同一源頭。愛乃是對主之愛，從主而來，是天堂一切善的源頭。所以，籠統言之，整個天堂呈現主的樣式；具體言之，每個社群呈現主的樣式；細微言之，每位天使呈現主的樣式（參58節）。

第十章、天使也呈完整人形

73. 前面兩章已經解釋，天堂在總體上形如一人，每個社群也是如此。根據前面所提出的因果關係，可推斷每位天使也形如一人。既然天堂是人最大的樣式，而社群是人較小的樣式，那麼天使自然就是人最小的樣式。因爲在天堂這至爲完美的形體裏，局部形如整體，整體形如局部。這就是爲什麼天堂是共享的，天堂向其中的每位天使分享一切，每位天使也在其中獲得一切。因爲天使乃這樣一個受體，所以，正如前面所說，天使是一個最小化的天堂。同理，人也是如此，只要他接收天堂，他也就成了一受體、一天堂、一天使（參57節）。

對此，《啓示錄》如此描述："天使又量了聖城耶路撒冷的城牆，按著人的尺寸，就是天使的尺寸，共有一百四十四肘"（21:17）。"耶路撒冷"在此指主的教會，在更高的意義上是指天堂，"城牆"是指保護教會免受罪惡和謬誤之攻擊的真理。"一百四十四"表示其中善與真的全部構成，"尺寸"代表其屬性。而這裏的"人"代表一切善與真在整體和細節上都全備的合一體，因此其內就是天堂。正因天使即爲人，故經上說："按著人的尺寸，就是天使的尺寸。"此經文的靈義就是這樣，若非如此，有誰能理解"聖耶路撒冷的城牆"是"按著人的尺寸，就是天使的尺寸"來度量的呢？

74. 現在我們從道理轉向經歷。對於天使如一人，我目睹了成千上萬次。我與他們當面交談，有時一位，有時多位。對於他們的形象，我沒發現與人有任何不同，對此也覺得奇怪。我被允許，在身體感官和意識思維完全清醒的狀態下，看見他們，免得人說我的經歷只是錯覺或幻想。

我時常告訴他們，今天的基督徒對天使和靈，如此一無所知，以至於以爲天使無形體，將其想像爲雲霧那樣的縹緲，只不過是有生命於其中罷了。他們以爲天使不能看，因爲沒有眼睛；不能聽，因爲沒有耳朵；不能說，因爲沒有嘴巴。

天使表示，他們知道世上很多人持有這種觀點，特別是在有學識的人中。令他們吃驚的是，連神職人員也不例外。天使告訴我，這是因爲那些有學識的人，作爲領軍人物和最先如此誤解靈和天使的人，純粹是從外在之人的身體感官的角度來看問題。僅從這個角度看問題，而不是基於內在的光照，和早已根植於每個人心中的共同理念看問題，就不得不編造出這些與事實不符的想法。因爲身體感官只能把握物質事物，高過物質的便無法接受，這是他們對靈性世界一無所知的原因。這些關乎天使的錯誤觀念，從這些引導別人的有識之士，延伸到那些不喜歡獨立思考，而只喜歡盲目接受帶領者之意圖的人那裏。這些人依賴性強，靠別人的想法來塑造他們的信仰，而且還用自己的理解將其吸收，以致很難輕易放下成見，因此在多數情況下，反而以肯定這些錯誤的觀念爲滿足。

天使還告訴我，信仰簡單、心地單純的人則不會陷入這種觀念。相反，他們就將天使想像爲人的模樣，因爲他們願意學習，而且是跟從天堂所植入他們心中的天啓而學習，他們裏面的光就沒有熄滅。再者，他們也無法領會任何不具形象的事物。正因如此，我們在教堂所看到的天使雕像或圖畫，都是人的模樣。針對這一來自上天的看見，天使告訴我，正是神性的如此流注，才有益於信仰和生命。

75. 根據經年累月的經歷，我能證實：天使完全是人的模樣。他們有臉龐、眼睛、耳朵、胸膛、手臂、四肢，能見、能聞、能言。簡而言之，除了不再具有肉體，他們一無所缺。我在天堂之光中觀看他們，那光比人間正午的光，還要明亮得多。在那光裏，我能看見他們臉部的所有細節，比我在人間觀察世人的臉龐，還要分明。我也曾看見內層天的一位天使，他的面貌比低層天的天使，更加有榮光。我仔細觀察，他在各個方面都具備完美的人形。

76. 只是我們必須記住，人無法用肉眼看見天使，只能用其內在的靈眼才可以看到，因爲他的靈是處在靈性世界，而一切屬於肉體的都處於物質世界。只有同類才能相見，因爲具有相同的質地。再者，人的肉眼相當粗糙，若不藉助顯微鏡，就看不見人間細小的東西，這是眾所周知的。高於物質世界的，如靈性世界的一切實相，就更不用說了。我們只有當肉體的視覺被移開，靈魂的視覺被開啓，才能看見靈性的事物。主若願意，此事立時就能實現。那時，我們看見天使，感覺就像用肉眼觀看一樣。亞伯拉罕（參創 18 章）、羅得（參創 19 章）、瑪挪亞（參士師記 13 章）、眾先知（參舊約的眾先知書）都是以靈眼看見天使。主復活以後，使徒也是在靈裏看見主。我同樣是在靈裏看見天使。

先知也是如此看見異象，因而被稱爲"先見"（撒母耳記上 9:9）或"眼睛睜開的人"（民數記 24:3）。使他們能如此看見的動作被稱爲"開眼目"。這正是以利沙的僕人所經歷的，經上說："以利沙禱告說，耶和華啊，求你開這少年人的眼目，使他能看見。耶和華開他的眼目，他就看見滿山有火車火馬圍繞以利沙"（列王記下 6:17）。

77. 我曾與一些善靈談論此事，他們為教會對天堂、靈魂、天使的情形一無所知感到痛心，希望我帶回訊息，告訴世人，他們並非沒有形體的思維，或虛無飄渺的氣息，而是完完整整的人，能見、能聞、能感覺，和世間的人沒有分別。

第十一章、天堂整體和局部皆如人源自主神聖的人性

78. 天堂在總體和局部皆如一人，乃因爲主神聖的人性，這基於前面各章所論述的：（1）主是天堂的神（2-6節）；（2）主的神性構成天堂（7-12節）；（3）天堂由無數社群組成，每個社群是一小型的天堂，每位天使是一最小的天堂（41-58節）；（4）天堂在總體上如一人（59-67節）；（5）天堂的每個社群也如一人（68-72節）；（6）因此每位天使就呈完整的人形（73-77節）。由上述幾點可得出這個結論：既然是主的神性構成天堂，那麼天堂在樣式上必如一人。

79. 大量經歷已向我證明，這個真實可靠的事實：天堂的天使無不以人的形象來看待神。更值得一提的是，高層天的天使無法將神想像爲其它任何形象。他們如此思維的必要，取決於注入他們裏面的神性樣式，也取決於天堂的形態，與他們的思維所延伸發表出來的樣式，和諧一致。事實上，天使的思維都是由裏面發出，指向天堂，他們按照此思維延伸的程度，來獲得聰明和智慧。正因爲這個緣故，天堂的所有天使，皆尊主耶穌爲大，因爲只有在主的裏面，才能找到神聖的人性。這不僅僅是天使告訴我的信息，也是我被提升至天堂的最內層時，所親自領悟到的。

由此可見，越有智慧的天使，對此真理領悟得越清楚。主也因此被天使所看見。對於那些承認和相信一位可見之神的人，主以神聖天使的樣式，即人的樣式，向他們顯現；反之，相信神的神性不可見的人，則看不見祂。爲此，前者能看見神聖的主，而後者則不能。

80. 天使既無法想像一位不可見的神（他們稱其爲無形的神），只看見一位顯爲人形的可見之神，他們就習慣地說，唯獨主自己是人；而他們乃是因從主而來，才得以成爲人。他們還說，每個人是各自按照接收主的程度大小，而爲人。所謂"接受主"，他們將其理解爲，是接受來自主的良善和真理，因爲主臨在於從祂所發的一切良善和真理中，天使稱之爲智慧和聰明。他們說，每個人都知道，使人成爲人的，是聰明和智慧，而非外在的面孔。

關於這一點的真實，從位於內層天的天使之外貌顯而易見，因爲他們全然在主的良善與真理中，也就是在祂的智慧與聰明中，所以他們就呈現出最美麗、最完美之人的樣式。而位於低層天的天使，在這方面則要遜色一些。

在另一方面，地獄裏的人在天堂的光中，幾乎不成人樣，更像怪物。因爲他們沉迷於邪惡和虛假，不接受良善與真理，就與智慧和聰明全然對立。爲此，他們的生命不能稱爲"生命"，只能稱爲"靈性的死亡"。

81. 既然天堂在總體和局部，皆如一人，而且是因著主的神聖人性，那麼，天使或說他們在主的裏面，或說他們在主的身體裏面，意思都是說他們是住在主愛的良善中。這正是主自己所教導我們的，祂說："你們要常在我裏面，我也常在你們裏面。枝子若不常在葡萄樹上，自己就不能結果子。你們若不常在我裏面，也是這樣。因爲離了我，你們就不能做什麼。你們要常在我的愛裏；你們若遵守我的命令，就常在我的愛裏"（約翰福音 15:4-10）。

82. 天使既以神爲人的形象，那麼凡接收天堂之流注的人，自然也本能地將主想像爲人的樣式。遠古之人便是如此，甚至教會內外的某些現代人，也是如此看主。心地單純的人，在頭腦中，將其看爲榮耀光中的一個老人。

但對於那些因自作聰明，並生活敗壞，而拒絕天堂之流注的人，如此這樣的看見，就被泯滅了。自作聰明的人，情願相信一位不可見之神，而生活敗壞的人，則寧願沒有神。兩者都不知神是可見的，因爲他們失去了這種看見的本能。然而，從天堂流注人心的，就是主屬天的神性，而人又是爲著這樣的天堂而生的，因此不能如此看見主的人，就不能進入天堂。

83. 因爲這個緣故，對天堂毫無概念的人，也就是對構成天堂的主，沒有任何概念的人，即使提升他們到跨入天堂的門檻，也是不能。他們剛接近天堂，就感到一種明顯的排斥和強烈的抗拒。因爲他們的內在，本應當成爲天堂的受體，但因著與天堂的樣式不相合而閉塞，以至於越靠近天堂，內在就閉塞得越厲害。

教會之中那些否認主，或否認主的神性之人（如索西尼派），結局乃是如此。至於教外不認識主，或不瞭解聖言的人，他們的結局容後再敘。

84. 古人將神想像爲人的模樣，這一點從神向亞伯拉罕、羅得、約書亞、基甸、瑪挪亞夫婦等人顯現的方式，就可以知曉。雖然他們看見神是人的樣式，却依然奉之爲宇宙之神，稱其爲"天地的主"或"耶和華"。在《約翰福音》，主說亞伯拉罕昔日所看見的正是祂（參約翰福音 8:56）。祂還說："從來沒有人看見過神……從來沒有聽見祂的聲音，也沒有看見祂的形象"（約翰福音 1:18; 5:37）。由此可知，其餘的人所看見的也是祂。

85. 但是那些以外在感官判斷一切的人，難以理解神是人這一真相。事實上，感官主義者只能根據人間的事物來思考神，將神性或靈性之人，也視如物質與肉體之人。所以他們得出結論：如果神是一個人，那麼祂必定大如宇宙；如果真是神在掌管天地，那麼祂必定擁有許多臣子參與管理，如同世間的君王，通過官吏施行統治一樣。你若告訴他們，天堂沒有人間那種延伸的空間，他們根本無法領會。在人間以自然光爲基礎，就不可避免地，以肉眼所見的延伸空間來思考。很可惜，他們如此揣摩天堂，是大錯特錯了。天堂空間的延伸與人間不同。人間的空間是固定的，可以度量。天堂的空間不是固定的，無法度量。後面我們會談到靈性世界的空間與時間，到時再對天堂空間的延伸概念，作進一步的說明。

眾所周知，人眼的視覺能達到遙遠的日月星宿。有深邃思想的人不難看出，內在的視覺，就是來自人心智的視覺，却能達到更遠，而且越內在，所波及的範圍就越遠。何況至內至高的神，祂的意念心智將何等廣大呢？

心智既能如此伸展，天堂的一切，自然就爲所有天使所共享。這也意味與創造天堂、充滿天堂的神性相關的一切，皆爲所有的天使所共享，正如前面幾章所解釋的。

86. 世人將神想像爲某種不可見、無形無相、不可琢磨的存在，並以此自詡聰明，視持不同觀點的人，爲愚昧無知，而實際恰好相反，天使對此感到吃驚。天使補充申明：以此自詡聰明的人，若捫心自問，必發現他們其實是，以受造的大自然爲神——有的以可見之大自然爲神，有的以不可見之大自然爲神。也必發現，他們是否自己瞎眼，以致不知何爲神，何爲天使，何爲死後繼續活著的靈魂，何爲人裏面的天堂之生命，以及一切構成智慧的事物。反之，被他們稱爲愚昧的人，却有自己的理解方式：他們將神，視爲一位神而人者；將天使，視爲一位屬天之人；將死後活著的靈魂，視爲如同天使一樣的人；將天堂之生命，視爲按神的命令而活。天使稱此等人爲智慧之人，適合天堂的生活；反之則爲愚拙。

第十二章、天堂的一切與人的一切對應

87. 今時之人已不知"對應"爲何物，原因很多，其中最主要的原因是，人們因著利己之私慾與對塵世之物慾，而自行遠離天堂。人若愛自己並愛塵世超過其它一切，就會只關心世俗之事，因爲這些事，取悅他們外在的感官，滿足他們的喜好。對於吸引內在感官、滿足靈性的屬靈事物，他們漠不關心，聲稱它們過於高深、難以領會。

古人却截然不同。對他們來說，對應的知識乃諸學問之首。他們藉此獲取聰明智慧，當時教會之人也同樣藉此與天堂交流，因爲對應的知識乃天使的學問。

最遠古時代的人，乃天人，如天使那樣，單單依靠對應來思想。因此，他們與天使對話，主也時常向他們顯現，並直接領受主的教導。時至今日，這些知識已全然喪失，人們便不知對應爲何物。

88. 於是，若不知對應是什麼，就不會知道靈性世界，以及其如何注入物質世界；不知道靈性與物質的關聯何在；也全然不知人的靈，即被稱爲人的"靈魂"，如何在身體中運作；更不清楚人死後的狀態。正因如此，有必要解釋何爲對應，以及對應的本質是什麼，也好爲後面的論述鋪平道路。

89. 首先看何爲對應。不僅是在總體上，也是在細節上，整個物質世界都直接對應靈性世界。爲此，物質世界中，一切從靈性世界所衍生出來的事物，就叫作"對應"。要知道，物質世界源自靈性世界，並靠靈性世界維持，以致永久存在，兩者恰如因果的關係。

所謂物質世界，是指在太陽之下，一切能接收光與熱的事物。凡靠太陽維繫存在的事物，都屬於物質世界。而靈性世界，我們在此特指天堂，凡在天堂的一切，都屬於靈性世界。

90. 因爲人是按照至大者的形象而出，既爲最小的天堂，又爲最小的世界（請參看上面的57節），所以在每個人的裏面，都有一靈性世界和一物質世界。與心智相關的內在事物，以及與理解和意志相關的內在事物，就構成我們的靈性世界；而與身體相關的外在事物，以及與感官和感官的活動有關的外在事物，就構成我們的物質世界。爲此，人的物質世界，即人的身體與其感官和行爲，其中一切源自靈性世界的事物，即人的心智以其理解力和意志，都可被稱爲"對

應"。

91. 可從人的面孔看出何爲對應。在沒學會僞裝的臉上，心智的情感以一種自然的方式展現出來，就好像情感也有其自己的類型一般。因此人的面孔表情是靈性的寫照，也將人的靈性世界呈現於物質世界。爲此，人所領會的，也以同樣的方式，表現在言語上；心所願的，也以同樣的方式，表現在身體的活動上。一切發生在人身上的表情、談吐、姿態活動，都是內在的對應。

92. 由此也能看出裏面的人，與外面的人指的是什麼。內在的人就是屬靈（spiritual）的人，外在的人就是自然（natural）的人。兩者的分別，有如天堂與人間的分別。凡發生並出自外在自然人身上的事物，都起源於內在的屬靈人。

93. 以上談論的，是人的內在靈性與外在自然的對應關係，下面說說天堂的整體與人的一切之對應關係。

94. 我們已經在前面看過，天堂在總體上好似一人，其形象是人，因而被稱爲"最大的人"。組成天堂的各社群，其分佈也因此類似於人體的組織器官、五臟六腑。有的社群位於頭部，有的位於胸膛，有的位於手臂，其位置還可細分（參 59-72 節）。位於各器官的社群，與人體相應的器官形成對應。例如，位於頭部的社群，對應人的頭部；位於胸膛的社群，對應人的胸膛；位於手臂的社群，對應人的手臂，以此類推。人得以常存，就是憑著這種對應，因爲天堂是人類持續存在的唯一基礎。

95. 前面已經指出，天堂分爲兩個國度，一爲屬天國度，一爲屬靈國度。屬天國度在總體上，對應人的心臟及整個血液循環系統，屬靈國度，則對應人的肺臟及整個呼吸系統。心與肺構成人身上的兩個國度，心臟通過動脈和血管，肺臟通過神經和纖維，各治其國，各自都參與身體的每一次活動與動作。

因此在每個人的裏面，他的靈性世界，也就是他的"屬靈人"的裏面，也有兩個國度：一個是意志的國度，一個是悟性的國度。意志通過對良善的渴慕，來治理其國；領悟則通過對真理的渴求，來行使治理。意志與領悟，對應於人體的心與肺二國度。天堂與此同理，屬天國度，代表自發能動（voluntary）天堂的部分，愛之善在此掌權；屬靈國度，代表智慧能動（intellectual）天堂的部分，通過真理施行其治理。兩者分別對應人體的心與肺的功能。

正是基於這種對應，"心"在聖言中代表意志，也代表愛之善；呼吸的"氣"代表人對信的理解和真誠。這就是爲何人們將情感歸於心臟，儘管情感並不在於心臟，也非出自它。

96. 天堂的兩個國度與心肺的對應關係，是天堂與人在總體上的對應關係。人體的組織、器官、五臟六腑，也有一些對應關係，此乃更具體的對應關係，這需要另加說明。

在天堂這個"最大的人"中，位於頭部的天使，在一切善上優勝於他人。事實上，他們住在仁愛、和平、天真、智慧、聰明之中，由此也住在喜樂與幸福之中。這些特性流入這個巨大之人的頭部，以及與頭部相關的各個地方。

位於此"最大之人"即天堂胸部的天使，住在友誼和信心之善中，這些特性流入其胸膛，以及與其相關的各個地方。而那些位於"巨人"或天堂的腰部，以及生殖系統的天使，則住在婚姻之愛中。

位於腳部的天使，擁有天堂中最低的善，稱為"屬靈自然之善"（spiritual natural good）；位於手和臂部位的天使，擁有源自善的真理之能力；位於眼睛部位的天使，善於領悟；位於耳朵部位的天使，善於關注和順服；位於鼻子部位的天使，敏於察覺；位於唇舌部位的天使，因洞察與理解而善於言辭。

位於腎臟部位的天使，則擅長於真理的尋求、分辨與糾正；位於肝臟、胰腺、脾臟等部位的天使，則優勝於善與真的淨化提純，等等。以上所述天堂的各個特質，都流注人體相應的部位，及與此相關的各個地方。

天堂的這種流注，乃是流入身體上各肢體的功能和用途之中。而這些用途，因為源自靈性世界，就藉著自然世界中的事物，而取了相應的形狀，並在其中彰顯其實效。對應的由來就在於此。

97. 同理，這些肢體、器官、臟腑等，在聖言中也擁有與其相應的內涵，因為聖言中的一切，都藉此對應關係賦有相關的深意。這樣，"頭"代表聰明和智慧，"胸"代表坦蕩的友誼，"腰"代表婚姻之愛，"臂"和"手"代表真理的能力，"腳"代表自然（natural），"眼"代表理解，"鼻子"代表察覺，"耳朵"代表順服，"腎"表示對真理的察驗，等等。

這就是為什麼談論某人聰明有智慧時，便說此人有頭腦；談人有愛心、善解人意，就說他是知心朋友；談某人有特別的覺察力，就說他鼻子尖；談某人有智能，就說他眼光犀利；談某人位高權重，就說他手眼通天；談某人行善出自好意，就說他出自真心。諸如此類的人類語言，皆基於對應。實際上，它們都源自靈性世界，只是人們未曾意識到而已。

98. 通過大量的經歷，對於天堂的一切，與人體的一切，這種相互對應關係，我已確認無疑。對我來說，這是一個顯而易見、毋庸置疑的事實。此處沒必要提出所有的證據，也述說不盡，讀者可參看《屬天的奧秘》一書在闡述對應、象徵、靈界對物界的注入、身心關係時所提供的論據。

99. 人體雖全然與天堂對應，但人是天堂的形象，却不是基於他的外在樣式，而是基於他的內在樣式。人的內在領受的是天堂，而外在領受的却是世界。爲此，只要人的內在各處，成爲天堂的受體，那天堂的最小樣式就成形，就可彰顯整個天堂的形象。反之，人的內在各處，若拒絕天堂，人就無法成爲天堂，即使人領受物質世界的外在，在各個方面都與世界一樣井然有序，也因此呈現各樣的美麗，其仍不具有至大者的形象。外在形象之美來自父母，成形於母腹，然後憑這個世界綜合的供應，得以維持。這是人的外在物質形象，與其內在靈性形象，大不相同的原因。

有的人，物質形象美麗動人，靈性之相却扭曲發黑，形如怪物。你一定會稱之爲地獄之相，而非天堂之相。相反，有的人外在形象並不漂亮，內在形象却優雅發光，如同天使。死後的形象，正是人在世時，其內在靈性之相。

100. 除了天堂與人類之間的對應關係，天堂之間也存在著對應。第二層天或中層天，與第三層天或內層天，有對應關係；第一層天或外層天，與第二層天或中層天，有對應關係；人的物質形式，也就是人體器官臟腑等，又與第一層天對應。這樣，天堂在人身體的部分最後終止，在其上而立，如同立在基底上。

101. 特別需要領會的是，一切與天堂的對應，都是與主耶穌的神聖人性相對應的，因爲天堂從主而出，主就是天堂，這在前面幾章已經展示了。若非主的神聖人性，流注天堂的一切，又照其所對應的，流注世上人間的一切事物，任何天使或人都不能存活。

由此可知主爲何要降世爲人，從始到終以人性，披掛於祂的神性之外。因爲在主降臨以前，作爲天堂之根基的人類，已逐漸損害乃至摧毀了神設立的次序，導致天堂所依賴的神聖人性，已不足以維繫萬有。

102. 有的人將一切歸於自然，不歸功於神，也有的人將集天堂奇蹟於一身的身體，視爲自然的產物，甚至將理性的部分也歸因於身體。當天使聽到這一切，驚奇不已。恰恰相反，只要人稍微提升心智，必能看出這一切，都是源於神，而非出於自然。自然的受造，只是爲了承載靈性，並以合宜的最外在次序，展示此靈性。天使將看不到靈性重要的人比作猫頭鷹：暗中能看見，在光中却什麼都看不見。

第十三章、天堂也與地上的一切對應

103. 上一章已解釋何為對應，也說明了活物體內的每件事物，與一切事物都是對應。接下來，我要展示地球上的萬物，乃至總體上的宇宙萬物，都與天堂有某種對應關係。

104. 地上萬物可分三大類，也可稱為三"界"，即動物界、植物界、礦物界。動物界的事物，屬於第一層次的對應，因為它們是活的；植物界的事物，屬於第二層次的對應，因為它們僅僅是能生長；礦物界的事物，屬於第三層次的對應，因為它們既不是活的，也不會生長。

在動物界中的對應，乃是指各種活著的生物，如走獸、爬蟲、飛鳥等等，在此無需一一列舉。在植物界中的對應，是指花園、樹林、田野、草地生長開花的所有植物。在礦物界中的對應，則是指貴重或非貴重的金屬、石頭，各種土壤及水資源。此外，由以上元素人工製造的物質，如各種食物、衣服、房屋、建築等等，也都是對應。

105. 地球之上的事物，也是對應，如日月星宿，以及發生在空中的諸如雲雨雷電等等。太陽出沒而形成的明暗冷暖變化，也是對應。一年四季，春夏秋冬，一日四時，晨午暮夜，也是對應。

106. 簡而言之，自然萬物，無論巨細，都是對應。因為人間及其萬物，乃由靈性世界而生，也靠靈性世界維繫常存，物質世界與靈性世界又都出於神。我們說物質世界靠靈性世界常存，因為從其而生也必靠其常存。事實上，存在乃持續的產生。凡物不能自存，必須仗賴前因，追根溯源，也就依存於第一因，若脫離第一因，必消失於無形。

107. 凡照神聖次序，在物質世界產生並常存的事物，都含有一定的對應。神聖次序，基於從主所發的神性之善。此善起始於主的裏面，藉著各層天堂，而從主接續發出到達世上，在世上最外的方面而終結，世間一切與此秩序相合的都是對應。世間凡符合此神聖秩序的，都是良善的，且有完美的用處，因為善的之所以為善，乃在於其有所用。其形反映其真理，因其真理是良善的樣式。這就是為什麼世間自然萬物，凡合乎神聖秩序的，皆指向良善和真理。

108. 世間一切萬物皆從神而出，以大自然為衣裳，使其得以生存並彰顯其用，因而成為對應。這一點可從對動物界和植物界，這兩界的觀察中清晰可見。任何人只要稍加深思，都會看出動物界和植物界的某些事物，定是來自天堂。下面我從無數的事例中稍加列舉，以作說明。

先說動物，很多人已注意到動物所具有的本能。蜜蜂知道如何採集花粉，釀造蜂蜜，又用蜂蠟築巢，以儲存蜂蜜，為每個個體和大家庭準備過冬的食物。蜂王產卵，工蜂孵育，以繁衍新的一代。整個蜂群過著一種好似有政府治理的生活，而蜂群的所有成員，皆本能地知道這種奇妙的治理方式。它們保留工蜂，驅逐雄蜂，還剝掉它們的翅膀。它們還擁有其它從天堂而來的神奇本領，為盡其用，比如蜂蠟為人類提供了照明的蠟燭，蜂蜜則為人類的食物增加了甜美之味。

再說動物界最低等的毛蟲。它們知道從樹葉的汁液獲取養分，在合適的時候作繭自縛，如同進入子宮，以繁衍後代。有的先化蛹吐絲，經過辛苦蛻變，直到破繭而出，擁有新的身體和美麗的翅膀，然後在空中翩翩起舞，彷彿到達了它的天堂，繼而慶祝自己的"婚禮"，產卵繁衍後代。

此外，天空中的飛鳥，無不知道哪種食物可吃，也無不知道往何處去尋找這些食物。它們知道如何築巢，而且因其類別不同，巢的樣式也各不相同；也知道在巢內下蛋，孵育餵養，直到雛鳥長成，能夠獨立，就打發它們離開。它們自幼，便知誰是當逃避的天敵，誰是可結交的夥伴。更不必說鳥蛋本身的奇妙，蛋殼之內居然儲存著，雛鳥孕育成形的所有信息，當中的奧妙不可勝數。

理性的人啊，豈能說這些本能，不是來自靈性世界，而還有其它什麼別的源頭嗎？豈能說靈性世界，不是以物質世界為外衣，有效地展示靈性是因，而其它是果嗎？

地上的動物和天空的飛鳥，生來具備此等知識，而更為高等的人類却不然；原因在於動物不具備理性的功用，它們順著生命的定規而行，無法摧毀從靈性世界而來，並植入其身的美善。另一方面，心智源於靈性世界的人却不同，因為過著違背神聖秩序的生活，而此秩序本當是他的理性之首愛，就敗壞了他們裏面，從靈性世界而來的美善。因此，人類不可避免地先被生於無知，而後藉著神性的引導途徑，被重新帶進天堂的次序之中。

109. 通過大量的實例，我們能推斷植物界的事物如何對應。例如，小小的種子能長成大樹，佈枝散葉，開花結果，果內又藏著核。此過程按奇妙的規律，依次發生，實在一言難盡。關於其功用，就算下筆千言，也依然有更深的奧秘，為我們所不能參透。

這些奧妙既源自靈性世界，即天堂，而照前面（78-86節）所解釋的，天堂呈現人形，那麼植物與人類的特徵自然，也有相關之處。這在學術界已成為某些學者所共認的事實。

大量經歷向我表明，植物界的一切也包含著對應。當我觀察園中的樹木、果實、花朵、蔬菜時，時常意識到天堂所對應的事物。那時，我與附近的天使交談，明白了那些植物，從何而來，又有何特性。

110. 時至今日，人無從知曉物質的事物，如何對應天堂靈性的事物，除非從天得到啓示，因為對應的學問，現已全然遺失。下面我提供一些實例，以說明物質的事物，如何對應靈性的事物。

籠統而言，世上的活物對應於各樣的情感。溫馴、有用的動物，對應於良善的情感；凶猛、無用的動物，對應邪惡的情感。具體而言，牛和牛犢，對應於自然心智的情感；綿羊與羊羔，對應於屬靈層面的情感；天空的飛鳥，照其種類，對應於自然或屬靈層面的智能情感。為此，牛、牛犢、公羊、綿羊、公山羊、母山羊、公羊羔、母羊羔、鴿子、斑鳩等動物，皆參與猶太教會中的聖禮。猶太教會作為一表徵性的教會，他們將這些動物用作牲祭和燔祭。因為它們如此被用，皆因與屬靈的事物存有對應關係，而這些祭物也是藉著這些對應關係，被天上所接納理解的。

再有，動物因其有生命，其不同的類別，就對應各樣的情感。每種動物的生命，全然源自某種情感，而又與此情感相合，這樣每個動物就擁有與其生命所一致相合的內在寶庫。就其自然屬性而言，人與動物沒有多大區別，也因此在日常用語中比作動物。例如，性情溫良之人，被比作綿羊或羔羊；性情粗暴之人，被比作熊或狼；奸詐狡猾之人，則被比作狐狸或蛇，等等。

111. 在植物界也有類似的對應。一般來講，花園對應於天堂的聰慧。正因為如此，天堂被稱為"耶和華的園子"、"伊甸園"，我們還稱之為"天上的樂園"。

樹木照其種類，與對良善和真理的洞察和領悟，相互對應，而良善和真理正是聰明和智慧的源頭。正因如此，掌握這些對應知識的古人，在樹林中行崇拜之禮。基於同樣的原因，聖言也頻繁提及樹木，將天堂、教會、人比作樹，如葡萄樹、橄欖樹、香柏木等等，將人的善行則比作樹的果子。

而且我們從植物所得的食物，特別是由田間豐收穀物所做成的食物，對應人對良善和真理的渴慕，因為良善和真理滋養我們的屬靈生活，正如地上的食物滋養我們的物質生活一樣。

從穀物而來的"餅"，因其是特別爲了維持生命而做，也是所有食物的代表，就與人對所有良善的渴慕相對應。正是爲了解釋這種對應，主耶穌稱自己爲"生命的糧"。餅在猶太教會中，也有神聖之用，他們將餅放在會幕內的桌子上，稱之爲"陳設餅"，而且他們以牲祭和燔祭所行的崇拜之禮，也被稱作"餅祭"。再有，也是出於這種對應，基督教會中至聖的崇拜是聖餐，信徒分領餅和酒。從以上實例，我們可看見何爲對應的本質。

112. 下面簡單說明一下天堂與人間的聯結，如何通過對應來成其功效。主的國度是終極的國度，在乎其用；反過來一樣，主的國度是實用的國度，此乃其終。正因爲如此，宇宙已被神如此奇妙創造並製造，以至於其用途無處不在，無處不包，無處不展現在作爲和果效之中；先在天堂，後在世界，在程度上和進程上，都逐步擴展至大自然最外在的事物中。由此可見，與屬靈事物所對應的自然事物，或說與天堂所對應的這世界，是透過功用而出，可盡功用的才相互聯結。我們還可以看出，包裹功用的形式就是對應，就是聯結，而且與用途的形狀程度協調一致。

在自然界中，因其三重世界的緣故，一切照神聖次序而有的事物，都是功用的外顯，或者說是源自功用，也爲了功用而成之果。正因如此，自然界的事物都是對應。

但就人而言，只有當祂與神聖的次序相合的時候，也就是當他擁有愛主之愛，和愛鄰之誼的時候，他的行爲才是功用的外顯，才算作對應，他們才因此與天堂聯結。愛主並愛鄰舍，就是在一般意思上行使人的功用。

我們還當知道，自然界是透過人來與屬靈世界聯結的，人是兩者聯合的紐帶，因爲人的裏面，既是一個自然世界，又是一個靈性世界（參57節）。以至於我們傾向靈性，就能成爲兩者間的紐帶；若傾向物界而不屬靈，就不能成爲兩者的紐帶。然而，即便沒有人作中介，主的流注照樣可以持續進入世界，和世上與人相關的事物中，但不會被人的理性所感知。

113. 因爲凡與神聖次序相合的事物，皆與天堂相對應，所以凡違背神聖次序的事物，就與地獄相對應。凡與天堂對應者，皆反映良善和真理；凡與地獄對應者，則反映邪惡和虛假。

114. 下面我們說說，對應的知識及其用處。前面說了，靈性世界，就是天堂，是通過對應作媒介，與自然界相聯結的。通過對應，人得以與天堂交流。天使不像我們，只是依照自然現象來思考問題。當人獲得對應知識之後，就心智的思維而言，就可以有能力與天使連接。因此，就我們的靈性或我們內在的人而言，便可與他們聯結。

爲了天堂可以與人聯結的緣故，聖言就以全然對應的形式寫成，當中的每一樣事物，以及所有事物，皆爲對應。爲此，假如人擁有這樣的對應知識時，就可能明白聖言的靈義，並從其中發現隱藏的奧秘，乃是通過字面根本無法看見的。因爲聖言中既有字義，又有靈義，所以字義由這個世界的事物構成，而靈義則是由天堂的事物構成。天堂既通過對應途徑與人間聯結，主便賜下聖言，其中的一切所寫，乃至其中的一點一畫，都是對應。

115. 我從天堂受教而知，地球上遠古之人作爲屬天之人，就是以對應爲途徑，而思考問題的。顯於眼前的自然現象，都是他們進行對應思考的媒介。由於具備這種特性，他們得與天使相交，與他們談話，天堂也通過他們與人間相聯。正因如此，那個時代被稱爲"黃金時代"，其中的古人作家，將其描述成天使與人同住，兩者親如朋友的時代。

後來，人不再以純粹的對應思考問題，而是根據對應的知識來思維。結果，天堂雖然還是與人間相聯，但比不上以前那般親密，這個時代被稱爲"白銀時代"。再後來，人們雖瞭解對應的知識，却不用對應的知識來進行思維，因爲他們的善落入物質的層次，不像他們的祖先那樣，保持在靈性的層次，這個時代被稱爲"青銅時代"。我被告知，青銅時代過後，人類思想越發外在，最終變得物質化。此時，對應的知識徹底遺失，人們對天堂和其中奧秘的認識，也一併失落了。

黃金時代、白銀時代、青銅時代，這些名稱也是出於對應。因著對應的緣故，"金"表示遠古之人所活出的屬天之善，"銀"表示其後之古人所活出的屬靈之善，"銅"表示再後來之人所表現的自然道德之善，"鐵"則表示沒有良善之硬邦邦的理，最後的時代由此得名。

第十四章、天堂的太陽

116. 在天堂看不到我們人間的太陽，也看不到發自人間太陽的光，因為兩者皆為物質。因物質界源自人間太陽，由此太陽而出的一切都稱為"自然"（natural）。而靈性世界，也就是天堂之所屬，乃高於自然界，也截然不同於自然界，為此兩者無法交接，除非通過對應來完成。它們截然不同之處，可從前面對"層次"的論述可知（參38節）；兩者如何交接，從前面兩章關於對應的論述可知。

117. 在天堂看不到人間太陽，及從它而出的一切，那是因為天堂自身有它自己的太陽。天堂也有光與熱，人間的萬物在天堂都有，甚至更豐富；但是它們的起源卻截然不同，因為天堂的事物都是靈性的，而人間的事物都是物質的。

天堂的太陽就是主自己，那裏的光是神聖真理，那裏的熱是神聖之善。此光與熱，從作為天堂太陽的主那裏發出，天堂之內所有的一切，皆由此獨一源頭而出。隨後的章節，我們將討論天堂的光與熱，以及由此產生的事物，此處我們暫且只論太陽。

主在天堂中顯為一輪日頭，其原因在於祂就是神性之愛，靈性的一切事物，皆由神性之愛而出而存留，就像藉助人間的太陽，物質界的萬有可存留一樣。正是這樣的神性之愛，發光如太陽。

118. 對於主在天堂顯為日頭，這不僅是眾天使告訴我的信息，也是我偶爾蒙恩看見的。下面就讓我簡單描述一下我的所見所聞。

主顯為一輪太陽，並非在諸天堂之中，而是遠超諸天之上；也並非位於頭頂上方，而是在天使之面的中前方。祂在甚遠處顯在兩個地方，一個地方位於右眼之前，一個地方位於左眼之前。向著右眼，祂看起來恰如太陽，大小的發光都好似物質界的太陽一樣。向著左眼，其卻看起來不像太陽，反像一輪明月，其大小和皎潔如物質界的月亮，只是更為明亮，周圍還有許多看起來更小的月亮環繞著，好似同等皎潔和明亮。

主顯在兩處的形象如此迥異，乃因為祂的顯現，取決於人對主的接受程度不同。藉著愛之善接受主的，看主是一個樣式；而藉著信之善接受主的人，看主卻是另外一個樣式。前者看主如太陽，熾熱如火，與他們接受主的程度一致，這些天使乃住在屬天的國度裏；後者看主如月亮，皎潔明亮，也如他們接受主的程度一樣，這些天使乃住在屬靈的國度中。這是因爲愛之善對應於"火"，在靈義上，"火"就是愛，此所謂"愛之火"；而信之善對應於"光"，在靈義上，"光"就是信，此所謂"信之光"。

主在人的眼前顯現，其原因在於與心智相聯的內在事物，是透過眼睛而看到領會的。通過右眼看到愛之善，通過左眼看到信之善。無論天使或世人，凡屬右側的，皆與良善對應，而真理由良善而出；凡屬左側的，則與出自良善的真理對應。"信之善"在本質上就是源自良善的真理。

119. 正因如此，當聖言談及愛的時候，就將主比作"太陽"；當聖言談及信的時候，就將主比作"月亮"。太陽也因此用來表示，從主而來又向著主的愛；月亮則用來表示，從主而來又向著主的信。可對照以下經文：

"月光必像日光，日光必加七倍，像七日的光一樣"（以賽亞書30:26）；"我將你撲滅的時候，要把天遮避，使眾星昏暗，以密雲遮掩太陽，月亮也不放光。我必使天上的亮光都在你以上變為昏暗，使你的地上黑暗"（以西結書32:7-8）；"日頭一出就變黑暗，月亮也不放光"（以賽亞書13:10）；"日月昏暗，星宿無光。日頭要變為黑暗，月亮要變為血"（約珥書2:2,10, 31; 3:15）；"日頭變黑像毛布，滿月變紅像血，天上的星辰墜落於地"（啓示錄6:12-13）；"那些日子的災難一過去，日頭就變黑了，月亮也不放光，眾星要從天上墜落"（馬太福音24:29）。

在這些經文中，"日"表徵愛，"月"表徵信，"星"表徵對善和理的領悟。這些若都失落了，就說日頭變黑，月亮無光，眾星從天上墜落。

對於主在天堂顯為一輪太陽，從主在彼得、雅各、約翰的面前，登山變像的記載也可知曉。當時，祂的"臉面明亮如日頭"（馬太福音17:2）。三位使徒之靈被提出肉體，進入天堂之光中，從而看見主的聖容。

正因如此，作為預表教會的古人，在行敬拜之禮時，都朝向東方的太陽，其所建的聖殿也因此朝向東方。

120. 通過人間的太陽，不難看出神性之愛，是何等偉大。神性之愛至為熾熱，遠勝人間的太陽。正因如此，顯為太陽的主，並非直接流入天堂，而是在流入的過程中，藉著一些媒介逐步加以緩和。緩和的梯度好比太陽周圍的層層光暈。再者，天使被一層相襯的薄雲遮蔽，免得他們被輻射所傷。就這樣，各天堂因接受太陽流注的狀態不同，而離太陽或遠或近。高層天因專注於愛之善，而離顯爲太陽的主最近；低層天因專注於信之善，而離主相對較遠。但那些像地獄之人而完全棄善者，離主最遠，遠離的距離也隨他們與善敵對的程度而定。

121. 不過，當主在天堂中現身時——這是常有的事，祂並非以被太陽環繞的方式顯現，而是以天使的形體顯現，然而主臉上所散發的神聖榮光，將祂與天使區分開來。主並非"親身"在那裏，因爲主的親身是指被太陽所環繞著，祂乃是以相貌的樣式顯現。在天堂，遠在天邊的人看似近在眼前，而且他們或者有固定的面容，或者根本看不見，這是很平常的事。這種同在稱作"內覺中的同在"，關於這一點，後文會有進一步的討論。

我也看過主以天使的形體，從太陽而出，來到一個稍微比太陽低一些的地方。也曾看見祂以與天使形體的樣式，顯在近處，容面發光；甚至有一次顯在一些天使中，但如火焰一樣光芒四射。

122. 對天使而言，物質界的太陽看似一片朦朧，與天堂的太陽恰好相反；他們看物質界的月亮則一片暗淡，與天堂的月亮也相反，且恆常如此。因爲物質界的火，對應於愛自己的愛，由它發出的光對應於因愛自己而出的虛假。對自己的愛，與神性之愛完全相反；從愛自己而出的虛假，也與神性之真完全相反。一切與神性之愛和神性之真相對立的，在天使看來都是黑暗的。

正因如此，在聖言中，屈身敬拜人間的太陽月亮，乃象徵對自己的愛及由此而生的虛假，理當遭到廢除（參申命記 4:19, 17:3-5；耶利米書 8:1-2；以西結書 8:15, 16, 18；啓示錄 16:8；馬太福音 13:6）。

123. 主既因其神性之愛的內住並向外擴展，在天堂顯爲太陽，以致所有天使都始終如一地朝向祂。屬天國度的天使，以主爲太陽而朝向祂；屬靈國度的天使，以主爲月亮而朝向祂。與之相反，地獄之靈總朝向漆黑和幽暗，背對著主。因爲地獄的人，都沉溺於對己和世界的愛慾中，所以他們與主對立。朝向黑暗即人間太陽的靈，落在後面的地獄中，稱爲"惡魔"；朝向黑暗即人間月亮的靈，落在靠前一些的地獄中，稱爲"惡靈"。正因如此，地獄之靈被描述爲住在黑暗之中；天堂之靈則被描述爲住在光明之中。"黑暗"代表惡所生之僞，"光明"代表善所生之真。

他們如此朝向，是因爲他們所注目之生命的一切，反過來注目他們的內在主導，也就是他們的愛。內在決定了天使和靈的容貌。而且靈性世界的方位不像人間那般固定，而是由容貌來決定的。

就人的靈來說，他的關注與靈的關注相似。人若沉迷於愛自己並愛世界，就背離主；若專注於愛主並愛人，就面向主。人未曾意識到這些，是因爲人活在物質界，而物質界的方位，是由太陽的東升西落來決定的。鑒於世人難以領會這些，我在介紹天堂的時間、空間及方位時將提供更多的例子。

124. 主既是天堂的太陽，從祂所出的一切就都朝向祂，那麼祂便是天堂中共同的中心，一切方位和定向的源頭。這樣，在此之下的萬有，包括天堂中和地上的一切，都處在祂的同在中，也在祂的掌控之下。

125. 由此，我們更能明白前面幾章所論及主的信息：（1）祂是天堂之神（2-6節）；（2）祂的神性構成天堂（7-12節）；（3）在天堂，祂的神性是對主之愛和對人之誼（13-19節）；（4）世間萬物與天堂有一種對應關係，並通過天堂與主相對應（87-115節）；（5）人間的太陽和月亮也各有其所對應的（105節）。

第十五章、天堂的光和熱

126. 僅僅基於物質來考慮問題的人們，難以理解天堂中居然有光這一事實。其實天堂不但有光，而且比人間正午的光，還要明亮得多。我也常看見這樣的光，甚至在我們的黃昏和夜晚之時。當我從天使那聽說，人間之光與天堂之光相比，不過是影子時，最初感到驚奇不已。但現在我已經看見了，就可以證明，其明亮燦爛的程度的確無以言喻。藉著那光，我在天堂所看到的一切，都比人間的事物要清晰分明得多。

127. 天堂中的光是靈性之光，而世間之光是物質自然光。事實上，天堂之光出自於形如太陽的主，而此太陽就是神性之愛，如上一章所展示的神性之愛。由此太陽所發出的光，在諸天被稱為"神性之真"，其本質乃是與神性之真相聯的神性之善。天使由此擁有光和熱：他們從神性之真獲取光，從神性之善獲取熱。

由此可見，就其源頭而言，天堂之光不是物質的，而是靈性的；天堂之熱也同樣如此。

128. 神性之真向天使顯為光，是因為天使是屬靈的，不是屬世的。屬靈的是透過屬靈的太陽看一切，屬世的是透過物質的太陽看一切。神性之真賦予天使洞察力，而洞察就是他們內在的視覺，此視覺流注於外，形成外在的視覺。因此凡在天堂中藉主為太陽所看見的，都是光中之所見。既然天堂的光是這樣來的，此光在那裏就因人領受神性之真的程度而有所變化，或者說，因天使擁有聰明和智慧的程度而有所變化。這意味著屬天國度的光，與屬靈國度的光不同，每個社群的光也不同。屬天國度的光如火焰，因為其中的天使是從顯為太陽的主接收光；屬靈國度的光顯得潔白，因為其中的天使從顯為月亮的主接收光（參118節）。同樣如此，每個社群的光也各不相同，就是在社群內部也有差別，處在中央的光更強，處在周圍的次之（參43節）。

簡而言之，天使擁有光的程度，取決於他們領受神性之真的程度，也就是他們從主領受聰明和智慧的程度。正因如此，天堂的天使被稱為"光明的天使"。

129. 由於主在天堂顯為神性之真，而神性之真就是天堂之光，所以在聖言中，主被稱作"光"，從祂所出的真理也被稱為"光"。如以下經文：

耶穌又對眾人說："我是世上的光。跟從我的，就不在黑暗裏走，必要得著生命的光"（約翰福音 8:12）；我在世上的時候，是世上的光"（約翰福音 9:5）；耶穌對他們說："光在你們中間還有不多的時候，應當趁著有光行走，免得黑暗臨到你們。你們應當趁著有光，信從這光，使你們成為光明之子。我到世上來，乃是光，叫凡信我的人，不住在黑暗裏"（約翰福音 12:35,36,46）；光來到世間，世人因自己的行為是惡的，不愛光倒愛黑暗（約翰福音 3:19）；約翰說："那光是真光，照亮一切生在世上的人"（約翰福音 1:4,9）；那坐在黑暗裏的百姓看見了大光，坐在死蔭之地的人有光發現照著他們（馬太福音 4:16）；使你作眾民的中保，作外邦人的光（以賽亞書 42:6）；我還要使你作外邦人的光，叫你施行我的救恩，直到地極（以賽亞書 49:6）；列國要在城的光裏行走（啟示錄 21:24）；求禰發出禰的亮光和真實，好引導我（詩篇 43:3）。

在以上經文中，主被稱為"光"，因為神性真理從祂而出；真理也被稱為"光"。在天堂，光源於顯為太陽的主，所以當祂向彼得、雅各、約翰顯出聖容時，祂的"臉面明亮如日頭，衣服潔白如光"（馬太福音 17:2）。還有，祂的"衣服放光，極其潔白，地上漂布的，沒有一個能漂得那樣白"（馬可福音 9:3）。

主的衣服潔白放光，因為這是主的神性之真在天堂所顯的像。"衣服"在聖言中也代表真理，故詩篇有雲："耶和華啊，禰以尊榮威嚴為衣服，披上亮光，如披外袍"（詩篇 104:2）。

130. 天堂中的光是靈性之光，並且那光就是神性之真。這一點從下面的事實可以看到：人和天使都有屬靈的光，也都從此光得著開啟，只要他們從神性之真得著聰明和智慧。人的靈性之光就是他的洞察之光，而其光所光照的對象，就是各樣的真理，這些真理通過人的分析而歸類推敲，從而得出一系列的結論。

屬世之人不知道，讓人洞察這些事物的光是真光，因為他們用眼睛看不到，用頭腦也想不到。儘管如此，還是有很多人認出這光，並且知道此光與物質之光的區別——屬世之人只能用屬世而非屬靈的方式思考問題。屬世的思維只關注這個世界，也將一切歸於大自然，而屬靈的思維則關注天堂，也將一切歸於創造大自然的神。

我常被允許覺察到而且也看到：啟迪思想之光是真光，與物質之光截然不同。我的內在已逐漸被提升至那光中；而且我被提升時，我的洞察力被光照到一個地步，以至於能覺察過去無法覺察到的，甚至能明白過去靠自然光，想都無法想到的事。有時我痛恨自己，在天堂之光中如此清晰易懂的事，我過去竟理解不了。

正如思想需要光來照耀，我們怎樣說眼睛，也就怎樣說我們的思想。例如，當我們想通某件事時，就說看清楚了或見光明白了；反之，就說它模糊不清或遮住自己雙眼了；諸如此類的說法很多。

131. 既然天堂之光是神性之真，那麼那光也是神性的智慧和聰明。因此"被提入天堂之光中"與"被帶進聰明和智慧中"以及"被光照"乃同一個意思。因此，天使裏面的光，與他們所擁有的聰明和聰慧，是等量齊觀的。

天堂之光既是神性的智慧，人的品格也因此在那光中顯露。每個人的內在秉性，即使是最小的方面，都在他的臉上如實可見，無可隱藏。而且內層天的天使，喜愛敞開自己裏面的一切，因爲他們起心動念無不爲善。天堂之下的那些並非向善者，就不同了，他們十分懼怕曝光在此天堂之光中。值得一提的是，地獄之人彼此看來皆爲人樣，但在天堂之光照下，形同怪物，面目猙獰，形體恐怖，正好反映他們邪惡的模樣。

當天使注視人的時候，人靈魂的本相，也如此顯露出來。善人，就顯爲俊美，與其善等量齊觀；惡人，就顯爲醜陋，與其惡相差無幾。由此可見，在天堂之光中，一切都是赤露敞開的，因爲天堂之光乃主的神性之真。

132. 既然神性之真是諸天堂的光，那麼一切的真理都會透射出光來，不管這些真理在何處，無論是在天使之內或天使之外，也不在乎其是在天堂之內或天堂之外。不過，在天堂之外，其光爲寒光，如白雪所映之光，毫無溫暖，因爲缺乏良善的本質，這與天堂內的光截然不同。天堂之光一到，寒光便立刻消失。但是，若有惡隱藏在其內，光明就變成黑暗。這事我見過幾次，連同很多有關真理之光的奇妙見聞，這裏就不贅述了。

133. 下面需要說說天堂之熱。從本質上說，天堂之熱乃是愛。此熱從顯爲太陽的主發出，此熱既住在主的神性之愛裏，又從那裏發出，這在上一章已作闡述。顯而易見，天堂之熱也是屬乎靈的，與天堂之光一樣，因爲它們出自同一個源頭。

從顯爲天堂太陽的主所發出的有兩樣：神性之真，和神性之善。神性之真在天堂顯爲光，神性之善在天堂顯爲熱，兩者彼此聯結，並非二，而是一。但對天使而言，兩者可以分開。有的天使樂於接受神性之真，有的天使則樂於接受神性之善。領受神性之善更多的天使，住在屬天國度；領受神性之真更多的天使，住在屬靈國度；對神性之真和神性之善等量齊觀領受的，就是最完美的天使。

134. 與天堂之光相似，天堂之熱在各處也有所不同。在屬天國度與屬靈國度，甚至在每個社群，也各不相同，不僅是在強度上不同，在純度上也不盡相同。在屬天國度，其熱更爲濃烈，也更爲純淨，因爲那裏的天使，接受神性之善更多。在屬靈國度，其熱的強度和純度都要稍遜一籌，因爲那裏的天使，接受神性之真更多。在每個社群，根據人接受的不同，熱的情形也不同。地獄也存在熱，但那是不純淨的熱。

聖火和天火就是指天堂的熱來說的，褻瀆之火和地獄之火乃是指地獄中的熱。這是兩種截然不同的愛："天堂之火"意味著對主和鄰舍之愛，以及此愛所帶出的各樣情感；"地獄之火"指的則是對己和世界的貪愛，以及此貪愛所帶出的一切情慾。

爲愛所動時，人心變得溫暖起來；而且心被點燃並溫暖的程度，也隨著愛的強度和性質不同而不同；再有，當此愛遭受反對時，其熱度更是表現得淋漓盡致。從這些實例可知，熱從愛而來，愛是熱的靈性源頭。人無論是談論出於善的愛，還是出於惡的慾望時，人們都習慣使用"冒火"、"火熱"、"燃燒"、"沸騰"、"如火中燒"等字眼，原因在此。

135. 從顯爲太陽的主所發的愛，之所以受感爲熱，是因爲天使的內在，因神性之善而處於蒙愛的狀態，而此善是從主而來。結果他們的外在，因此愛的溫暖，而處於熱的狀態中。正因如此，天堂的熱與愛如此協調，以至於天堂中的每個人，所領受的愛如何，其熱也如何。

此世界之熱，根本不能進入天堂，因爲它過於粗糙，屬乎眼見的自然，不屬乎靈。但在我們人則不同，因爲我們既活在靈性世界，又同時活在自然界。就我們的靈而言，我們感受到的熱度，與我們的愛是直接對等的；但就我們的身體而言，我們既可以感受到靈性之熱，又可以感受到物界之熱。是前者流入後者，因爲它們彼此對應。

通過觀察動物的發情週期，可瞭解這兩種熱是如何對應的。動物的愛慾主要在於生養後代，而在春夏時節，隨著氣溫回升，它們的愛慾就重新變得活躍起來。但人若以爲，使動物發情的是世間之熱，那就大錯特錯了。事實上，沒有什麼物質，可流注屬靈的東西當中，只有屬靈性的，可流入屬世的當中。後一個流注合乎神性秩序，前一個流注違背神性秩序。

136. 與人相似，天使也有自己的悟性和意志。天堂之光造就了他們的悟性生活，因爲天堂之光，是神性之真，和從其而出的神性智慧。天堂之熱構成他們的意志，因爲天堂之熱，是神性之善，和從其而出的神性之愛。天使生命的精髓來自於熱，而非來自於光，除非有熱在此光中。若將熱取走，生命就會熄滅，由此我們看出生命來自於熱。無愛之信或無善之真也是這樣，因爲可歸於信實的真才是光，可歸於慈愛的善才是熱。

通過觀察我們這個世界的熱與光，這一切變得更加明瞭，因爲這個世界的熱與光，跟天堂的熱與光有對應關係。春夏時節，這個世界的熱與光結合，以致萬物復蘇，百花齊放。到了寒冬，熱與光分離，有光無熱，萬物枯萎消亡。基於這種對應，天堂被稱爲"伊甸園"，因爲在天堂那裏，真與善結合，也可說是信與愛結合，正如大地回春的時候光與熱結合。

這也進一步支持前面所說的：在天堂，主的神性就是對主之愛與對鄰舍之誼（13-19節）。

137. 如《約翰福音》所言："太初有道，道與神同在，道就是神……萬物都是藉著祂造的。凡被造的，沒有一樣不是藉著祂造的。生命在祂裏面，這生命就是人的光……祂在世界，世界也是藉著祂造的……道成了肉身，住在我們中間，我們也見過祂的榮光"（約翰福音 1:1, 3, 4, 10, 14）。顯然，此處的"道"指的是主耶穌，因爲經文說"道成了肉身"。只是"道"的具體內涵如何，人們尚不得而知，故有必要加以解釋。在這段經文中，"道"指的是住在主的裏面，並源自主的神性之真，故也被稱作"光"。如前文所說，天堂之光就是神性之真。下面我要解釋萬物，是如何藉神性之真而被創造並製造的。

在天堂，具備一切能力的是神性之真，除此以外別無任何能力可言。天使因領受神性之真而被稱爲"大能者"，他們之所以是大能者，是因爲他們是神性之真的接受者或受體。他們藉此勝過地獄和一切敵對他們的。成千上萬的敵對者，只需天堂的一線光明，即神性之真的一絲顯露，就可以土崩瓦解。由於天使是因接受神性之真，而成爲天使，有鑒於此，整個天堂別無其它源起，因爲天堂皆由天使所組成。

有些人將真理，僅僅理解爲想法或話語，認爲除非順服地遵行它們，這些想法和話語本身，並無任何能力——這些人無法相信這種大能是神性之真所固有的。然而神性之真確實蘊含著大能，乃至天堂、世界以及其中的萬有，都是透過這大能而受造的。

可用兩個對比來說明神性之真的固有大能：一是真與善在人裏面的能力，一是我們這個世界的太陽，所發出的光與熱的能力。

藉著真與善在人裏面的能力，人所做的一切事，都是以他的悟性和意志爲出發點。人藉著善的能力，才可能以意志爲出發點而行出善；藉著真的能力，才可能以悟性爲出發點而做成眞。事實上，意志裏的一切皆與良善關聯，悟性裏的一切皆與眞理相關。在此基礎上，人是藉著眞理和良善來調動全身，使其所有組織器官，都頃刻各就各位，爲著一個目的，而成就它們所願並喜悅行的事。由此可見，身體是爲聽命善與眞而建造的，說到底它就是藉著善與眞而建造的。

138. 藉著我們這個世界的太陽所發出的光與熱的能力，世間所生長的萬物，諸如樹木、花草、果實、種子等等，無一不藉著太陽的光與熱而生。由此可知它的光與熱，具有何等的造化能力，更何況在天堂顯爲光的神性之眞，和顯爲熱的神性之善，其何等大能大力呢？天堂如何因其而出，人間也如何因其而存，因爲前面已經說過，人間乃是藉著天堂而有的。

由這一切可知，聖言如此說的含義是什麼："萬物都是藉著祂造的，凡被造的，沒有一樣不是藉著祂造的"，已經"世界也是藉著祂造的"。其含義就是，這一切都是藉著從主而來的神性之眞而成就的。

這就是爲什麼《創世記》先說光，然後再說從光而出的萬物（創世記 1:3,4）。天堂和人間的萬物，都與良善和眞理相關，並且必須有兩者的結合才得以存在，原因也在此。

139. 我們必須明白，天堂中從顯爲太陽的主而來的神性之善與神性之眞，並非在主的裏面，而是以主爲源頭。在主裏面的獨有也只有神性之愛，神性之愛即神之本，神性之善與神性之眞乃此本所發。爲萬物"所本"的意思，就是從此本"所出"的意思。這一點也可藉人間的太陽來說明。人間的光與熱，並不在太陽之中，而是來自太陽。太陽之中除了火，就沒有什麼別的。熱與光是火的散發與彰顯而已。

140. 顯爲太陽的主既然是神性之愛，而神性之愛又是神性之善的本源，爲便於區分，從祂所發、顯於天堂的神性，就被稱爲"神性之眞"，雖然它實爲神性之善，透過結合而顯爲神性之眞。這神性之眞，正是從主所出的所謂"聖者"。

第十六章、天堂的四方

141. 與我們所在的這世界一樣，天堂也分東、南、西、北四方。這四方都由各自的太陽所定位——在天堂取決於天堂的太陽，也就是主；在世上，取決於地球的太陽。雖然兩者的四方，都由各自的太陽而定位，但兩者的定位還是有顯著的差別。在我們這個世界，當太陽行至地球最高之處時，我們稱之爲"南"；而反方向，也就是在地球最低之處時，我們稱之爲"北"。東方是春分和秋分時節太陽升起的地方，西方則是那時太陽落山的地方。所以在地球，四個方位皆以南方爲基準。但是在天堂，東方則是主顯爲太陽的地方，西方與之相對，南方在其右，北方在其左。無論面和身體朝向哪裏，各方位都是如此確定。所以在天堂，四個方位皆以東方爲基準。

主作爲太陽被看見的地方，被天使命名爲"東"，是因爲生命的全部源泉，皆來自這位顯爲太陽的主。再者，只要天使接受了從主而來的熱與光，或聰明與智慧，他們便說主已在他們之上升起。這也是爲什麼主在聖言中被稱爲"東"的緣故。

142. 第二個區別是，對天使而言，東方總是在面前，西方總是在背後，南方總是在右邊，北方總是在左邊。對世人而言這十分費解，因爲我們可面向所有方位，故有必要加以解釋。

整個天堂朝向主爲其共同的中心，爲此所有天使也面向這個中心。地上的一切，也一樣指向一個共同的中心，這是衆所周知的。所不同的是：在天堂，朝向共同中心的是前部；而在地球，朝向共同中心的是下方，即地心。在我們這個世界，這個指向就是所謂的"向心力"或"引力"。天使們的內在，實際上是朝向前方，因爲內在顯在面容上，因此是由此面容所向來定四方。

143. 無論怎樣轉面和轉身，東方總是位於天使的前方，這對我們或這個世界而言，還是很費解，因爲我們可面向所有的方位，故有必要再解釋如下。

雖然天使與人一樣可隨意轉動面孔和身體，其東方却總是在他們的眼前。天使和人轉動的方式不同，因爲兩者的源頭不同。兩者看似一樣，其實不然。使天使轉向的能力源泉，是其裏面主導他們的愛，天堂之靈和天使由此確定所有的方位。正如剛才所說的，他們的內在朝向共同的中心，就是在天堂顯爲太陽的主。爲此，主導他們的愛，總顯在他們的面前，而面容就成了內在的外現，即其外在的樣式。因為他們從主那裏得到愛，而此愛就是在天堂顯爲太陽的主。再者，主住在領受祂愛的衆天使中，那麼，就是主自己帶動天使轉身，而且無論怎樣轉，始終是轉向主。對此我不再作更多的解釋，不妨留待以後，特別要等到我論及表徵和樣式，以及天堂的時間與空間的時候，這一點會變得更加清晰易懂。

對於天使總面向主這個事實，我有過大量的親身經歷。有時，當我與天使來往時，我注意到主就在面前，即使不能看見，也能憑著那光作出分辨，天使也時常證實這一點。

正因主總在天使的面前，凡信祂愛祂的人，便說神在他們的眼前和面前，他們定睛於祂並看見祂。諸如此類的表達，都是源自靈性世界，人很多的遣詞造字，也由此而來，只是人無從所知而已。

144. 總是轉向主乃天堂奇觀之一，因爲諸多天使聚在一處，身體與眼睛彼此相對時，居然能使主顯在每一位的面前。並且對每一位來說，都是南在右、北在左、西在後。

另外，天使雖然總是向著東，却依然可以有朝向其它三個方位的面孔。不過這要涉及到他們內在的視覺了，即他們的思維功能。這乃是天堂的另一個神奇之處。

天堂還有一個奇妙之處，那就是誰也不允許站在別人的後面，注視他或她頭的後部，以免干擾從主而來的良善與真理的流注。

145. 天使看主，與主看天使的方式不同。天使用眼睛看主，主則看天使的額頭。因爲額頭對應愛，主藉著愛，流注到他們的意志中，藉著與眼睛所對應的悟性，使得祂自己向他們顯現。

146. 不過，天堂的方位在主的屬天國度和屬靈國度有所不同。因爲對屬天之天使而言，主似太陽；對屬靈之天使而言，主似月亮，而東方則總是主顯現的地方。

天堂中的太陽和月亮呈現三十度的偏角，兩個國度的方位自然也偏離同樣的角度。前面已談到天堂的兩個國度，分別稱爲屬天國度和屬靈國度（參 20-28 節），也談到主在屬天國度如太陽，在屬靈國度如月亮（參 118 節）。但不管怎樣，天堂的方位不會因此產生混亂，因爲屬靈天使既上不到屬天之天使的層次，屬天之天使下不到屬靈天使的層次（參 35 節）。

147. 由此可明瞭主在天堂中的同在是怎麼一回事：這樣的同在乃無所不在，在主所發出的善與真中，祂與每位個體同在。因此，祂又是在屬於祂自己的地方，與天使同在（參12節）。

天使乃是在心裏感受到主的同在，他們也是在那裏用靈眼看見主。就是藉著如此從內到外的連續延伸，他們看到主好似在身外。我們由此明白主說，祂在他們的裏面，而他們在祂的裏面，到底是什麼意思，正如祂所說的："你們要常在我裏面，我也常在你們裏面。"（約翰福音 15:4）且說："吃我肉喝我血的人常在我裏面，我也常在他裏面。"（約翰福音 6:56）"主的肉"指的是神性之善，"主的血"指的是神性之真。

148. 天堂的一切皆按四個基本方位，住在各自的區域。專注愛之善者，沿東西軸向居住。其中清晰感受愛之善者，靠近東方；含糊感受者，靠近西方。專注由善所出的智慧者，沿南北軸向居住。其中擁有清亮智慧之光者，靠近南方；擁有模糊智慧之光者，靠近北方。

屬天國度與屬靈國度中的天使，也是按照同樣的次序，在兩個國度居住。所不同的是，前者是照愛之善的層次來分佈，後者是照從善所出的真之光來分佈，因爲屬天國度中的愛是對主之愛，而由此愛所出的真理之光叫智慧。另一個方面，屬靈國度中的愛，是對鄰舍的愛，也叫"友誼"，而由此愛所出的真理之光，叫"聰明"，也叫"信實"（參23節）。此外，兩個國度還存在角度上的差異，正如前面所說（146節），兩者的方位偏差三十度。

149. 天使在天堂每個社群中的居住，與上面的原則類似。擁有更大愛和友誼的，靠近東方居住，稍遜者靠近西方居住。智慧和聰明之光更大者，靠近南方居住，反之靠近北方居住。如此安排的原因在於，每個社群都是整個天堂的縮影，是一個小天堂（參 51-58 節）。同樣的安排也如此彰顯在他們的聚集中。藉著天堂的樣式，每一位個體都知道自己的位置，於是被帶進這樣的秩序安排之中。

另外，主設定每個社群皆有各種類型的人存在，因爲天堂各處的形式一致。不過天堂總體的佈局，與單個社群的佈局，還是有所分別的，正如一個整體與其中的每個部分，是有分別的一樣。靠近東方的社群，勝於靠近西方的社群；靠近南方的社群，勝於靠近北方的社群。

150. 正因如此，天堂的四個方位，也隱含著所在天使的相關特質。東方意味著愛與善被清楚領受，而西方則意味著對此的領受朦朧。南方意味著智慧與聰明的光較明亮，而北方則意味著此光較黯淡。因爲天堂四方的這種內在含義，而聖言的內在含義或靈義與天堂完全一致，它們在聖言中也有相似的內在含義或靈義。

151. 地獄的情況正好相反。地獄之人不朝向顯爲太陽或月亮的主，而是背對著主，關注漆黑和幽暗之處，即人間的太陽和月亮。朝向物質界太陽所在漆黑之處的，被稱爲"惡魔"；朝向物質界月亮所在幽暗之處的，被稱爲"惡靈"。因爲正如前面所說（122 節），我們這個世界的太陽以及月亮，在靈性世界並不可見。並且，替代這個太陽的是某些漆黑之物，與天堂的太陽截然相反；替代月亮的是某些幽暗之物，與天堂的月亮截然相反。這意味著地獄的方位和天堂的方位，也是截然相反的。對地獄之人來說，呈現一團漆黑或幽暗的地方是東方，天堂的太陽所在之處却是西方，南方在其右，北方在其左。不論身體如何轉向，都是如此，也只能如此，因爲他們的內在和其定意，都整體趨向並奔向那個方向。事實上，人內在和其定意的傾向，是由他們的愛慾性質所決定的，因而如上所示，也決定了每人死後的傾向（參 143 節）。地獄之人陷在對自己和對世界的愛中，而這兩者正是物質界的太陽和月亮所代表的（參 122 節）。再者這兩種愛，與對主和對鄰人之愛，正好相反，這是他們朝向黑暗、以背向主的原因。

另外，地獄的人也同樣按四個方位，住在不同的區域。因愛己而沉溺於惡中的人，由東向西居住；因惡而生謬之人，由南向北居住。關於這一點，等到談論地獄時，再作進一步的說明。

152. 當一個惡靈進入善靈當中時，通常會導致四個方位的混亂，以致連善靈，都幾乎不知道東方在哪。這種情景我見過多次，也聽過某些靈爲此而抱怨。

153. 惡靈有時看起來朝東而面向天堂的方向，在此刻他們擁有領悟力，能明白什麼是真的，只是對善的事物並無喜愛之情。因此一旦他們轉回自己的方向，就立即失去領悟力，不再明白什麼是真。這時，他們就說之前所聞所悟之真的事物，並非真實，而是虛假，甚至希望虛假成真。有人告訴我，此類的翻轉，特別是就惡人而言，他們的領悟雖可因此被翻轉，但其意願却不能隨之轉過來。這是主之神性秩序所定，爲了讓每個靈可以有能力，最終明白並承認什麼是真。不過，除非他們專注於良善，將無法接受這些真理，因爲接受真理的是良善，絕非邪惡。我們人也一直擁有這樣的能力，好叫我們藉著諸多真理變得更好，不過我們被改好，取決於我們是否關注良善。這就是爲什麼我們能够被翻轉，而朝向主的緣故。然而，倘若我們生活的行爲落入罪中，就立即返回歧路，並從心裏爲自己的惡找理由，以此來否定之前所看見並理解的真理。當我們基於自己的內在傾向來思考問題時，就會發生這樣的事情。

第十七章、天使狀態的起伏變化

154. 天使狀態的變化，即關於他們的愛與信的變化，智慧與聰明的變化，是指他們生命狀態的變化。狀態歸屬於生命及其相關事務；因為天使的生命是愛與信的生命，即由前者而來的智慧與聰明的生命，所以，狀態就是這些生命的反映，而被稱作愛與信的狀態，智慧與聰明的狀態。下面我要描述一下，天使在這些狀態上，是如何變化的。

155. 就著愛來說，天使的狀態並非恒久不渝，因而他們的智慧也並非恒久不渝，因為智慧出於愛，取決於愛。有時他們對主的愛火熱，有時則不然，從高峰直到低谷逐漸減弱。當對主的愛處於高峰時，他們沉浸於光明和溫暖中，或者說是處於清透和喜樂中。當他們對主的愛處於低谷時，就落入陰影與冰涼中，或者說被昏昧和不悅所困。然後他們又回到最初的態度，如此循環往復。

這些狀態的變化，有如世上每年明暗冷暖的交替，或如晨午暮夜，日復一日的回轉。在此也有對應，早晨對應他們愛主的清晰狀態，正午對應他們智慧的敞亮狀態，黃昏對應智慧的朦朧狀態，夜晚對應愛與智慧的失落狀態。但要知道，天堂的人沒有與黑夜所對應的狀態，只有拂曉所對應的狀態。黑夜所對應的狀態，屬於地獄的人。

由於這種對應，在聖言中，"日"與"年"總體上代表生命的狀態，"熱"與"光"代表慈愛與智慧，"早晨"代表對主起初和最高的愛，"正午"代表智慧在光中，"黃昏"代表示智慧有遮蓋，"拂曉"代表黎明前的朦朧，"夜晚"代表慈愛與智慧的缺失。

156. 當天使內心的慈愛與智慧的狀態改變時，其周圍可見的各樣事物也隨著發生變化，因為圍繞天使的事物，是照著他們內在來彰現的。關於這一點，等我們談論"天堂景象的表徵和外顯"時，再作闡述。

157. 每位天使都經歷這樣的狀態變化，每個社群也是這樣。個體的狀態變化互不相同，因為慈愛與智慧因人而異。有的住在中央，相比周圍直至邊界的天使，他們處於更完美的狀態（參 43、128 節）。但要細說其中的差別，就過於繁瑣了，因為愛與智的品質決定了個體狀態的變化。為此可以是這樣：當某位天使正處於清晰快樂的狀態時，另一位卻可能處於昏昧不悅的狀態。即使處在同一個社群的同一個時刻，也可能如此。狀態也因社群不同而不同，屬天國度的社群之狀態，也與屬靈國度的社群之狀態不同。

總而言之，天使不同狀態的變化，好比地球上不同氣候和每天不同階段的變化。對某些天使是早晨，對另一些卻是黃昏；或者對某些是溫暖，對另一些卻是寒冷。

158. 我從天堂瞭解到，其中的的狀態為何會有這些變化。天使認為他們狀態有眾多變化的原因很多。首先，天使因接受主的慈愛與智慧而享受的生命和天堂之樂，若一直不變，會讓他們逐漸感到乏味，正如世人享受毫無多樣性的娛樂和樂趣一樣。第二個原因，像我們那樣，天使也有自我或自我的形象，這也會使他們可能愛自己。在天堂，所有的天使都被保持在無我的狀態，以至於只要是主保持他們，處在這種無我的狀態，他們便享有慈愛與智慧。只要他們不在這種無我的狀態，就會陷於愛自己的光景中。又因為沒有誰不喜歡屬於自己的事物，並受其吸引，所以他們的生命狀態會變化，或會發生連續的更迭。第三個理由，天使們能以這樣的方式得以完全，使得他們習慣於愛主專一，以至不陷在愛己的自愛中。而且通過喜樂與缺乏喜樂之間的交替，能讓天使對良善領悟和感知，變得更加細膩。

天使還說，並不是主引起這些狀態的變化，因為主作為太陽始終如一地流注熱與光，也就是流注愛與智。發生變化的是天使自己，即他們所鍾情的自我，就是這個使得他們常常走偏。這就好像我們這個世界的太陽，年復一年的寒暑交替，日復一日的明暗變化，並不是太陽造成的，因為太陽本身沒有變化，造成變化的原因在乎地球。

159. 我蒙恩看見好似太陽的主，如何在屬天國度之天使的第一個狀態，第二個狀態，和第三個種不同的狀態向他們顯現。我看到好似太陽的主，起初輝煌燦爛，榮光無以言喻。我被告知，這是主作為太陽，在屬天之天使的第一個狀態下，而有的形象。接下來，我看到一個巨大的光暈環繞著太陽，使其起初輝煌燦爛的榮光有所模糊。我被告知，這是主作為太陽，在屬天之天使的第二個狀態下，而顯出來的樣子。後來，我看到光暈逐漸變得黯淡，以致燦爛的太陽，很長一段時間顯為一白色的光團。我被告知，這是主作為太陽，在屬天之天使的第三個狀態下，所看到的形象。此後，我看到這一白色光團向左，朝著天堂的月亮方向移動，增添了月亮的光芒，使月亮顯得格外明亮。我被告知，這是屬天國度之天使的第四個狀態，也是屬靈國度之天使的第一個狀態。我還得知，在每個國度，狀態的變化不是同步進行的，而是以社群為單位按順序進行的。我還被告知，變化的過程不是固定的，有時快，有時慢，天使難以覺察。

天使還說，其實太陽本身並無變化，也沒有移動，使太陽看似變化的是天使生命狀態的改變。因爲主在每位天使眼中的形象，取決於其生命狀態。當愛主濃烈時，主的形象就顯得輝煌燦爛；當愛主消退時，主的形象也逐漸變淡直至蒼白。使太陽的火耀和光亮看似變化的光暈，正好代表了天使生命狀態的品質。

160. 當天使處在最後一個狀態時，即當他們退回到他們自我的裏面時，情緒就低落下來。在此狀態下，我與他們有過交流，親眼見證了他們的沮喪。他們不停地說，真希望儘快回到先前的狀態，再度享受天堂，因爲對他們來說，擺脫自我就是天堂。

161. 地獄之人也經歷狀態的變化，且待談論地獄時再作說明。

第十八章、天堂的時間觀

162. 雖然天堂中的事物也和人間一樣，按順序發生與發展，但天使却沒有什麼時間和空間的觀念，甚至不知時間和空間爲何物。下面我們討論天堂的時間，空間容後再敘。

163. 天使不知時間爲何物，雖然天堂的一切，看似都按順序進行的，與人間毫無任何差別。這是因爲在天堂沒有年日的變化，而只有狀態的變化。有年日的地方，必然有不同的時間；然而有狀態的變化時，就有不同的狀態。

164. 在人間有時間的變化，因爲太陽看似從一個區域，移動到另一個區域，造成一年四季的交替，也看似繞地球轉動，造成一日不同的時段，而且是按固定的週期變化的。

天堂的太陽則不同。其不是藉著連續的移動和轉動來標定年日，而是用來標定狀態的變化，因此如上一章所說，沒有固定的變化週期。所以天使沒有時間的觀念，取而代之的是狀態（參154節）。

165. 既然天使沒有世人所有的時間觀念，那麼凡與時間相關的，他們也自然沒有觀念，乃至不知年、月、日、時、昨日、今日、明日、星期爲何物。當天使從世人聽到這些術語時，主讓天使總是保持與我們有聯繫，他們將其理解爲狀態，以及與狀態相關的事物。這樣，屬世的觀念到天使那裏，就轉變成了屬靈的觀念。正因如此，聖言中的時間表徵狀態，上面所羅列的時間術語，也就表徵其所對應的所屬事物。

166. 凡因時間而有的一切，如一年四季春夏秋冬，一日四時晨午暮夜，人生四個時期，幼年、少年、成年、暮年，諸如此類的，都不外如是。世人站在時間的角度看待這一切，天使則站在狀態的角度看待這一切。結果，凡時間性的觀念，到天使那裏，就都轉變成狀態的觀念。"春天"與"早晨"轉變成，天使在第一個狀態下愛與智慧的特徵；"夏天"與"正午"轉變成，他們在第二個狀態下愛與智慧的特徵；"秋天"與"黃昏"轉變成，他們在第三個狀態下愛與智慧的特徵；"冬天"與"夜晚"轉變成，地獄的狀態特徵。這就是爲什麼時間週期，在聖言中有其表徵含義的原因所在（參155節），也清楚解釋了，世人頭腦中的屬世觀念，爲什麼到了與世人同在的天使那裏，就轉變成屬靈的觀念。

167. 天使既沒有時間的觀念，那麼他們對"永恆"的理解必與世人不同。他們將"永恆"理解爲無限的狀態，而非無限的時間。

我曾揣摩過永恆的含義，藉著時間的概念，我能理解"直到永恆"所蘊含的意思，就是沒有盡頭。但我無法理解"從永恆來"是什麼意思，因此就無法想像，神在創世以先的永恆裏做了什麼。當我爲此焦慮而百思不得其解的時候，我就被提到天堂，進入天使對永恆的理解之中。如此，我才恍然大悟，知道原來必須從狀態，而非時間的角度來理解永恆。那樣的話，正如本人所經歷的，人就能領會"從永恆來"是什麼意思了。

168. 天使與人交談，從不用世人的觀念來表達，因爲這些觀念都源自時間、空間、物質及類似範疇。他們乃是使用屬靈的觀念，而此觀念皆源自天使的狀態，及其在天使內外的變化。不過，當天使的這些屬靈觀念流注到人的裏面時，便立時自然而然地轉變成適合我們人的物質觀念。天使不知道此事，我們人也不知道，但這正是天堂向人裏面的一切流注使然。

某些天使被允許幾乎進入了我的思想，一直進到被大片時空觀念所占據的想法裏。但是當他們完全不知其中爲何物時，便立刻退出了。我聽到他們退出後的談話，說他們剛剛落入一片黑暗當中。

通過親身經歷，我瞭解到天使對時間是如何一無所知。曾有一位天使，有能力進入人所具有的物質觀念中。後來我與他好似人那樣當面交談，起初他不瞭解我所說的"時間"爲何物。我便告知太陽如何看似繞地球轉動，造成日復一日、年復一年的交替變化，由此而劃分一年四季、十二月份、一日十二個時辰，且有固定的重複週期，時間由此而來。聽到這些他很驚訝，稱他從未聽說過這些，只知有狀態存在。

在與他談話時，我提到世人其實知道天堂沒有時間。世人在言談中似乎就知道這一點，因爲當有人死的時候，我們就說他們"逝世"或"跳出時間長河"了，意思是說他們離開了這個世界。我還說，有些人知道時間原是狀態，因爲他們注意到，時間與他們的情感狀態息息相關。當人快樂的時候，時間似乎過得飛快；當人沮喪的時候，時間顯得相當漫長；當人憧憬的時候，時間又似乎變化不定。這使得有識之士因此追究時空的本質，有的甚至確定時間只是物質之人的某種屬性。

169. 世人或許以爲，倘若剝離時間、空間和屬世的觀念，我們的思想就不復存在了，因爲人的思維建立在這些基礎之上。但願他們明白，源自時間、空間和屬世的思維是受限制和束縛的，只有脫離這些觀念，我們的思維才能獲得自由和延伸。如此，我們的思想就能超越肉體和世界的局限，這正是天使獲得智慧的原因所在。他們的智慧不可思議，因爲超越了肉體和屬世的觀念。

第十九章、天堂景象的代表和顯像

170. 單憑物質之光進行思考的人,無法理解天堂中的萬物如同我們人間的萬物。因為在物質之光的基礎上,他們認定天使只是思想,又認為思想就像氣息一般。這意味著天使沒有我們所擁有的感官,因而他們沒有眼睛。既無眼睛,自然也沒有眼睛可看見的物體。然而,天使不但擁有我們所擁有的感官,而且比人的感官更細微,他們所見之光,也比我們所見的要明亮得多。對於天使就是全備的人,並享有各種感官功能,可參看73-77節;對於天堂之光比人間之光要明亮得多,可參看126-132節。

171. 至於天使在天堂所見物體的特徵,這不是三言兩語就能說清的。在很大程度上,它們與人間的事物相似,只是在樣式上要更完全,也更豐富。

通過眾先知的所見所聞,我們可知,天堂有著與人間相似的事物。例如以西結對新殿和新地的描述(參以西結書40-48章),但以理的描述(參但以理書7-12章),約翰的描述(參啟示錄),還有歷史書和先知書對種種異象的描述。當他們看到那些事物時,經上就說天開了。所謂"天開了",就是人的內在視覺,即人的靈眼被打開了。因為天堂的事物,不能透過人屬世的眼睛看到,只能透過屬靈的眼睛觀看。當主以為美之時,人屬靈的眼睛就會被開啟。那時,人便被帶離肉體感官所處的物質之光,提升至其靈所在的屬靈之光中。我就是在這樣的光中,看到存於天堂的事物的。

172. 不過,雖然天堂的事物與人間的事物大體相似,它們的本質卻截然不同。天堂的事物來自於天堂中的太陽,人間的事物來自於人間的太陽。源自天堂之太陽的事物被稱為"屬靈的",源自人間之太陽的事物被稱為"屬世的"。

173. 由天堂所出的事物,並不以同樣的方式出於人間。在天堂中,一切事物都是藉著與天使的內在對應的方式,從主而生的。事實上,天使有內在,也有外在。當他們的外在與內在處於對應時,他們內在的一切事物,都關乎愛與信,也就是關乎意志與悟性,因為意志與悟性是接受愛與信的器皿。關於外在與內在的對應,可參看87-115節。這一點可從天堂的熱與光得以看明:天使是按照他們愛主的品位,而擁有相應的熱;也按照其智慧的品位,而擁有相應的光(參128-134節)。對於他們藉著各樣感官所領受的其它事物,道理是一樣的。

174. 當我被允許與天使交往時，天堂的事物看起來，與人間的事物完全一樣。如此毫無差異，以致我以為我自己還在人間，和人間的王宮裏。我與天使交談，就像和世人交談一樣。

175. 因為與天使的內在相對應的一切事物，也同時代表了天使的內在，所以這些事物被稱為"代表"。又因為它們會隨著天使內在的狀態，而隨之有所不同，故而又被稱為"顯像"。不過，這些顯在天使眼前，並被他們所感受的事物，在他們的眼中和感官中，都如同人間的事物一樣逼真，甚至還要清楚、鮮明、顯著得多。由這樣的源頭而出現在天堂的顯像，被稱為"真實的顯像"，因為它們伴隨著真實的存在。也有不真實的顯像，看似可見的事物，却與天使的內在並無對應。關於這一點，以後再作進一步的討論。

176. 下面我舉一個例子，以說明照著對應的方式，向天使顯現的天堂事物，到底是什麼。對於專注於智慧的天使，他們會看到滿是各種花草樹木的花園和公園。樹木照極美的設計排列，交搭成蔭，形成圓拱和小道，一切美不勝收，無法描述。智慧的天使漫步其間，採擷花朵，編成花環，作為孩子們的裝束。很多樹木是世人未曾看見，也是人間不可能有的。樹上結有果實，與天使之愛相應。天使看到這些事物，因為花園、果樹、鮮花與聰明智慧是對應的。

世人雖然也知道天堂有這些事物存在，但只有專注於良善的人，和那些未被虛幻的物質之光及其所導致的錯覺而熄滅其內在天堂之光的人，才可能真正明白。當他們談論天堂時，他們相信且聲稱天上的事物"是眼睛未曾看見，耳朵也未曾聽見的"。

第二十章、天使的衣著

177. 天使既是人,且像世人一樣共同生活,那麼他們也有衣服、房屋等物。所不同的是,天使所擁有的一切更爲完美,因爲他們處在更完美的狀態。他們的智慧遠超世人,不可言說,進入其感知和眼見的一切自然也遠超人間,因爲與他們的智慧對應(參 173 節)。

178. 同樣,天使的衣服也含對應。既含對應,也就真實存在(參 175 節)。他們的衣服反映各自的智慧,兩者始終保持一致。智慧既有高有低(參 43 和 128 節),他們的衣服自然就有優有劣。智慧最高的天使,其衣服或熠熠生輝,或光芒四射。智慧較低的,其衣服潔白柔軟,但不發光,其次是各種顏色的。內層天的天使則是赤身的。

179. 天使的衣服既與智慧對應,也就與真理對應,因爲一切智慧皆出於神性之真。所以,天使的衣服,或說與智慧對應,或說與神性之真對應,兩者是一致的。有的熠熠生輝,有的光芒四射,因爲火與善對應,光與善所生之真對應。有的潔白柔軟,並不發光,有的五顏六色,因爲他們的智慧稍遜,所接受的神性之善與神性之真就顯得不那麼耀眼。閃光的白和普通的白對應於真理,五顏六色對應於真理的不同種類。內層天的天使則是赤身的,因爲他們天真無邪,天真無邪對應於赤身。

180. 天使既有衣,故世人所見的天使都是著裝的,如衆先知所見的和主墳墓前顯現的天使,他們的"相貌如同閃電,衣服潔白如雪"(馬太福音 28:3;馬可福音 16:5;路加福音 24:4;約翰福音 12:12-13)。約翰在天堂所見的天使,也穿著"光明潔白的細麻衣"(啓示錄 5:4; 19:14)。智慧出於神性之真,故當主顯出聖容時,祂的"衣服潔白如光"(馬太福音 17:2;馬可福音 9:3;路加福音 9:29)。在聖言中,"衣服"象徵真理及真理所生的智慧,原因在此,如經上說:"在撒狄你還有幾名是未曾污穢自己衣服的,他們要穿白衣與我同行,因爲他們是配得過的。凡得勝的,必這樣穿白衣。"(啓示錄 3:4-5)又說:"那警醒,看守衣服,免得赤身而行,叫人見他羞恥的,有福了。"(啓示錄 16:15)

當耶路撒冷所代表的教會專注於真理時,《以賽亞書》這麼說:"錫安哪,興起,興起,披上你的能力;聖城耶路撒冷啊,穿上你華美的衣服"(52:1);《以西結書》這麼說:"我用細麻布給你束腰,用絲綢爲衣披在你身上,穿的是細麻衣和絲綢"(16:10,

13）；還有其它許多章節有類似的說法。

反之，對於不守真理者，主稱其爲不穿禮服的，如經上說："王進來觀看賓客，見那裏有一個沒有穿禮服的，就對他說：'朋友，你到這裏來，怎麼不穿禮服呢？'那人無言可答。於是王對使喚的人說：'捆起他的手腳來，把他丟在外邊的黑暗裏'"（馬太福音22:11-13）。婚宴之所以指天堂和教會，因爲主藉神性之真與他們合而爲一。正因如此，在聖言中，主被稱爲"新郎"或"丈夫"，天堂和教會則被稱爲"新婦"或"妻子"。

181. 天使穿著衣服，並非看似如此，而是實際如此，因爲不僅看得見，也摸得到。再者，他們有很多衣服，有的穿在身上，有的暫時收藏。我成千上萬次看到他們穿著不同的衣服。

我問他們衣服從何而來，他們說是主的恩賜。有時，他們不知不覺中就換上了衣服。他們還說，隨著生命狀態的變化，他們的衣服也會發生變化。在第一、二個狀態下，他們的衣服熠熠生輝，光芒四射。在第三、四個狀態下，就沒有那麼亮麗了。這也是出於對應，因爲狀態的變化，就是其聰明和智慧的變化（參154和161節）。

182. 靈性世界中的每一位，衣服如何取決於智慧如何，故也取決於構成智慧的真理如何。地獄之人也有衣服，但因缺乏真理，他們看上去衣衫襤褸，骯髒污穢，與各人的愚痴相應。他們不可能有其它衣服。主允許他們穿著衣服，免得他們赤身露體。

第二十一章、天使的居所

183. 天堂既由社群組成，且像世人一樣共同生活，那麼他們也有居家之所。這取決於各人的生命狀態。對於高層的天使，其居所華美莊嚴，層次較低的則次之。

有時我與天使談論這個話題，我說今天罕有人相信天使也有居所。有的因未曾親見，有的因不瞭解天使是人，有的以爲天堂就是眼所能見的天空。由於天空看似空空如也，又因以爲天使是雲氣的形態，他們遂相信天使是住在空中。再者，他們無法理解靈性世界有著與物質界相似的事物，因爲他們對靈性世界一無所知。

天使說，他們知道當今世界對靈性世界一無所知。奇怪的是，這種無知在教會更爲顯著，而且那些有學問的，比頭腦簡單的還無知。天使還說，人們本該從聖言得知天使是人，因爲天使顯現時，皆是人的模樣，而且我們的主，也取了完全的人性。既然天使是人，他們自然也有房子和居所，並非在空中飛來飛去。雖稱爲"靈"，他們却非一陣清風，像那些被天使稱爲愚痴的無知者，所以爲的那樣。再者，他們若能跳出先入爲主的成見，放下執著，也能明白這一點。因爲人人皆有一種大概印象，直覺知道天使必是以人形存在，有家，即天堂的居所，而且天上的居所，比地上的要壯觀得多。可是，當人們一旦被人刨根問底地直接追問，到底是否如此時，這個源自天堂之流注的常識，就可能消失得無影無蹤。特別是那些學者們，用他們自己的智慧將天堂的入口和天堂之光的通道，都給堵死了。

對於死後生命的信念，情況相似。人們在談論的時候，只要不受世俗對靈魂假說的影響，不受學者們關於靈魂，或靈魂與肉體複合教義的影響，皆能够相信人死後依然是活生生的人，且相信行爲良善者將進入天使當中，看見莊嚴壯麗的景象，經歷生命層次的提升。可是一旦他們落入靈魂與肉體複合的教義，或其它有關靈魂的假說，便會就靈魂是不是這樣，及這是不是真的等問題而產生懷疑，先前的信念就會漸漸煙消雲散了。

184. 描述一下我的實際經歷，將有利於證明這個事實。每次與天使面對面交流時，我都是在他們的房子裏。天使的房子與世人的房子相似，只是更爲華美，也包括很多房間、客廳、臥室，周圍且有庭院、花園、草坪。凡天使聚居之處，房子都是相鄰的，一座鄰近一座，形成一座市鎮，有街道，有廣場，恰如我們地上的城市。主許我隨處走動，隨意參觀，還不時造訪天使的家，都是在我完全清醒，內在視覺被打開的時候進行的。

185. 在天堂，我見過金碧輝煌的宮殿，非言語所能形容。上面的部分閃閃發光，彷彿由精金築成；下面的部分彷彿由寶石築成。每個宮殿都美侖美奐，一個比一個漂亮。裏面同樣壯觀，房間都裝飾得極其精美，非知識和言語所能形容。向南的一面是花園，到處閃閃發光，葉子似銀，果實如金，其中花朵的顏色，構成諸多美麗的彩虹。極目之處，也有宮殿映入眼簾。天堂的建築如此壯觀，可稱為"藝術中的藝術"。這不奇怪，因為藝術本是從天上來的。

天使告訴我，除此之外，主還將無數更完美的景象，呈現在他們眼前，不僅悅目，更能賞心，因為他們透過每一個美景，看到其所對應的，又透過對應看見神性的本質。

186. 論到對應，天使告訴我，不僅宮殿和房子本身，就連其中的一切物件和每一物件的裏裏外外，也都與他們從主所領受的內在品性相對應。籠統而言，房子對應天使所領受的良善，房內的物件裝飾對應構成該良善的方方面面；房外的裝飾對應由善而來的真理，也對應他們的感覺和知識。這些既對應他們從主所領受的良善與真理，自然也對應他們的慈愛與智慧，因為慈愛關乎良善，智慧關乎真理。天使告訴我，當他們注目環顧自己的周圍時，就會感受所有這一切，因此不僅悅目，更能賞心。

187. 我由此看出，主為什麼自稱為耶路撒冷的殿（約翰福音 2:19, 21），也明白了聖城新耶路撒冷，為什麼看起來是精金的，城門是珍珠的，根基是寶石的（啓示錄 21 章）。因為聖殿代表主神聖的人性，新耶路撒冷代表祂將要建立的教會，十二城門代表引向良善的真理，根基則代表教會得以立定的真理。

188. 屬天之天使，大多住在看似高山的地方；屬靈之天使，大多住在看似小山的地方；處於天堂最底層的天使，住在看似岩石峭壁之地。這些都是出於對應，因為內對應高，外對應低。正因如此，在聖言中，高山象徵屬天之愛，小山象徵屬靈之愛，岩石象徵信心。

189. 有的天使分開獨居，不住在社群中，這一戶，那一戶。他們住在天堂的中間，是天使中的佼佼者。

190. 天使的房子與人間的房子不同，不是修築起來的，而是主照各人接受良善與真理的情形，白白賜予的。隨著天使內在狀態的改變，房子也會發生一點變化（參 154-160 節）。凡天使所有的，他們都歸功於主的賞賜；凡天使所需的，主都白白地賞賜給他們。

第二十二章、天堂的空間觀

191. 天堂的一切看似與人間一樣，也處於位置和空間中，但是天使却没有位置和空間的意識和觀念。這聽起來必似很矛盾，加之此點又很重要，故有必要做一點努力加以解明。

192. 靈性世界中一切位置的改變，都是其内在狀態變化的結果，甚至可以說，位置的改變無非就是狀態的改變。我就是這樣被主提到天堂中，和其它宇宙星球上的。是我的靈在穿越，而我的身體却並未移動。天使的一切行動也都是如此。這意味著對他們來說，並無距離可言，既没有距離，也就没有空間，而取而代之的就是狀態及狀態的改變。

193. 運動的本質既然是這樣，那麼顯然，彼此靠近就意味著，雙方在內在狀態上的相似；而彼此遠離就意味著，雙方在内在狀態的不同。正因如此，相鄰之人處在相似的狀態，而遠隔之人處在迥異的狀態。天堂的空間，無非是內在對應狀態的外現而已。

這也是各天堂彼此有別，天堂內各社群、社群内各個體彼此有別的原因。地獄與天堂徹底分離，也正是因爲兩者處在全然對立的狀態。

194. 因同樣的緣故，在靈性世界，當一人極度渴望另一人的同在時，那人就出現在眼前了。因爲這人在想那人的時候，就將自己調至那人的狀態了。反之，當這人嫌棄那人的時候，兩者就彼此分離。這樣，因爲彼此的嫌棄，源自情感的對抗和思想的分歧，所以每當很多人聚在靈性世界，而協同一致的時候，他們就彼此可見；意見相左的時候，却好似彼此逃之夭夭了，雖然他們還是在一起。

195. 從一地到另一地，不論是在城市、庭院、花園之内，還是出到社群之外，天使到達的心情若迫切，速度就快，反之就慢。同一段路程，根據天使的願望大小，路程可長可短。我常目睹這個事實，令人稱奇。

這同樣說明，距離和空間，完全取決於天使的內在狀態。所以，他們雖然像世人那樣處在空間當中，却可以完全没有空間的概念。

196. 這一點可藉世人的思維來說明，因爲思維也是無關空間的，凡思維所注念的，彷彿就在眼前。再者，對此進行反思的人不難發現，人的眼睛辨別空間，完全是憑藉同時映入眼簾的參照物，或憑經驗知道物體在多遠之外。這是因爲連續性的緣故，對於連續的事物，除非有不連續性事物的參照，否則不會產生視覺的距離。對於天使更是如此，因爲他們的視覺與思維協調一致，而思維又與情感協調一致，正如前面所說，事物間呈現的距離和變化，乃與他們的內在狀態相對應。

197. 正因如此，在聖言中，凡涉及空間和地點的名詞都代表狀態，例如距離、遠近、路徑、旅程、遷徙、公里、平原、田地、花園、城市、街道、運動、各種度量、長、寬、高、深，等等。在世人的觀念裏，這些都涉及時間與空間。

我僅說明一下長、寬、高在聖言當中的含義。對世人而言，長寬高都與空間有關。但在天堂，天使的思維與空間無關，故將"長"理解爲良善的狀態，將"寬"理解爲真理的狀態，將"高"理解爲良善與真理的層次（參38節）。因爲在天堂，長指東西軸向，人若專注於愛之善，就住在其長之中。寬指南北軸向，人若專注於由善而生的真理，就住在其寬之中（參148節）。高指良善與真理的層次。這就是爲什麽長寬高在聖言中，有這些重要含義的原因。如《以西結書》所描寫的新聖殿、新聖地及庭院、房間、門框、窗戶和周圍環境，它們的尺寸都表徵品質，指向新教會及其良善與真理。其餘各處，所表之意雷同。

《啓示錄》對新耶路撒冷的描述與之相似，經上說："城是四方的，長寬一樣。天使用葦子來量那城，共有一萬二千斯塔德，長、寬、高都是一樣"（21:16，注："一萬二千斯塔德"在和合本爲"四千裏"）。在此"新耶路撒冷"代表新教會，尺寸代表教會的品質，其中"長"代表愛之良善，"寬"代表良善所生的真理，"高"代表良善與真理的層次，"一萬二千斯塔德"代表一切良善與真理的總體。若非如此，長、寬、高同爲一萬二千斯塔德，將有何意義呢？

通過《詩篇》，也能看出"寬"在聖言中係指真理，詩中說："禰未曾把我交在仇敵手裏，禰使我的腳站在寬闊之處"（詩篇31:8）；"我在急難中求告耶和華，祂就應允我，把我安置在寬闊之地"（詩篇118:5）。其餘各處，如《以賽亞書》8章8節，《哈巴穀書》1章6節，意思相同。

198. 由此可見，天堂雖有"空間"，和人間一樣，却不以空間爲衡量標準，單以狀態爲衡量標準。因此，天堂的空間不能像人間那樣度量，而是照其內在狀態來呈現。

199. 這一切最根本的原因，在於主乃是照著各人愛與信的程度，而與人同在的。凡物或遠或近，取決於主同在的程度。天堂的一切由此決定，天使也由此獲得智慧。因為他們的思維由此得以延伸，得與其他天使共享一切。總之，天使憑此思考屬靈的事物，而不像世人那樣思考屬世的事物。

第二十三章、天堂的樣式

200. 根據前面各章的描述，我們能在一定程度上確定天堂的樣式。前面的論述包括：（1）天堂在宏觀和微觀上存在基本的相似（見72節）；（2）每個社群是一小型的天堂，每位天使是一最小的天堂（見51-58節）；（3）天堂在總體上形如一人，每個社群、每位天使也形如一人（見59-77節）；（4）最有智慧的天使住在中央，其餘天使依次環繞而住，每個社群也是如此（見43節）；（5）專注於愛之善者住在東西軸向，專注於良善所生之真理者住在南北軸向，每個社群也是如此（見148-149節）。這一切都由天堂的樣式所決定，所以我們能從此知道天堂的大體樣式是什麼。

201. 我們有必要瞭解天堂是什麼樣式，因為此樣式不僅決定了天使間的關係，也決定了他們之間的交往，和他們思維與情感的延伸，以及天使所擁有的一切聰明和智慧。這樣，天使在那裏的智慧程度，就直接取決於他們所在天堂的樣式，而那也就是天堂的樣式本身。或說"合乎天堂的樣式"，或說"合乎天堂的秩序"，兩者是一致的，因為事物的樣式來自於它的秩序，也就與其秩序相合。

202. 首先需要說明何為"合乎天堂的樣式"。人是照天堂的形象和人間的形象而造的，人的內在合乎天堂的形象，人的外在合乎人間的形象（參57節）。或說"形象"，或說"與其相合的樣式"，所說的一回事。但人的惡慾和由此而來的虛假，毀壞了人內在的形象，即天堂的樣式，取而代之地植入了地獄的形象和樣式，以致人出生時其內在是閉合的。這就是人出生時無知、連動物尚且不如的原因。正如之前所說，樣式取決於秩序，因而為了恢復天堂的形象或天堂的樣式，人需要瞭解照著秩序的原則而出的事物。聖言包含神性秩序的全部規律，因為神性秩序的規律，就是聖言所承載的訓辭。這樣，人若能知道並奉行這些訓辭，人的內在就能被開啓，天堂的形象或樣式，就能再度成形如新。由此可清晰看見，合乎天堂的樣式，就是照聖言的訓辭而活。

203. 人若合乎天堂的樣式，他就在天堂，也實際成為一最小的天堂，即住於與此樣式相合的聰明和智慧中。因為正如前面所說，其理解中的一切思維，和意願中的所有情感，都照其本身的樣式向天堂延伸，與那裏的衆社群奇妙交流，也獲取此社群的回饋。

有的人不相信他們的思想和情感，可以向外延伸，而以為是固定其內的，因為無論想什麼，他們都覺得只是看見身內的事物，而並非遠處的事物。其實他們錯了。正如視力延伸至遠處的物體，並依照這些所見物體的次序而受影響，作爲悟性的洞察力，人內在的視覺，在靈性世界也同樣向外延伸，只是人未曾意識到罷了，原因見上（196節）。唯一不同的是，眼睛的視力，在物質的層面受影響，因爲所見的，是物質世界的事物；而悟性的洞察力，是在靈性的層次受影響，因爲所見的是靈性世界的事物。影響靈性世界的，都與善和真有關。人不瞭解這些，在於不知道，是屬靈之光在點亮我們的理解力。若非那點亮我們悟性的光，人就不能思考任何東西（關於光的論述請參126-132節）。

有一個靈以爲他的思想是出於自己，並未向外延伸，與周圍的社群有交流。有鑒於此，他與周圍社群的交流被切斷了，好讓他認識到自己的錯誤。結果他不單喪失了思維的能力，甚至栽倒於地，只能像嬰兒那樣揮動手臂。不久，交流被重新恢復，他一點點醒轉過來，回到了平常思維的狀態。

一些靈看到這一幕，便承認其思維和情感，乃至生命的一切，都是藉交流而注入其內的。這是因爲人生命的一切皆在乎他思維和被情感驅動的能力，或者說在乎他理解和立志的能力。

204. 我們當知道，隨著交流的通暢度有別，聰明和智慧也因人而異。對於那些從純真的理和善，而獲取聰明和智慧的人而言，他們乃是照著天堂的樣式，與周圍的社群相互交流。而對於那些並非從純真的理和善，獲取聰明和智慧的人而言，因爲他們只是依賴與他們相符的事物，他們的交流便斷斷續續，不夠連貫，這樣他們就與那些有天堂樣式的社群脫節。與此截然不同的是，那些沒有聰明和智慧的人，因爲他們落在從惡而出的錯謬中，就只能與地獄的社群相互交流，只是與地獄的交流延伸，還可受制於他們的確認程度（譯注：即確認的少，就少受地獄的影響）。

我們也要知道，這種與社群的交流，並不能清楚地被那裏的人們所感知到，而只是感應他們的內在所是，即他們裏面有什麼，並從那裏可以滿溢出什麼。

205. 天堂之人都是照著靈性上的關係而聯繫在一起的，靈性上的關係，是指對善與真的擁有層次。整個天堂如此，各社群如此，每個家庭也如此。因爲這種關係，處於相似善與真的人，可以彼此認出來，恰如地上的親友和配偶那樣，彼此相認，彷彿從小就熟悉一樣。

構成每位天使裏面聰明與智慧的善與真，以同樣的方式彼此相聯，也以同樣的方式彼此相識；既彼此相識，它們就聚在一起。其結果是，天使心中的良善與真理，若照著天堂的樣式如此聚在一起，那麼他們看一件件的事物也是聯在一起的，他們對周圍一切的視角就寬闊，也能與其融爲一體。對於那些其中的良善與真理，未照天堂的樣式聚合的天使，他們就看不到，也做不到這一點。

206. 在各天堂，此形態決定了天使如何相交，決定了其思維和情感如何延伸，因而也決定了他們的聰明和智慧。天堂之間的交流，就是說，第三層天（內層天）與第二層天（中層天）、第二層天（中層天）與第一層天（外層天）的交流，情況與之不同。事實上，天堂之間的交流不當稱爲"交流"，而應稱爲單向的"流注"。關於這一點，下面我會加以解釋。對於天堂截然分爲三層，可參看前面相應的章節（29-40節）。

207. 從各天堂的相對位置，我們可看到天堂之間沒有交流，只有單向的流注。第三層天（內層天）在上，第二層天（中層天）在中，第一層天（外層天）在下。各天堂內的社群，其內部又有三重的安排與之相似。例如，有的社群住在看似大山的高地（參188節），其中內層天的天使住在山頂，第二層天的天使住在山腰，外層天的天使住在山腳。不論高處還是低處，情況與此相似。高層天的社群與低層天的社群沒有交流，只有照對應關係所形成的單向流注（參100節）。

208. 各天堂之間的銜接，包括不同天堂中之社群間的銜接，都由主通過直接或間接的流注來達成。直接的流注出於主，間接的流注是按順序從高層天流入低層天。

各天堂之間的銜接，既然是由主通過流注來達成，那麼主自然會確保高層天的天使，不致俯視低層天的社群，與其中的天使交流，以免他喪失聰明與智慧。原因在於，每位天使的生命也分三層，如天堂分爲三層一樣。對於內層天的天使，其第三層（或內層）是開放的，而第二層與第一層却是閉合的。對於中層天的天使，其第二層是開放的，而第一層與第三層反倒是閉合的。對於外層天的天使，其第一層是開放的，而第二層與第三層則是閉合的。第三層天的天使若俯視第二層天的社群，與其中的天使交流，該天使的第三層就會閉合，從而喪失智慧，因爲他的智慧源自第三層，而第二層與第一層皆無此智慧。

主在《馬太福音》中所表達的話，就是這個意思：在房上的不要下來拿家裏的東西，在田裏的也不要回去取衣服（24:17-18）。還在《路加福音》中說：當那日，人在房上，器皿在房裏，不要下來拿。人在田裏，也不要回家。你們要回想羅得的妻子（17:31-32）。

209. 靈流無法從低層天注入高層天，因爲這違反次序，只能是從高層天注入低層天。高層天的天使，其智慧遠勝低層天的天使。這也是低層天的天使，不能與高層天的天使交流的原因。事實上，當他們舉頭觀看時，上面的天堂好似一團雲霧，根本看不見那兒的天使。高層天的天使，雖然能看見低層天的天使，只是不許和他們交流，免得喪失智慧。

210. 內層天使的思維、情感及交流，完全超越中層天使的領悟能力，不可思議。但是主若願意，它們在低層天可顯為一團火焰。中層天的交流在低層天，則看似一團亮光，有時像一朵明亮閃光的白雲。低層天的天使，通過雲團的升降與形狀，能在一定程度上瞭解高層天使所交流的內容。

211. 綜上所述，我們能推斷天堂的形態有何特徵，就是說，內層天的形態是最完美的，中層天次之，外層天又次之。我們也能推斷，各天堂的形態是通過主的流注而彼此維持的。

但是，人若不瞭解這幾個垂直層次是怎麼回事，以及這些層次之間的差別，就無法瞭解流注的性質了，至於兩種層次的性質，可參看比較靠前的段落，即38節。

212. 對於天堂的形態，及其運行流動的方式，就連天使也是無法參透的。根據有經驗的智者所作的探索和研究，通過與人體的形態對比，我們能獲得些微的觀念。因為正如前面所說，天堂在總體上呈現一個人的形態（59-72節），人體與天堂存在對應（87-102節）。

通過觀察人體的神經纖維，注意它是如何將整個身體交織成一體的，我們能大致明白人體的形態，是何等複雜難測。對於神經纖維的性質，其運行流入大腦的方式，人的肉眼無法分辨。因為無數的神經纖維極為複雜地交織在一起，以致從整體看來，它只是軟綿綿的一團，結構莫辨。而事實上，人意志與領悟的每個功能，都是通過它們，準確無誤地傳入到行動的。通過觀察各種纖維束，如心臟的，腸系膜的，我們能看出這些纖維是如何在體內整合的，也可以觀察稱為神經節的節點，眾多纖維從身體各部位進入節點，交織在一起，然後以不同的組合形式發出，達成各種功能。這一模式一而再、再而三的不斷重複。再者，人的五臟六腑，各肢體、器官、肌肉，也存在同樣的模式。以慧眼探索這些奧妙的人，一定會驚嘆不已，然而這些不過是肉眼可見的少許奧妙，肉眼不可見的還要奇妙得多，因為它更為深入。

顯而易見，此形態與天堂的形態對應，因為領悟和意志的運作，都包含在其中。正是因著與此形態的這種契合，人所立的志向才自然而然地注入在行動中，凡是人所想的才沿著神經傳導，從起點直到末端，以致產生各種情感知覺。因此，凡是思想和意志的形態，也就是聰明和智慧的形態。

這就是與天堂的形態相對應的形態。由此可見，該形態決定了天使的情感和思維的延伸方式，若合乎該形態，就享有聰明智慧。從上文可知，天堂的這種形態源於主神聖之人（參78-86節）。

我說這些，是要大家明白，天堂的形態在總體上都無法參透，連天使也不能參透。

第二十四章、天堂的治理

213. 天堂既分爲無數的社群，大的社群由成千上萬的天使組成（參50節），某個社群內天使們處於相似的良善，而智慧不同（參43節），那麼便有治理的必要，以確保規則得以遵守，以及關於規則的一切能得到保護。

天堂的治理，其形式在各處並不相同。在屬天國度是一種類型，在屬靈國度是另一種類型，甚至在每個社群也表現各異，這取決於各社群的職能。但不管怎樣，除非彼此相愛的治理，沒有什麼其它的治理形式能在天堂中運轉。彼此相愛的治理是天堂的治理。

214. 屬天國度的治理，被稱爲"公義"，因爲其中的天使活在主的良善中，即從主而來又回歸於主的愛，凡從此善而出的，皆爲公義。在那裏的治理唯獨屬於主，祂在生活的諸事上引領和教導他們。那些被稱爲"判定公義之真"的理，都刻在他們的心上，爲每一位所瞭解、覺察、並看見。結果，所判定的事從來不成爲問題所在，只在乎是否公義，而此公義歸屬於生命。針對所判定的事，智慧較低者請教智慧更高的，他們又可同時向主自己求教，從主那裏獲得答案。他們的天堂，即他們最深處的快樂，就是憑主自己的樣式，公義地活著。

215. 屬靈國度的治理，被稱爲"公平"，因爲其中的天使乃是住在屬靈的良善中，也就是因有對鄰舍之友誼而出的善，此善在本質上乃是真理。真理與審判相關，就像良善與公義相關一樣。

這裏的天使也爲主所引導，只不過是間接的（參208節）。因此，他們有多個管理者，至於管理者數量的多寡，由社群的需要而定。他們也設定共同持守的律法，管理者依法施行管理。他們懂律法，因爲他們有智慧，若有疑惑，能從主那裏獲得光照。

216. 因爲基於良善的治理，即屬天國度中的治理方式，被稱爲"公義"，而基於真理的治理，即屬靈國度中的治理方式，被稱爲"公平"，聖言論及天堂與教會時，就常常使用"公義和公平"並用的字眼。其中"公義"代表屬天之善，"公平"代表屬靈之善，如前面所說，屬靈之善在本質上就是真理。

比如以下的經文："祂的政權與平安必加增無窮，祂必在大衛的寶座上治理祂的國，以公平公義使國堅定穩固，從今直到永遠"（以賽亞書 9:7）。此處"大衛"指主，"祂的國"指天堂。

還有以下的經文："我要給大衛興起一個公義的苗裔，祂必掌王權，行事有智慧，在地上施行公平和公義"（耶利米書 23:5）；"耶和華被尊崇，因祂居在高處，祂以公平公義充滿錫安"（以賽亞書 33:5）。"錫安"也指天堂和教會。

再如下列的經文："誇口的却因他有聰明，認識我是耶和華，又知道我喜悅在世上施行慈愛、公平和公義"（耶利米書 9:24）；"我必聘你永遠歸我爲妻，以仁義、公平、慈愛、憐憫聘你歸我"（何西阿書 2:19，譯注："仁義"的英文是 righteousness）；"耶和華啊，禰的公義好像高山，禰的判斷如同深淵"（詩篇 36:5-6，譯注："判斷"的英文是 judgment）。"向我求問公義的判語，喜悅親近神"（以賽亞書 58:2）。

217. 在屬靈國度，治理的形式多種多樣，每個社群各不相同，這取決於社群所履行的職能。這些職能與人體組織器官的功能是對應的。眾所周知，人體的功能多種多樣，心有心的功能，肺有肺的功能，肝、脾、胰、五官，也各有各的功能。正如人體有各種功能在同時進行，天堂這巨大的宇宙之身，也有各種職能在協同運行，因爲天堂的社群與人體的器官存在著對應關係（參 87-102 節）。

但不管怎樣，任何形式的治理總以公共福祉爲目的，且在公共福祉內確保每一個體的福祉。因爲在整個天堂，每個人都在主的引導之下。祂愛每一個人，照其神性之愛安排一切，使每個人都從公共福祉中受益。個體受益的多寡，取決於他對總體的熱愛程度，因爲他若熱愛總體，也必熱愛每一個體。由於此愛是出於主，所以他們從主獲得相應的愛與益處。

218. 由此可見，在天堂施行治理的，是最具愛與智慧的天使。出於愛，他們切望每個人幸福；憑藉智慧，他們知道該如何實現這種願望。他們不飛揚跋扈，不發號施令，而是一心管理並服侍。因爲熱愛良善而與人爲善就是"管理"，確保行善落到實處就是"服侍"。他們也不將自己擺在比別人更重要的位置，而是次之，因爲他們把社群和鄰人的幸福放在首位，將個人利益置於其後。放在首位的是更重要的，置於其後的次之。

他們享有尊榮和威望：住在社群中央，享有更高的地位，住在輝煌的宮殿。他們欣然接受如此的尊榮和威望，但不是自己所求，乃是出於順服。他們都知道這些尊榮威望，是從主而來的恩賜，因此他們便聽從。

這正是以下主對門徒所說之意，祂說："你們中間誰願爲大，就必作你們的用人；誰願爲首，就必作你們的僕人。正如人子來，不是要受人的服侍，乃是要服侍人"（馬太福音 20:26-28）。且又說："你們裏頭爲大的，倒要像年幼的；爲首領的，倒要像服侍人的"（路加福音 22:26）。

219. 在最小的層面，就是在每個家庭，也存在類似的治理模式。有一位爲主，其餘爲僕。主人愛其僕人，僕人愛其主人。出於愛，他們彼此服侍。主人示範生活行爲的法則，僕人甘心順從，履行各自的功能。有用，是他們生活的根本樂趣。由此可見，主的國是由各種功能組合而成的有機體。

220. 地獄也有其治理模式，否則地獄之人必不服約束。不過，地獄的管理根源於自私自利，與天堂的管理正好相對。地獄之人無不渴望高人一等，掌控他人。凡意見不合者，他們就恨惡，想方設法施行報復，因爲自私的本質就是如此。所以在地獄，心狠手辣者掌握著權力，心懷畏懼者對其俯首貼耳。關於這些，等我們討論地獄時再作說明。

第二十五章、天堂的敬拜

221. 表面看來，天堂的敬拜與地上的敬拜沒有差別，但內在截然不同。在那裏的人們也有教義、講道以及教堂。從本質上說，教義在各處是一致的，只是高層天的教義比低層天的教義智慧更深一些。講道與教義總保持一致，而且正如天使有居所房子（參 183-190 節），他們也有聽道受教的教堂。

天堂有這些事物存在，是要叫天使在愛與智慧上日臻完善。與世人一樣，他們也有領悟與意志，兩者本能地追求完善，前者通過智慧之真理來完善，後者通過愛之良善來完善。

222. 但是，神聖的敬拜在本質上，並非由定期去教堂和聆聽講道構成，而是藉著與教義保持一致的愛、誼、信的生活構成。教會中的講道，只作為教導如何活出生命的手段而已。

我曾與天使談論這個話題，我說，世人以為敬拜神就在於，定期去教會和聆聽講道，每年領三四次聖餐，遵守教會的種種規條，騰出時間禱告，舉止敬虔，等等。天使告訴我，這些外在的表現值得去做，但是它們必須是從內在的生命裏流露出來，否則無功效，而此內在的生命，才會在恪守教義所指示原則的生活上，顯明出來。

223. 我時常被允許進入教堂，聆聽講道，以瞭解他們的敬拜儀式。傳道者站在東面的講台。坐在正前方的，是享受更多智慧之光的天使，坐在兩側的次之。座位排成扇形，如此，講台位置能看到在座的每一位，無人在其視線之外。新來者站在講台左側，直到教堂東頭的門口。誰也不許站在講台的後面，以免打亂傳道者的思路。聚會者若有異議，也會產生干擾。為此，有異議者必須轉移視線。

天堂的講道充滿智慧，與地上的講道不可同日而語。事實上，天堂之人所感受的是更內在的光明。

屬靈國度的教堂看似由石頭築成，屬天國度的教堂看似由木頭做成。因為屬靈之天使專注於真理，而石頭與真理對應；屬天之天使則專注於良善，木頭與良善對應。再者，屬天國度的此類建築物不被稱為"教堂"，却被稱為"神之家"。

屬天國度的建築物並不顯得多麼壯麗；而在屬靈國度的，反倒或多或少講究華美。

224. 我曾與一位傳道者，談論在教堂聆聽講道的人，即他們所表現出來的聖潔氣質。天使說，根據內在愛與信的水準，每個人都具有某種恭敬、虔誠和聖潔的氣質，因爲主的神性顯於愛與信之中。天使還表示，在愛與信之外，他們不知有何爲聖。外表有可能顯出模仿的聖潔，那就是通過技巧或僞善而得的那一類聖潔，源於對自我和塵世之愛慾的假火，可以點燃並使之持續。

225. 一切傳道者都出於屬靈國度，無一出自屬天國度。因爲屬靈國度的天使，才專注於源自良善的真理，而所有的講道都必須從真理而出。屬天之天使則專注於由愛而出的良善，他們在此基礎上看見並領悟由良善而來的真理，但他們並不談論這些真理。

不過，屬天之天使雖能領悟並看見真理，却依然聆聽講道，因爲講道使他們在已經瞭解的真理上更受光照，在尚未瞭解的許多事上進一步完善。聽聞之際，他們便表示認同，獲得領悟。既領悟之，也就熱愛之，奉行之，將其溶入生命。他們說，奉行真理就是愛主。

226. 傳道者皆由主所指定設立，也因此擁有講道的恩賜。其他人不得在教會從事講道。

他們被稱爲"傳道"，而非"祭司"。因爲屬天國度乃天堂的祭司國度，祭司之職表示愛主之善，而在此國度的民活在此良善中。相比而言，屬靈國度則是君王的國度，君王之職源自良善的真理，而在此國度的民活在此真理中（參 24 節）。

227. 與講道相合的一切教義，皆以實際生活爲目的，不存在只論信仰而無關生活的教義。內層天的教義，比中層天的教義智慧更深；中層天的教義，又比外層天的教義智慧更深。事實上，各天堂的教義，與其中天使的領悟能力是相稱的。

一切教義的關鍵，在於承認主的神聖人性。

第二十六章、天使的大能

228. 倘若人對靈性世界一無所知，對靈性世界對物質世界的流注，也一無所知，就無法理解天使爲何也擁有大能。他們認爲天使無能力可言，因爲他們只是純靈，純粹到無形無體的地步，乃至無論用何種眼睛都不得看見。能深入探究事物起源的人，却不這麼認爲，因爲他們注意到，人的能力無不出於其領悟和意志。離了這兩者，人寸步難移。領悟和意志就是靈性之人，這人隨意調動身體，使唇舌表達他的思想，肢體執行他的意志。

主乃是藉著天使和靈，支配世人的意志與領悟，肉體自然也不例外，因爲肉體乃是受意志與領悟的支配。信不信由你，若非從天堂來的流注，人寸步難移，大量經歷向我證明這個事實。有些天使曾被允許，通過流注我的意志和思維的方式，來控制我的身體，隨意移動我的脚步，主導我的言談舉止。通過親身經歷，我得知憑著自己，我什麼也不能做。天使還告訴我，每個人都如此受支配。我們可從聖言和教會的教義得知這一點。事實上，就算我們私底下，有著與教義相悖的說法和念頭，我們不是還要禱告，求神差遣天使引導我們，指引我們的脚步，教導我們，在思想和言語上啓示我們嗎？我說這些，是要大家對天使在世人身上的能力有所瞭解。

229. 在靈性世界，天使擁有巨大的能力。我若將所見所聞全述說出來，只怕你難以置信。當有任何違背神的次序，而需要清除某些障礙的時候，天使只需加以注視，就能將其傾覆。我見過惡者所據的山頭被夷爲平地，有時劇烈顫抖，猶如地震，見過岩石從中裂爲兩半，其間的惡者全被吞沒，見過天使驅逐成萬上億的惡靈，將他們投入地獄。這些惡靈雖然數目衆多，在天使面前却毫無招架之力。他們的陰謀詭計，也無濟於事，因爲天使洞察一切，瞬間將其驅散。關於這些，《最後的審判》一書有更多的描述。在靈界，天使確實擁有大能。

經上也指出，主若許，天使在人間也擁有這等大能。比方說，經上記著有天使天兵，使以色列的敵軍全軍覆沒；也記著有天使奉命降災，以色列百姓死了七萬人。關於此事，經上記著說："於是耶和華降瘟疫與以色列人，自早晨到所定的時候。從但直到別是巴，民間死了七萬人。天使向耶路撒冷伸手要滅城的時候，耶和華後悔，就不降這災了，吩咐滅民的天使說：'够了，住手吧。'那時耶和華的使者，在耶布斯人亞勞拿的禾場那裏。大衛看見滅民的天使，就禱告耶和華說，我犯了罪，行了惡。"（撒母耳記下 24:15-17）

諸如此類的。

天使擁有此等大能，故被稱爲"大能者"，《詩篇》也說："聽從祂命令、成全祂旨意、有大能的天使，都要稱頌耶和華。"（詩篇103:20）

230. 但要知道，天使憑自己並無能力，他們的能力全來自主。而且他們只有認識這一點，才能成爲大能者。任何天使，一旦認爲他的能力屬於自己，便立刻變得軟弱無力，甚至連一個惡靈也難以抵抗。是故天使從不將任何功勞歸於自己，而將讚美和榮耀全歸於主。

231. 在天堂，具有一切能力的，是從主所發的神性之真，因爲在天堂，主就是與神性之善融合的神性之真（參 126-140 節）。天使的大能，取決於他們向神性之真開放的程度。

再者，每位天使就是他自己的真理、自己的良善，因爲其品性由他的領悟和意志來決定。領悟與真理相關，因爲有關領悟的一切，都源於真理；意志與良善相關，因爲有關意志的一切，都源於良善。人稱自己可領悟的爲"真理"；稱自己用意志可執行的爲"良善"。由此可見，每個人就是他自己的真理和良善。故此，天使從神接受真理與良善的程度，決定了他能力的大小，因爲主是在與此相應的程度上與他同在。再者，就良善和真理而言，沒有完全相同的兩位天使，因爲天堂和人間都存在無數的多樣性（參 20 節），故在能力上，也沒有完全相同的兩位天使。

在天堂這個"巨人"身上，構成手臂的天使最有能力，因爲他們最專注真理，良善從整個天堂貫入他們所領悟的真理中。同樣，人的力量也集中於手臂，整個身體通過手臂施展力量。正因如此，在聖言中，"手"與"臂"皆表示能力。

有時，一支裸露的手臂在天堂顯現出來，其力量之大，足以粉碎任何障礙，就算是地面的一塊巨石，也不在話下。有一次，它向我揮舞過來，我感覺它可以將我碎爲粉末。

232. 正如前面所說（137 節），能力全歸屬於主所發的神性之真，天使擁有能力，在於他們從主所領受的神性之真。不過，天使向神性之真開放的程度，取決於他們向神性之善開放的程度，因爲真理的能力無不出於良善。離了良善，真理本無能力。再者，良善通過真理施展能力；離了真理，良善也無能力。能力產生於兩者的結合。信與愛的關係如出一轍。或說真理，或說信心，兩者是一致的，因爲構成信心的乃是真理。或說善，或說愛，兩者也是一致的，因爲構成愛的乃是善。

當天使注視惡靈，惡靈便萎靡不振，不成人形，直到天使轉移視線。我由此看出，憑著良善所生的真理，天使擁有何等大的能力。天使的注視能產生此等效果，因為他們的目光來自於天堂之光，而天堂之光乃神性之真（參 126-132 節）。眼睛與良善所生的真理相對應。

233. 能力既屬於良善所生的真理，那麼邪惡所生的錯謬便毫無能力可言。地獄之人沉迷於邪惡與錯謬，面對真理與良善，毫無抵抗之力。至於他們彼此之間有何能力，被投入地獄之前有何能力，我們以後再作討論。

第二十七章、天使的語言

234. 天使交談的方式，和世人交談的方式是一樣的。他們也談論各種事務，包括家庭的、社會的、道德的、靈性的。唯一不同的是，天使的交談更具智慧，因爲他們的思想更爲深沉。

主許我常與天使在一起，和他們交談，有時像朋友，有時像陌生人。交流時，我與天使處於一樣的狀態，我和他們說話，就像和世人說話一樣。

235. 天使的語言由不同的詞語構成，這一點和世人的語言相似，其說話和聆聽的方式也相似。他們也有嘴巴、舌頭、耳朵，和我們一樣，也有語言賴以傳播的空氣。但這空氣是屬靈性的，適合天使，因爲天使是屬靈的。他們在靈性的空氣中呼吸，用氣息發出聲音，和我們一樣。

236. 天堂的人說同一種語言。不論來自哪個社群，或遠或近，他們的語言是相通的。這語言不是學來的，而是一種本能，從天使的情感和思維中流淌出來，其中語氣對應情感，言辭對應情感所生的思維。既對應情感和思維，其語言便是屬靈性的，因爲是情感的流露和思維的表達。

人若反思，不難發現一切思維，都是出於情感，而情感是愛的一大功用，思維觀念不過是基本情感，其所表現的各種形態，因爲任何思維觀念，都不能脫離情感而存在。事實上，情感是思維的靈魂和生命。正因如此，僅聽一個人說話，天使就能洞察他的秉性：從語氣可以聽出他的情感，從言辭可以讀出他的思想。智慧更高的天使，透過三言兩語，就能洞察一個人的主導情感，因爲這是他們最爲留意的。

衆所周知，每個人都有各種不同的情緒或情感。快樂時，悲傷時，同情時，真誠時，憐憫時，愛時，嫉妒時，憤恨時，僞裝時，愛慕虛榮時，情感各不相同。但在這一切之中，有一種主導性的情感或愛。智慧更高的天使，既能洞察一個人的主導情感，自然就能於言談間，識透那個人的整個生命光景。

透過大量的親身經歷，我瞭解了這個事實。我曾見有些天使僅憑聽一個人說話，就看透他的秉性。天使告訴我，通過一個人顯露的少許念頭，他們能知曉他生命的方方面面，因爲這些念頭使他們看出他的主導情感所在，而主導情感以某種形式，包含著他生命的全部信息，這正是我們每個人的"生命冊"。

237. 天使的語言與世人的語言，毫無共通之處，除了其中有少許能反映某種情感的詞語之外，然而此點不在於文字本身，而在乎其發音。關於這一點，後面會作進一步的討論。

對於天使的語言和世人的語言毫無共通之處，可從天使不能說世人的語言，哪怕一個字的音都說不出來，這一事實上就可知曉。他們曾做過嘗試，結果證明不能。他們只能說與其情感完全一致的語言，否則便與其生命相抵觸。因為他們的生命在於情感，而語言是從情感裏流淌出來的。

我被告知，這世上的語言起初也是如此，因為是從天堂賜與他們的，希伯來語在某些方面與之相似。

238. 天使的語言既與愛的情感對應，而天堂的愛又是愛主與愛鄰（參 13-19 節），那麼顯然，天使的聲音必是優雅動人的，不僅悅耳，而且怡神。我曾見一天使與一個心腸剛硬的靈說話，最終他被天使的話感動，禁不住熱淚盈眶。他稱自己從不哭泣，但這次他情不自禁，因為他聽到乃是愛本身在說話。

239. 再者，天使的語言充滿智慧，因為是從內在的思維流淌出來的。其內在的思維是智慧，正如其內在的情感是愛。愛與智慧一同在言語上表現出來。所以，天使的言語滿溢著智慧，只一個詞或一句話，就能表達我們千言萬語都無以表達的內涵。他們的思維觀念，包含了許多我們無法知曉的事物，更別說用言語表達了。正因如此，經上說，天堂的所見所聞，是不可言說、耳朵未曾聽見、眼睛也未曾看見的。

這同樣是我通過親身經歷，所得知的事實。我時常進入天使的狀態，和他們交流。當時我都能明白，可是當我回到之前的狀態，即回到物質思維時，我渴望記起天使的話，卻是不能。有很多東西與物質觀念格格不入，無法表達，只有在天堂之光中才能領會，斷不能以世人的語言表達。

對天使而言，產生其言辭的思維，是天堂之光的各種形態，產生其語氣的情感，是天堂之熱的各種形態。因為天堂之光是神性之真、是神性之智；天堂之熱是神性之善、是神性之愛（參 126-140 節）。天使從神性之愛接收情感，從神性之智接收思維。

240. 由於天使的語言直接從情感流出，而思維乃是其情感所表現的各種形態（參236節），所以他們三言兩語就能描述我們千言萬語才能描述的內容。這也是我通過大量經歷所見證的事實。

天使的心智和言辭合爲一體，正如因與果合爲一體，因爲作爲果的言辭是以心智爲因。這是天使的隻言片語，就極具內涵的原因。

當天使的思想和言辭，具體而微地顯爲可見時，好似微細的波動或流動回轉之氣，無可數算的有序海量信息，從天使的智慧中噴湧而出，進入另一位天使的思緒中，產生效力。主若願意，天使或世人的心智，都可在天堂之光中，顯露無遺。

241. 屬天國度的天使，其說話的方式，與屬靈國度的天使完全一樣，只不過前者是發自思想的更深層。再者，屬天之天使，因專注愛主之善，故本乎智慧說話；屬靈之天使，則受益於宜鄰之善（其實質乃真理，參215節），故本乎聰明說話。因爲智慧出於良善，聰明出於真理。

屬天之天使，其語言好像一股輕流，柔和而連貫；屬靈之天使，其語言則稍顯嘹亮、抑揚頓挫一些。再者，屬天之天使，其語言傾向於以母音 U 和 O 爲主；而屬靈之天使，則傾向於以母音 E 和 I 爲主。母音代表聲調，聲調寓含情感。因爲正如前面所說（236節），天使的語氣對應情感，言辭對應情感所生的思維。由此緣故，母音並不屬於語言，只是通過聲調的升降，根據各人的狀態，表達不同的情感。正因如此，在希伯來文中，母音是不被記錄的，而且有多種發音。天使藉此，分辨一個人的愛與情感。

再者，屬天之天使的語言中，沒有生硬的輔音，而且在全都柔和的輔音之間，一般都插入以母音字母起首的字。這就是爲什麼連接詞，在聖言中交相頻繁出現的原因。對此，閱讀希伯來文聖言的人，可確認這一點。在希伯來文中，這個詞發音柔和，以母音起首，又以母音結尾。而且，在希伯來文寫就的聖言中，我們可在某種程度上，從所用的詞上，就看出其是否歸於屬天類別，還是歸於屬靈類別，即其是否關乎"良善"，還是關乎"真理"。關乎良善時，便多用母音 U 和 O，也有一定程度的 A；關乎真理時，則多用母音 E 和 I。

既然情感主要通過聲調來表達，人類的語言也就喜歡用帶有 U 和 O 的字來描述諸如天堂、神等偉大的事物。樂曲在涉及這些事物時，也朝此方向發展，在其它次要的問題上卻不然。這是音樂擅於表達各種情感的原因。

242. 在天使的語言中，有一種無以言喻的和諧之美，因爲產生語言的思想和情感，其流淌和延伸的方式，與天堂的樣式保持一致，天堂的樣式，決定了天使如何交流。（對於天堂的樣式如何決定天使的交流及其思想和情感的流動，可參看200-212節。）

243. 其實我們每個人，都擁有這種靈性世界共通的語言，只是它隱藏在我們的悟性深處，沒有像天使那樣，從情感自然湧現爲語言的江河，以致我們無法發現其存在。然而我們確實擁有這種本能，使我們進入靈性世界時，能說靈和天使的語言，不用教就懂得如何與他們交流。關於這些，後文會有進一步的說明。

244. 前面說了，天堂所有的人說同一種語言，但它還是有所分別的，就是說，智慧較高的天使，其語言更爲深奧，蘊藏的情感更爲微妙，表達的觀念也更爲具體。智慧較低的天使，其語言沒那麼深奧，也沒那麼豐富。智慧平平的天使，其語言更爲淺顯，遣詞表意的方式和世人差不多。

此外，還有表情化爲聲音，由心智調節的語言；有天堂的形象與心智結合，使心智成爲可見的語言；有用肢體動作表達情感，如用言語表達的語言；有相通的情感和相通的思想所發出的語言；有雷鳴般的語言，等等。

245. 地獄的惡靈，其語言也是從情感流出，不過它是從邪惡的情感和污穢的思想出來的，爲天使所厭惡。這意味著，地獄的語言與天堂的語言，是正好相對的。惡靈不能忍受天使的言語，天使也無法忍受地獄的言語。對天使來說，地獄的言語好比刺鼻的惡臭。

裝成光明天使的僞善之徒，其語言表面上和天使相同，但其情感和思想却正好相對。所以，當他們的內在秉性，被智慧的天使識透時，其語言就像咬牙切齒的聲音，令人毛骨悚然。

第二十八章、天使如何與人交流

246. 天使與世人交流，不是用天使的語言，而是用人的母語或人熟悉的外語，不會是人不通的語言。因爲當天使與人交流時，他轉向人，與人聯結。聯結的結果是，雙方處於同一思想意識中。人的思想與記憶緊密相連，而語言又是從記憶而出，由此雙方就有了共同的語言。再者，當天使或靈接近人，轉向人，與人聯結時，就進入人的整個記憶，以致他們似乎瞭解人所知的一切，包括人的語言。

我曾與天使談論此話題，我說他們或許以爲，他們是在用我的母語和我說話，因爲事情看似如此。而實際上，發聲的人是我，不是他們。因爲天使不能說人的語言，連一個字的音都不能發（參237節）。再者，人類的語言是屬世的，而天使的預言是屬靈的，屬靈的本質，無法以屬世的方式，來表達其任何內容。天使響回應說，他們知道，當他們和我們人交談時，是與我們人靈性的思維相結合，而這種靈性的思維，流入我們人屬世的思想，屬世的思想又與記憶緊密相聯連，以致在他們看來，我們的語言是他們自己的，甚至我們一切已獲得的知識，也好像是他們的。之所以如此，是在於主樂意叫天堂與人類，存在這種內在的聯結，或好似將人嵌入天堂。不過，鑒於目前人類的慘狀，人已經不能再與天使維持這種聯結，而只能是與天堂以外的靈維持這種聯結。

我與某些靈也談論過此話題，但他們不願相信是人在說話，堅持說是他們在人的裏面說話，還堅持說，人的知識是來自他們，並非是人自己的，最終認定，但凡人所知道的，皆來自於他們。我試圖通過許多論據向他們證明這並非如此，却是徒然。對於何謂"天使"，何謂"靈"，等到介紹靈界時再作解釋。

247. 天使和靈，與世人緊密聯結，以致在他們看來，人的一切都屬於他們，這是因爲，靈性世界與物質世界，在人的裏面緊密聯結，乃至合二爲一。但是，由於人遠離了天堂，主便安排天使和靈與每個人同在，好讓我們藉由他們，得蒙主的管治。天使和靈與世人緊密聯結，原因在此。

我們若未曾遠離天堂，情況就不同了。因爲那樣的話，我們能藉由天堂之流，得蒙主的管治，無需經由靈和天使與人聯結。關於這些，等到解釋天堂如何與人類相通時，再作進一步的介紹。

248. 當天使或靈與某人說話時，此人聽到聲音，跟人與人對話時聽到聲音一樣。但是，只有他個人聽得見，周圍的人聽不見。因為天使或靈說話，首先是信息流入人的思想，再由內在的途徑，進入人的聽覺器官，所以它是從內部啟動聽覺。而人說話，首先是聲波經由空氣，再傳入聽覺器官，即經外在的途徑啟動聽覺。由此可見，天使或靈說話，人是從裏面聽見。但是，因它同樣啟動人的聽覺係統，故同樣振振有聲。

天使或靈的說話，是從內部進入人的耳朵，該事實可從它同樣進入我的舌頭，造成輕微的顫動，而清楚地顯明出來，雖然它沒有產生吐詞的動作。

249. 時至今日，與靈說話很少獲得允許，因為它極具危險。靈本不知有人與其同在，若允許彼此對話，他們就會發現這原本不可能知道的可能性。而惡靈從心裏懷著仇恨，巴不得將人的身體和靈魂一併毀滅。事實上，對於時常陷入幻想，乃至失去身體知覺的人，這一幕正在上演。

一些過著隱修生活的人，有時聽到靈和他說話，尚無危險。主將這些靈稍作隔離，以致他們並不知有人與其同在。多數靈未曾意識到，在其所住的世界之外，還有其它世界存在，也就不知有其他人的存在。所以，我們不允許與其對話，否則他們就會知道。

常常默想宗教信仰話題的人，當太關注時，以至於他們好像看見與這些話題相關的事物，也開始聽見一些靈與他們說話。因為對於宗教的信條，無論是什麼，當人若全神貫注在其中，而不是在世上將其踐行在有益事物中時，那些追求就會深入其心，占據其靈，甚至進入靈界，影響那裏的靈。這些人是幻想者、狂熱者，不論聽到什麼靈說話，哪怕是狂熱的靈，他們都以為是聖靈。狂熱的靈以錯謬為真理，不僅自以為是，也誘導其所流入的人。他們不僅要求人順服，也催促人作惡。因此，他們已逐漸被挪走。狂熱的靈以自己為聖靈，以自己的話為聖旨，從這個事實，可將他們分辨出來。當人將這些靈當作神明來尊崇時，他們不會試圖傷害人。

我曾與他們有過交談，其所灌輸給崇拜者心中的惡意，被顯明了出來。他們全住在靠左的一個沙漠區域。

250. 與天使交談，僅局限於那些住在出於良善之真理的人，特別是那些承認主耶穌，和承認其人性全然神聖的人，因為主的人性全然神聖，才是諸天堂賴以存在的真理。正如前面所說，主是天堂的神（2-6節），主的神性構成天堂（7-12節），主在天堂的神性，就是愛神和愛鄰舍（13-19節），整個天堂形如一人，每個社群也形如一人，每位天使也呈現完美的人形，這些都是基於主耶穌神聖的人性（59-86節）。由此可知，除非人的內在層次被開啓，而且是被神性之真所開啓，乃至向主敞開，否則與天使交談是不允許的。因爲主乃是流入人所領悟的這些真理的裏面，所以主若流入真理，天堂也就流入了。

神性之真，開啓的是人內在的層次，因爲人被造，爲的是叫他裏面的人擁有天堂的形象；而其外在，則具有世界的形象（參57節）。裏面內在的人，只能被出自主的神性之真所開啓，因爲那才是天堂之光，那才是天堂之生命（參126-140節）。

251. 主自己的流入，是先流入額頭，再流入整個面部，因爲人的額頭對應愛，面部對應人裏面的所有內在。屬靈之天使的流入，乃是先流入的頭部，從額頭、兩鬢到覆蓋大腦的整個區域，因爲該區域對應聰明。屬天之天使的流入，則是先流入覆蓋小腦的區域，從耳朵直到頸項，我們稱之爲"後腦"，因爲該區域對應智慧。

天使的交談由這些途徑進入人的思維，我由此留意是哪類天使在和我說話。

252. 和天使交談的人，能看見天堂的事物，因爲他們的內在，就在天堂之光中，他們也正藉著此天堂之光在觀看。天使也是通過他們，才看得見人間的事物，藉著這些與天使交談的人，天堂與人間建立了相互的聯結。因爲正如前面所說（246節），當天使轉向我們時，與我們緊密聯結起來，以致在他們看來，凡屬於我們的都屬於他們。語言如此，視覺和聽覺也如此。同樣，在我們看來，通過天使所流注的，也都屬於我們。

地球上的遠古之人，曾如此與天使緊密聯結，以致他們所在的時代被稱爲"黃金時代"。因爲他們承認神是人的形象，也就承認主。他們和天使說話，正如和家人說話一樣。天使亦然，在他們身上，天堂與人間聯爲一體。

後來，人類逐漸與天堂疏遠，因爲他們愛己過於愛主，愛世界過於愛天堂。在天堂的快樂之外，他們開始感受己慾和物慾之樂，最終陷入其中。至此，其向天堂開放的內在層次閉合了，外在層次則向世界打開了。到此地步，世界的一切被他視爲光明，而天堂的一切在他看爲黑暗。

253. 從那以後，人類與天使的交流就很少了，却有一些人可與天堂之外的靈相通。人的內在與外在既能面向主，以主爲共同的中心（參124節），也能面向己，即從主那裏轉向自己。面向主，也就是面向天堂；面向己也就是面向世界。面向世界的人難以提升，唯有藉聖言的真理，轉變愛的傾向，才能被主提升。

254. 我被告知，主是如何向先知說話，並通過他們將聖言記錄下來的。主向他們說話，不同於向遠古之人說話。向遠古之人說話，是流注他們的內在；而向這些先知說話，是藉由所差來的靈。主通過注目這些靈而充滿他們，將言語啓示於他們，由他們口授給先知聽見。由此可見，這不是流注，而是直接的曉諭。既然這些話是直接從主而來，其中的每個字都充滿神性，蘊含深意。天使取其屬天和屬靈之義；世人則取其屬世之義；這樣，主藉聖言將天堂與人間聯結起來。

我還被指示，主是如何通過祂的注目，將神性充滿這些靈的。被主的神性充滿之靈，不知道別的，只知道他就是主，是主自己在說話，直到說話結束。此後，他們才發覺並承認自己是一個靈而已，非憑自己說話，而是憑主說話。

在這種狀態下，向先知說話的靈，宣稱是耶和華在說話。事實上，他們自稱"耶和華"，這從先知書和歷史書的記載上可知。

255. 爲說明天使和靈與世人聯結的情況，我願述說一些難忘的經歷，好讓大家有所啓發，以得出一些結論。當天使和靈轉向人的時候，他們不知道別的，只知道人的語言屬於他們，他們也無其它語言。因爲此時，他們進入了我們的語言，以致忘了自己的語言。而一旦轉離我們，他們又回到自己靈性的語言，對我們的語言反而一無所知了。當我和天使來往，與他們處在相似的狀態時，就有過這樣的經歷。當時，我用他們的語言與其交流，對自己的語言毫無所知，全然遺忘了。一旦離開他們，我又回到了自己的語言當中。

另外，值得一提的是，當天使和靈轉向人時，能在很遠之外和人說話。他們曾在遠處和我說話，同樣振振有聲，彷彿就在身旁。但是，他們一旦轉身，彼此交談時，我便一無所聞了，即使近在耳旁，也充耳不聞。我由此看出，在靈界，所有的聯結，都取決於人所專注面對的方向。

還有一事值得一提，就是許多靈能同時和一個人對話。他們從中打發某個靈，接近所慾交談的人。作爲代表的靈轉向那人，其他靈則轉面朝向代表靈，集中他們的思維，由代表靈來表達。在代表靈看來，他是本著自己在說話；在其他靈看來，也是本著自己在說話。如此，根據這種轉向和面對，多靈與一人的聯結就達成了。關於代表靈，也被稱爲"媒介"（subjects），和如何藉著他們交流的情況，後文會有進一步介紹。

256. 天使和靈不允許以其記憶和人說話，只允許通過人的記憶說話。事實上，天使和靈也有記憶，和人一樣。靈若以其記憶和人說話，人必以爲靈的念頭屬於自己，從而感覺想起了某些從未有過的經歷。通過親身體驗，我得知這樣的事實。

這是一些遠古之人持以下信念的原因：他們相信數千年後，將重回以前的生活，重回一切的行爲，並且事實上他們已經重回。他們得出這種結論，是因爲有的時候，某些從未有過的經歷，突然出現在記憶中。其實，是這些靈的記憶，流注在他們的思想意象當中。

257. 還有一些靈，被稱爲自然和肉體靈，並不像其它靈那樣與我們的思想相聯，而是進入我們的身體，占據身體的感官，通過我們的口說話，利用我們的四肢行動。在他們看來，屬於我們的一切都屬於他們。他們是附體的靈。不過他們已被主投入了地獄，被完全隔離了。所以，邪靈附身的現象，在今天已不再出現了。

第二十九章、天堂的書作

258. 既然天使也有語言，且同樣由詞語組成，他們自然也有文字作品，以此表達他們的所思所感，正如用語言來表達一樣。有時我接到天上的書卷，上面寫著文字，與人間手抄或印刷的書卷相似。我甚至能依樣閱讀，不過我僅能零星地理解一些意思。因爲神爲我們所定規的，是通過聖言，而非天上的書卷來受教。聖言是天堂與人間，主與人類，交流和結合的唯一方式。

古時的先知也曾見過天上的書卷，如經上所記："我觀看，見有一支手向我伸出來，手中有一書卷。他將書卷在我面前展開，內外都寫著字，其上所寫的有哀號、嘆息、悲痛的話。"（以西結書 2:9-10）《啓示錄》也記著說："我看見坐寶座的右手中有書卷，裏外都寫著字，用七印封嚴了。"（啓示錄 5:1）

259. 天上的書卷顯現出來，是主爲聖言的緣故所作的安排。因爲從本質上說，聖言是神性真理，天使和世人皆從中獲得智慧。究其實，聖言是主的話，祂的聖言按次序穿越整個天堂，以世人爲最後歸宿。這樣，聖言不僅適合天使的智慧，也適合世人的悟性。所以天使也有聖言，他們常常誦讀，和我們一樣，還從中歸納教義的原則，講道內容也源於此。天使和世人所擁有的是同一部聖言，只是世人所見的字義，即屬世之義，在天堂並不存在。天堂存在的是靈義，關於它的性質，可參看《白馬》一書。

260. 另有一次，天堂向我傳來一張紙片，上有少許希伯來字母。我被告知，每個字母皆包含智慧的奧秘，蘊藏在它的一彎一曲之中，也蘊藏在字母的發音之中。由此我理解了主的話，祂說："我實在告訴你們，就是到天地都廢去了，律法的一點一畫也不能廢去。"（馬太福音 5:18）

教會承認聖言是神的話語，小到一點一畫都是神聖的，只是其神聖性何在，人們尚不得而知，故有必要加以解釋。在內層天，文字由各種彎彎曲曲的形狀構成，與天堂的形態相應。天使藉此表達他們豐富的智慧，包括許多不可言說的事物。神奇的是，天使不用教，也不用練，就懂得這種文字。這是一種內在的恩賜，正如他們本能地知道使用語言一樣（參 236 節），所以，這種文字是屬天堂的文字。天使有這種本能，因爲其思維和情感的延伸，聰明和智慧的交流，與天堂的樣式是一致的（參 201 節）。正因如此，他們的文字流成爲同樣的樣式。

我被告知，在世間文字發明之前，地球上的祖先使用這種文字。後來它轉變爲希伯來字母，起初全是彎彎曲曲的，沒有現在這種由直線劃出的樣式。正因如此，聖言的一點一畫，都蘊含神性的事物與天堂的珍貴。

261. 以天堂的樣式爲象徵的文字，只在內層天使用，那兒的天使享有最高的智慧，以這種文字表達他們的情感，思維則照所思考的問題，有條有理地從情感流出。正因如此，這種文字蘊含不可思議的奧秘。我曾被允許觀看這種文字的書卷。

低層天沒有這種文字的書卷，而是與我們世間的相似，由相似的字母組成。但依然不是世人所能領會的，因爲是用天使的語言寫成的，而天使的語言，在本質上與我們的語言，是截然不同的（參237節）。他們用母音表達情感，用輔音表達情感所生的具體觀念，用文字描述事物的內涵（參236、241節）。

再者，這類文字只用三言兩語，就能描述比我們千言萬語還多的內容。這種類型的書卷，我也見過。

由此可見，低層天有書寫的聖言，內層天有通過天堂樣式來表現的聖言。

262. 值得一提的是，天堂的文字，是從思維自然流淌出來的，輕而易舉，就好像思維在投射自己，無需停頓以選擇用詞。因爲或說或寫，其用詞都是與天使的思維相應的。凡是如此相應的，都是自然而成的。

天堂還有一種不用手寫，純由思維呈現的文字，但這種文字不能長久留存。

263. 我還見過，天上有一種純由數字組成的書卷，照一定的樣式和次序排列，就像字母和文字的組合一樣。我被告知，這樣的書卷出自內層天。當高層天的思想流入低層天時，其屬天的文字（參260-261節）對低層天的天使，顯爲數字的形式。我還被告知，這種數字型的書卷隱含奧秘，有的不可思議，也無法用言語表述。事實上，所有的數字皆對應，且每個數字也都有一個對應的意思，像文字一樣。所不同的是，數字是用來表達整體，而文字用來表達具體。因爲整體是由無數具體的細節所構成，所以數字型的書卷比文字型的書卷，蘊含更多的奧秘。

我由此看出，聖言中的每個數字都有一定的含義，和文字一樣。簡單的數字，如2、3、4、5、6、7、8、9、10、12，複合的數字，如

20、30、50、70、100、144、1000、10000、12000，等等，分別有何含義，可參看《天堂的奧秘》一書。

在這種數字型的書卷中，通常有一個起首數字，該數字帶出一個系列主題，作爲後面接續數字的索引，藉此數字確定後面數字所要具體論述的點。

264. 人若對天堂毫無觀念，也不希望有任何觀念，只是設想爲某種虛無縹緲的境界，天使在其間四處飛翔，有思想和意識，却無聽覺和視覺，就無法相信天使也有語言和文字。人將萬有的存在局限於物質界，然而事實上，天堂的一切像人間一樣真實，天使在生命和智慧上所需的一切，也一無所缺。

第三十章、天使的智慧

265. 天使的智慧不可思議，因爲它遠遠超越人的智慧，兩者不具可比性，超越的事物反往往被人視作無物。而且，必須先被描述的有些真理還尚未成爲可知，在可知前，其就像腦中的影子，也因此隱藏其內在本質。然而，只要人的頭腦對其感興趣，這些真理還是成爲可知並可理解的。因爲興趣生於愛，也帶來光。對於熱愛屬神屬天之智慧的人，有光從天堂透射出來，啓示他們。

266. 從以下事實，可推知天使具有何等大的智慧。他們住在天堂的光明中，這光在本質上乃神性之真或神性之智，既照亮人的內在靈性，也照亮人的眼睛。對於天堂之光是神性之真或神性之智，可參看126-133節。再者，天使還住在天堂之熱中，此熱在本質上乃神性之善或神性之愛，天使的情感和對智慧的熱愛，從其而來。對於天堂的熱是神性之善或神性之愛，可參看133-140節。

天使享有智慧，得稱爲"智者"，從以下事實可推而知之。他們的思維和情感，照天堂的樣式流動，這樣式乃神性之智的樣式。再者，他們的靈性向智慧敞開，照天堂的樣式成形。對於天使的思維和情感、聰明和智慧照天堂的形態流動，可參看201-212節。

天使的智慧，還能從以下事實推而知之。他們的語言是智慧的語言，直接而自由地從思維流出，思維又是從情感流出。所以，天使的語言是情感和思維的外顯，與神性的流動保持一致。但就世人而言，却常有外在的因素，使種種雜念滲透進來。對於天使的語言是思維和情感的流露，可參看234-245節。

天使享有智慧，以下事實也是原因之一。他們所看見和感受的一切，無不與智慧協調一致。因爲這一切均含對應，故其所感知的一切都是智慧所呈現的樣式。對於天堂所顯的一切，無不與天使的靈性對應，是其智慧的象徵，可參看170-182節。

再者，天使的思維不受時空觀念的限制，這一點與世人不同。因爲時間和空間是人間的屬性，兩者使人在靈性的事物上分心，遮蔽了領悟的視野。對於天使的觀念無關時間和空間，相對世人而言，它不受限制，可參看162-169及191-199節。

天使的思維不會沉溺於人間的物質，也不會被生活的思慮所擾動。所以他們能盡情享受智慧之樂，不像世人會因這些事物分心。他們白白地從主獲得一切，包括衣服、飲食和居所（參 181-190 節）。此外，他們照著從主接受智慧的程度，來領受快樂和滿足。我說這一切，是要表明天使從何擁有此等智慧。

267. 天使能接收這麼大的智慧，乃在於他們的靈性是開放的，而智慧是隨著人進入靈性，並將靈性開啓的程度，而相應增長的。

每一位天使，其生命皆分爲三層，與天堂的三層相應（參 29-40 節）。第一層獲得開放的天使，住在第一層天（外層天）；第二層獲得開放的天使，住在第二層天（中層天）；第三層獲得開放的天使住在第三層天（內層天）。天使的智慧與這三個層次相應。所以，第三層天的天使，其智慧遠勝中層天的天使；中層天的天使，其智慧又遠勝外層天的天使（參 209-210 節；對於層次的性質，參 38 節）。

之所以有此差別，是因爲較高層次的事物更精細，較低層次的事物更籠統，而籠統的事物是由精細所構成。精細與籠統之比，有如千萬比一。因此，高層天的天使與低層天的天使，其智慧之比，也有如千萬比一。

低層天中天使的智慧，同樣遠勝我們人的智慧，因爲人沉溺於肉體和感官之中，而肉體感官乃處於最低的層次。由此事實，可知感官主義者的"智慧"是何等性質。究其實，他們無從獲得智慧，不過獲得一些知識罷了。思維能超越感官的人，與之不同，靈性被開啓直至進入天堂之光的人，就更不用說了。

268. 從以下事實也可推知天使具有何等大的智慧。天堂存在一種交流，交流一切。在此交流中，他們分享聰明和智慧。天堂正是一個分享價值的地方，因爲天堂之愛的本質，就是樂於分享。正因如此，在天堂，沒有人視自己的良善，爲真正的良善，除非與他人分享。這也是天堂之樂的根本。主將天使引入其中，因爲這正是主的神性之愛。

對於天堂的這種交流，我也是通過親身經歷而得知的。曾有愚鈍的人，被帶入天堂，到達天堂的同時，也獲得了天使般的智慧，能領悟之前所不能領悟的，表達之前所不能表達的。

269. 言語不足以描述天使的智慧，只能籠統地作一些提示。天使的隻言片語，能表達我們的千言萬語，都無法表達的內涵。再者，天使的隻言片語裏，包含著人的語言所不能表達的無數細節。事實上，他們的語言處處連貫有序，蘊含著智慧，遠遠超越人間的知識。另外，天使不能用言辭表達的，他們用語氣來補全，以合宜有序地表達他們的情感。因為正如前面所說（236節、241節），天使用語氣表達情感，用言辭表達情感所生的思想。正因如此，人在天堂所聽見的被稱為"不可言說"的。

再者，天使能用三言兩語，完整地表述一卷書的細節，字字蘊含深意，加深它的智慧。他們的語言與情感一致，他們的言辭與思想一致。事實上，根據他們有序表達思想的方式，其言辭可以有無窮的變化。

更內層的天使，甚至能透過一個人的語氣和隻言片語，來斷定他的生命全景。根據語氣如何被思維分化為言辭的方式，天使能覺知他的主導慾，該主導慾完整地記錄著他生命的所有信息。

通過以上事實，我們能看出天使的智慧如何。與我們的智慧相比，乃如千萬比一。兩者之比，也好像用身體中無數的力量，來完成一個動作；或如顯微鏡下大量的元素，構成我們的肉眼下，一個模糊的物體。

我還想用一個實例來作說明。一位天使，以其智慧描述重生的過程，並以適當的順序，說明其中的奧秘。序列數以百計，他用包含更深奧秘的觀念，從頭至尾地描述每一個奧秘，解釋人的靈性是如何從成孕、人胎、降生、成長乃至逐步成熟的。他說他可以將其中的奧秘，細分至成千上萬，而且他所說的，還只是人之外在的重生，人之內在的重生，就包含更多的奧秘了。

天使所傳達的這些事實，已向我顯明他們擁有何等大的智慧，相比之下，我們是何其無知。對於重生，我們可說一無所知，在重生的過程中，我們對其中的進度，也是渾然無知。

270. 下面我說說第三層天（內層天）天使的智慧，及其如何遠勝第一層天（外層天）天使的智慧。

第三層天（內層天）天使的智慧，不可思議，連第一層天（外層天）的天使，也覺得它不可思議。因為第三層天的天使，已將靈性開發至第三層，而第一層天的天使，僅將靈性開發至第一層。智慧是隨著人進入靈性，使其開放的層次，而相應增長的（參208節、267節）。

第三層天的天使，既已將靈性開發至第三層，神性之真便如同刻在了他們心上，因為相比第二層和第一層，第三層更合乎天堂的樣式。天堂的樣式，出於神性之真，與神性之智相一致。因此，神性之真彷彿刻在了他們心上，是其固有的本能。他們一聽聞神性之真，當下就能認同、覺察，因此從心裏看見。所以，他們從不推究神性之真，更不加以爭辯。他們不知何爲信，說："什麼叫信？我是覺察並看見如此的。"他們以比喻來作說明：好比某人看見一所房子裏外的事物，又對他的同伴說，你當相信這些事物的存在；或如某人看見一座園子內的樹木和果實，又對他人說，你當相信這是一座園子，那是樹木和果實——但事實是別人本來就能明明地看見。由此緣故，他們從不提"信"，事實上，他們對"信"毫無概念。所以，他們從不推究神性之真，更不加以爭辯。

相比之下，第一層天（外層天）的天使，並未如此將神性之真刻在心上，因爲對他們來說，只有生命的第一層是開放的。所以，他們竭力推究真理。如此推究之人，所見幾乎限於所思考的問題本身。他們不能超出問題，只是爲自己的結論尋找論據而已，一旦確認，就說它當成爲信條，必須信而受之。

我曾與天使談論這個話題，天使說，第三層天的天使和第一層天的天使，其智慧之別有如明暗之別。另外，他們還將第三層天之天使的智慧，比作一個充滿各樣寶物的宮殿，周圍環繞著廣闊的園林，更遠處還有各種美物。這些天使既享有智慧之真理，便能進入宮殿，觀賞那裏的一切，在園林內隨意漫步，盡情欣賞。竭力推究真理的人與之不同，爲之爭辯的人就更不用說了。他們不能在真理之光中看見真理，只能受之於人，或取之於聖言的字義，不得甚解。正因如此，他們說真理應當信而受之，且不希望人加以深究。天使說，此等人找不到宮殿之門，更別說進入宮殿、漫步園林了，因爲他們陷在了第一步。明白真諦的人與之不同，沒有什麼能阻礙他們，無止境地前行，因爲真理一旦爲他們所見，無論走到哪裏，都能給他們指引，乃至領入廣闊的牧場。因爲每一項真理，都能無限延伸，與其它真理結合。

他們還說，內層天之天使的智慧主要在於，他們能在每一樣事物中看見神性的奧秘，在一系列的事物中看見神的奇妙，因爲顯於他們眼中的，皆含對應。比如看到宮殿、園林，他們的眼光不會停於宮殿、園林，却能看到更深的緣起，也就是它們的對應。根據對象的不同，對應也具有無限的多樣性。所以，不論何時，總有無數連貫的事物愉悅他們的靈性，使其心曠神怡。對於天堂的一切事物，皆對應天使之中，主的神性，可參看170-176節。

271. 第三層天的天使有此特質，因爲他們專注於愛主，此愛開啓靈性的第三層，吸收所有智慧。但要知道，他們的智慧依然在趨向完美當中，而且與外層天的天使增長智慧的方式不同。內層天的天使，並不將神性之真存於記憶或將之轉化爲知識。他們一聽聞神性之真，當下就能覺察，且將其用於生活。故此，神性之真彷彿刻在了他們心裏，因爲凡運用於生活的，都成爲他的一部分。

外層天的天使與之不同。他們先將神性之真存入記憶，作爲知識來儲存，然後時常檢索，以提高其悟性。他們立志並奉行真理，只是缺乏深刻的覺察力。所以，相對而言，他們在真理上比較蒙昧。

值得一提的是，第三層天的天使在智慧上日趨完美，是經由聽，而非通過看。他們從講道所聽見的，不是進入記憶，而是直接進入領悟和意志，成爲生命的一部分。但是眼睛所看見的，却著實進入記憶。他們也思考之，談論之。我由此看出，對他們來說，聽是增長智慧的途徑。這也是出於對應。因爲耳對應於順從，順從有關乎生活，而眼睛對應於智識，智識有關於教義。

聖言對於第三層天之天使的這種特徵多有描述，例如："我要將我的律法放在他們裏面，寫在他們心上。他們各人不再教導自己的鄰人和自己的弟兄說，你該認識耶和華，因爲他們從最小的到至大的都必認識我。"（耶利米書 31:33-34）"你們的話，是，就說是；不是，就說不是。若再多說，就是出於那惡者。"（馬太福音 5:37）"若再多說，就是出於惡"，因爲不是出於主。第三層天的天使專注於愛主，所以他們所享有的真理，都是出於主。在第三層天，愛主就是立志並奉行神性之真，因爲神性之真就是在天堂的主。

272. 天使能接受這麼大的智慧，除了上面給出的原因，還有一個最重要的原因，就是他們去除了"愛自己"（己慾）。人在何等程度上去除己慾，就在何等程度上領受智慧。因爲正是己慾，使內在向著主和天堂閉合，使外在開放並使之轉向自我。沉迷於己慾的人，不論他在人間之事上有多聰明，在天堂之事上總是陷入無光黑暗。相對而言，天使既去除了己慾，自然就能享受智慧之光。他們專注於天堂之愛——對主之愛和對鄰之誼，使靈性得到開放，因爲愛出於主，主在其中。關於對主之愛和對鄰之誼創造天堂，也構成每個人心裏的天堂，可參看 13-19 節。

由於天堂之愛使靈性向主開放，所以天使都是以面向主（參 142 節）。在靈性世界，愛使靈性轉向愛；轉動心的，也轉動面，因爲在靈界，面與心是聯動的。事實上，面就是心所顯的相。再者，愛既然使心和面都朝愛轉動，也就使兩者與愛結合，並與兩者分享其所有。天使正是由此轉動、結合、分享而獲得智慧（對於在靈性世界，結合取決於人所面對的方向，可參看 255 節）。

273. 天使在智慧上雖日趨完美，但永遠達不到主的智慧。因爲主的神性之智是無限的，而天使的智慧是有限的，有限與無限是不具可比性的。

274. 智慧既叫天使不斷完美，且構成他們的生命，而天堂的福份又是照各人的智慧向他流動，那麼天使自然就渴慕智慧，尋求智慧，正如一個饑餓的人尋找食物。事實上，知識、聰明、智慧就是靈性的營養，正如食物是物質的營養。兩者互相對應。

275. 在每個天堂的社群乃至整個天堂，不存在智慧完全相同的兩位天使。其中，住在中央的智慧最高，住在周圍直至邊界的，根據離開中心的距離而智慧遞減，正如光源的光明朝黑暗處遞減一樣（參43、128節）。他們所享受的光明與智慧相應，因爲天堂的光明是神性之智，每個人都是按照所領受的神性之智而享受光明的。關於天堂之光及其被接受的情況，可參看126-132節。

第三十一章、天使天真無邪的秉性

276. 世上瞭解何爲天真，或天真的性質的人不多，陷入罪惡者對此毫無所知。雖從眼見的表情、聲音、身體的姿態，特別是嬰孩可看出天真，人却依然不知天真爲何物，更不知天堂就藏於天真之中而與人同在。爲闡明緣由，我願按順序講解，先說說嬰孩的天真，再說說智慧的天真，最後談談天堂的天真。

277. 嬰孩的天真不是真正的天真，因爲它只是一個外表，不是內在的天真。不過我們可以從此大致瞭解何爲天真，因爲它確實從孩子的臉蛋、身體的姿態、牙牙學語的嘗試中表現出來，也感染著身邊的人。但它不是真正的天真，因爲孩子尚無內在的思想，不能分辨善惡真僞，而這些認識乃是思維的基礎。所以，孩子沒有任何預先的考慮和打算，也就沒有任何邪惡的意志，沒有因己慾和物慾而形成的己相。他們不將任何東西居爲己有，而將所得的一切全歸父母。獲得一小點禮物，他們就感到滿足、享受。他們不爲衣食憂慮，不爲將來擔心。他們不注目世界，也不求多得。他們愛自己的父母、保姆、玩伴，和他們天真無邪地玩耍。他們願意接受引導，聽話，順從。在此狀態下，他們視凡物皆有生命。所以，他們有相應的習慣、語言、初步的記憶、思想，只是不知這些天份從何而來。天真的狀態正是他們接收、吸取這些天份的載體。但是正如前面所說，這種天真只是身體上的，是外在的，不是靈性上的。他們的心智尚未成形，因爲心智是人的悟性和意志，以及兩者所生的思想和情感。

我從天堂得知，嬰孩尤爲主所眷顧。他們從秉性天真的內層天接收靈流，該靈流經由他們的靈性，獨以天真感染其心。從孩子的臉蛋和某些姿態上所顯出的天真無邪即源於此。深深感染父母，產生父母之愛的，也正是這天真。

278. 智慧的天真，才是真正的天真，因爲它是內在的，屬於靈性，因而也屬乎意志和悟性。有天真在其中，也就有智慧在其中，因爲智慧屬乎意志與悟性。所以天堂有言：天真寓於智慧，天使有多天真，也就有多大的智慧。其證據是，他們看到天真的人，不將任何善歸於自己，而將一切皆歸於主。他們希望蒙主引導，而不是由他們自己引導。他們熱愛一切良善，以一切真理爲樂，因爲他們瞭解且覺察到：熱愛良善，即立志並行出良善，就是愛主，熱愛真理就是愛鄰舍。所得不論多少，他們總覺心滿意足，因爲他們知道，或多或少，總是於己有益：若少爲好，所得便少；若多爲好，所得便多。他們自己不知怎樣最好，只有主知。主賜予的一切，皆注重永恆的效用。所以他們不爲將來憂慮，他們說，爲將來憂慮，他們稱之爲"爲明天憂慮"，無非就是患得患失，害怕失去或得不到，生活本不需要的物質。對待朋友，他們心中從無惡意，完全憑良善、公平、信實與朋友相交。他們說，憑惡意而行乃是狡詐，當避之如毒蛇，以其與天真完全對立。他們最大的願望莫過於被主引導，加之他們將一切歸於主，也就得以放下自我。如果能放下自我，主就得以流入。正因如此，他們並不將主的話存入記憶，不論是學自聖言，還是聞於講道，而是當下聽從，也就是立志並行出來，意志就成了他們的記憶。他們看似相當愚鈍，實則大有聰明智慧。主說："你們要靈巧像蛇，馴良像鴿子"（馬太福音 10:16），指的就是這等人。智慧的天真，其性質便是如此。

天真既不以善自居，而將一切歸於主，又樂於被主引導，得以接受導向智慧的一切良善與真理，我們也就如此被造：年少時，我們顯出外在的天真，成熟時，我們進入內在的天真，由外入內。人正是這樣：老了以後，身體退化了，又變得像孩子一樣，然而是一個有智慧的孩子，或說一位天使，因爲在最高的意義上，一個有智慧的孩子就是一位天使。正因如此，在聖言中，"孩子"表天真的人，"長老"表天真的智者。

279. 重生中的人，情況與之相似。重生是人靈性的再生。重生中的人，首先被帶入孩子的天真，承認自己在真理上的無知，和在善行上的無能，覺悟真理和良善都出於主，並因真理和良善本身的緣故而熱愛之，尋求之。隨著年歲的增長，主將這些賜予我們。我們首先獲得相關的知識，然後從知識進入聰明，最後從聰明進入智慧，在此過程中，始終有天真携手相隨。所謂"天真"，正如前面所說，就是承認自己在真理上的無知，和在善行上的無能，覺悟真理和良善都出於主。無此信念和覺悟，人無從承受天堂。智慧的天真，根本就在於此。

280. 天真既在於被主引導，而非出自我們，那麼天堂的人自然都住在天真之中，因爲他們都樂於被主引導。他們知道，自己引導自己，就是被自我引導，而這就是愛自己。落入愛自己的人，不願接受他人的引導。正因如此，天使得以進入天堂在乎他們處於天真之中，也就是專注於神性之善和神性之真中，因爲專注於此兩者之中就是進入了天堂。所以，天堂照各人的天真而有所分別。住在第一層天（外層天）的，其天真處於第一層（最外層）；住在第二層天（中層天）的，其天真處於第二層（中間層）；住在第三層天（內層天）的，其天真處於第三層（至內層）。後者是天堂最天真的人，因爲他們最樂於被主引導，如孩子被父親引導。正因如此，他們接受神性之真，不論是直接得於主，還是間接學自聖言或講道，都是直接進入意志，付諸行動，成爲生活實際。這樣，他們的智慧就遠勝較低層的天使（參 270-271 節）。憑此特質，他們最近於主，從主獲得天真。他們遠離自我，彷彿住在主內。他們看似愚鈍，在較低層的天使看來，甚至好像孩子。其實，他們是最有智慧的天使。他們覺悟到，憑自己沒有智慧，得智慧正是要承認這一點，也承認自己所知的，與所不知相比，乃微不足道。瞭解、認識、覺察這一點，他們稱之為通往智慧的第一步。另外，他們是赤身的，因為赤身對應天真。

281. 關於天真，我與天使談論甚多。我被告知，天真是一切良善的根本，善之為善，在於有天真在其中。同理，智慧之所以為智慧，在於天真的參與，愛、義、信，亦復如是。正因如此，若無天真，沒有人能進天堂。主的話正表達了這個意思，祂說："讓小孩子到我這裏來，不要禁止他們。因為在神國的，正是這樣的人。我實在告訴你們，凡要承受神之國的，若不像小孩子，斷不能進去。"（馬可福音 10:14-15；路加福音 18:16-17）

在這句經文中，"小孩子"表示天真的人。主在《馬太福音》6:25-34 描述了天真的狀態，但祂是以純粹的對應來說的。善之為善，在於有天真在其中，因為凡善皆出於主，而天真在於樂意被主引導。

我還被告知，只有藉著天真，真理與良善才能彼此相合。天使若非心有天真，就不能成為天使，原因也在此。對任何人而言，真理與良善若非在他心裏結合，天堂就不在他心裏。真理與良善的結合因此被稱為"屬天的婚姻"，而屬天的婚姻就是天堂本身。

我還被告知，真正的婚姻之愛源於天真，因為它產生於兩個靈，即丈夫與妻子的善與真的結合。當靈性的結合下降到身體，就表現為婚姻之愛。因為配偶雙方彼此相愛，正如兩個靈性彼此相愛。婚姻之愛中如孩子般天真無邪的戲玩，即源於此。

282. 對天使而言，天真既是其良善的根本，那麼主所發的神性之善必是天真本身，因為流入天使，感動其至深的本性，使之適於接受天堂一切福份的正是此善。孩子的情況與之相似：主的天真流經其心，使之成形並適於接受天堂之愛的良善，因為天真之善在其內心運行，是一切良善的根本。這說明一切天真皆出於主，主在聖言中也因此被稱為"羔羊"，因為羔羊代表天真。

天真既是一切天堂之善的核心，自然就強烈影響人的靈性，以致當內層天的天使靠近時，感受到的人感覺自己好像失去了控制，喜不自禁，與之相比，世間的一切樂事都顯得微不足道。我說這些，是根據自己的親身經歷。

283. 凡處於天真之善的人，皆爲天真所感動。人若處於此善，就爲天真所感動。反之，不在天真之善的人就不爲它所感動。故此，凡在地獄的都與天真完全對立。他們不知何爲天真，乃至於越天真之人，他們越發燃燒著加害的慾望。所以，面對孩子，他們根本無法忍受，總是燃燒著惡毒的慾望，意慾加以傷害。

這向我顯明，人的自我——也就是愛自己，與天真是完全對立的，因爲凡在地獄的皆陷於自我之中。

第三十二章、天堂和諧的景象

284. 對天堂的平安沒有體驗的人，不知天使享受的是怎樣的平安。活在肉身時，人無從享受天堂的平安，無法獲得相關的體驗，因爲他的知覺尚處於肉體的層次。爲體驗之，人須提升思維，出乎肉體，進入靈裏，乃至與天使同在。我既如此體驗過天堂的平安，就能加以描述，但不能描述其實相，因爲人類的文字有限。文字的描述僅止於滿足於神的人所享有的靈性的平安。

285. 天堂的核心有二，即天真與平安。兩者處於核心，因爲它們直接出於主。天真產生天堂的一切良善，平安產生屬於良善的一切快樂。凡善皆有所樂，善與樂皆關乎愛。因爲凡有所愛，即被稱爲善，也被感受爲樂。所以，天真與平安這兩種核心的品質是發於主之愛，從核心處感動天使。

上一章論述了天使的天真，已說明天真是良善的核心。現在我要解釋，對於天真之善所生的喜樂，平安是它的核心。

286. 先說平安從何而來。神性的平安藏於主的裏面，產生於祂的神性與神聖之人在祂裏面的合一。天堂的平安，其神聖的品質是出於主，產生於主與天使的聯結；具體說，產生於每位天使裏面良善與真理的聯結，這是平安的源泉。由此可推斷，天堂的平安，就是神性以祝福的方式，最深地影響著出自那裏的一切良善。由此，也帶來天堂每一樣的快樂。其本質乃神性之樂，源自主的神性之愛，即主與天堂及其內每一位天使的聯合。主在天使內以及天使從主所感受的這種喜樂，就是平安。它從源頭傾流而下，賦予天使各種福份、喜悅、幸福，此所謂"天堂之樂"。

287. 平安既源於此，經上便稱主是"和平的君"，且說平安出於祂，在祂內，天使也因而被稱爲"平安的天使"，天堂亦被稱爲"平安的居所"，如以下經文：

因有一嬰孩爲我們而生，有一子賜給我們，政權必擔在他的肩頭上。他名稱爲奇妙、策士、全能神、永在的父、和平的君。他的政權與平安必加增無窮。（以賽亞書 9:6-7）；我留下平安給你們，我將我的平安賜給你們。我所賜的，不像世人所賜的。（約翰福音 14:27）；我將這些事告訴你們，是要叫你們在我裏面有平安。（約翰福音 16:33）；願耶和華向你仰臉，賜你平安。（民數記 6:26）；和平的使者在痛苦哭泣，大路荒涼。（以賽亞書 33:7-8）；公義的果效必是平安，我的百姓必住在平安的居所。（以賽亞書 32:17-18）。

從提及"平安"的其它經文，也可知"平安"在聖言中係指神性的天堂平安（如以賽亞書 52:7; 54:10; 59:8；耶利米書 16:5; 25:37; 29:11；哈該書 2:9；撒迦利亞書 8:12；詩篇 37:37 等等）。

"平安"既指主、天堂、天堂之樂、良善之樂，"願你平安"也就成了古代延續至今的問安之語。主差遣門徒時也確認了這一點，祂說："無論進哪一家，先要說'願這一家平安'。那裏若有當得平安的人，你們所求的平安就必臨到那家。"（路加福音 10:5-6）主向使徒顯現時，也是說："願你們平安。"（約翰福音 20:19, 21, 26）

另外，當經上說"耶和華馨香"時（如出埃及記 29:18, 25, 41；利未記 1:9, 13, 17; 2:2, 9; 6:15, 21; 23:13, 18；民數記 15:3, 7, 13; 28:6, 8, 13; 29:2, 6, 8, 13, 36），也是指平安的狀態。"馨香"在屬天的意義上，即指平安的感受。

平安既然是指主的神性與他神聖之人性，在主裏的合一，並主與天堂、教會、天堂的每位天使，及教會的每位接受祂的信徒之合一，以平安命名的"安息日"也就設立了，以作爲這些事的紀念。它成了教會一個至聖的象徵，主也因此自稱爲"安息日的主"（馬太福音 12:8；馬可福音 2:27-28；路加福音 6:5）。

288. 天堂的平安既是神性的祝福，從深處影響著天使心裏的良善，那麼平安就不顯現於外，只是感受於心。行善時，感到歡喜；聽聞合乎其善的真理時，感到快樂；發覺良善與真理結合時，感到靈性的愉悅。但是，平安也著實流入他們的行爲和思想，表現爲喜樂，甚至喜形於色。

在天堂，根據天真的程度不同，平安的質與量也隨之不同，因爲天真與平安是携手並行的。正如前面所說，在天堂，天真是一切良善之源，平安是一切喜樂之源。由此可以推斷，上一章如何說天真的狀態，現在也可以照樣說平安的狀態，因爲天真與平安結合，正如良善與喜樂結合。事實上，良善在喜樂中得到體驗，喜樂因良善而得到彰顯。由此可見，內層天（即第三層天）的天使，處於第三層（即至內層）的平安之中，因爲他們是住在第三層（即至內層）的天真之善中；較低層的天使，處於較低層的平安，因爲他們乃住在較低層的天真之善中（參 280 節）。

通過觀察孩子，可知天真與平安並行，正如良善與喜樂並行。因爲天真，他們享受平安；因爲平安，他們得以盡情地玩耍。但是，他們的平安只是外在的平安。內在的平安，正如內在的天真一樣，只存於智慧中。既存於智慧中，也就存於良善與真理的結合中，因爲智慧源自兩者的結合。

人若因良善與真理結合，而合於智慧，並因此以神爲滿足，天堂之樂或天使之樂，也就現於其心。只不過，當人尚在人間之時，平安被藏於靈性的深處。等到離開肉體，進入天堂，平安就會顯明出來。因爲那時，人的內在將要被打開。

289. 神性的平安，既產生於主與天堂的結合，細而言之，產生於真理與良善在天使內的結合，那麼當天使住愛裏時，自然也就處於平安的狀態。因爲此時，良善與真理在他心裏合而爲一（關於天使週期性的狀態變化，可參看 154-160 節）。人在重生的過程中，情況與此相似。當良善與真理在他心裏結合，特別是勝過了試探之後，他就得以進入天堂的平安所產生的喜樂之中。

這平安好比春天的清晨，黑夜過去，地上的萬物，因太陽的升起而重獲新生，從天而降的甘霖，使綠葉發出淡淡的芳香，彌漫四方，春天的溫暖，滋生肥沃的草場，使人神清氣爽。因爲清晨或春天的黎明，與天使的平安狀態是相對應的（參 155 節）。

290. 關於平安，我也曾與天使交談。我說，世人以國家結束戰爭、個人放下敵對爲平安，並以爲內在的平安不過是憂慮被掃除時心情的平靜，特別是環境轉順時的放鬆和歡喜。天使回答說，這種心情的平靜，憂慮掃除、環境轉順時的放鬆和歡喜，可視爲平安的效用，但它不是出於真正的平安，除非他專注天堂之善，因爲平安只存於此善當中。對於此等人，平安從主流入其心，又從心傾流而下，佈入較低層，產生靈性的平靜、靈魂的放鬆，其結果便是喜樂。

陷入罪惡的人沒有平安。事事如願時，他們雖顯得安穩、平靜、快樂，但那只是表面，沒有內在的實質，心裏所藏的其實是敵視、仇恨、報復、殘忍和各種邪惡的慾望。一旦有人不順其志，他們就燃燒起這些慾望，當無懼任何約束時就會爆發。所以，惡人的快樂寓於愚痴，善人的快樂寓於智慧。兩者之別，恰如地獄與天堂之別。

第三十三章、天堂與人類的聯結

291. 在教會，人皆承認良善皆出於神，無一是出於己。因此，人不可將任何善歸功於己。反之，惡出於魔鬼。恪守教義者，因而說行為良善、言語虔誠、傳播善道的人，是為神所引導；行為惡毒、言語褻瀆的人，則是被魔鬼所引誘。果真如此的話，人與天堂、地獄當是某種聯通的關係，而這種相聯，應當是通過人的意志和悟性，因為人的言語和行為都出於前兩者。下面需要對相通的性質進行描述。

292. 每個人兼有善靈、惡靈與其同在。藉著善靈，我們與天堂相通；藉著惡靈，我們與地獄相通。這些靈處於靈界，即天堂與地獄的居間地帶。關於靈界，後文會有專門的論述。

這些靈進入某人，是進入他的全部記憶，並從記憶進入全部的思維。惡靈進入記憶和思維中惡的事物，善靈進入記憶和思維善的事物。這些靈全然不知有個人與其同在，以為所進入之人的記憶和思維，都屬於他們自己。他們也看不見人，因為我們太陽系的事物不在其視線之內。

主儘量防止靈得知有人與其同在，不然他們必要與人說話，惡靈更會將人毀滅。因為惡靈與地獄相通，其最大的慾望，莫過於將人的靈，即人的愛與信，連並肉體一起毀滅。若不與人說話，情況就不同了。他們便不知其思維和言語是出於人，因為靈交談的方式和世人交談的方式是一樣的，以為都是出於自己，自然就珍視之，熱愛之，也在無意中對人表示了尊重和熱愛。

通過多年持續不斷的經歷，人與靈界相通的事實，我已再熟悉不過，也就習以為常了。

293. 與地獄相通的靈之所以與人同在，在於世人生下來即攜帶種種惡性，乃至人最初的秉性無非是惡。若無同類之靈相與結合，人就不能存活，也不能被引離出惡，得以新生。所以，人靠惡靈來維持"自我"，靠善靈來克制邪惡。藉此二者，人處於某種平衡中，因平衡而獲得自由，得以引離出惡，轉歸良善。良善能種於人心，但是若無自由，此事便不能成，而人要獲得自由，需有地獄之靈在一方行事，天堂之靈在另一方行事，人處於當中。

我得知，人只要有遺傳的習性，也就在自我之中，若不允許沾染惡，根本就不能存活。人若無一定自由，也不能存活。再者，人不能被強迫行善，凡是被迫的，都不能成爲他的一部分。我還得知，凡是我們在自由中所接受的良善，都能被種入我們的意志，成爲我們一部分。正因如此，人既與地獄相通，也與天堂相通。

294. 還有必要描述一下天堂與善靈相通、地獄與惡靈相通，並天堂、地獄與人類相通的相關情況。靈界之靈或與天堂相通，或與地獄相通；其中惡靈與地獄相通，善靈與天堂相通。天堂以群而分，地獄也是如此。每個靈皆是某個群的一員，因接受該群而來的流注，而得以維持，行爲與該群協調一致。這就是爲何我們與靈相通，也就與天堂或地獄相通。事實上，人皆與天堂或地獄的某個社群相通。人的情感或愛慾朝向哪裏，他就屬於哪個社群；因爲天堂社群的劃分，是依照對良善與真理的熱愛之情的不同，地獄的社群則照各人對邪惡與僞謬的迷戀之情而分（關於天堂的社群，可參看 41-45 節、148-151 節）。

295. 我們與何種靈交往，取決於我們的情感或慾望的種類，不過，惡靈是我們召來的，而善靈是由主分派與我們相交。隨著我們性情的變化，與我們同在的靈也會發生變化。這意味著與人同在的靈，幼年時是一些，少年時是另一些，成年時又是一些，暮年時又是一些。幼年時，與人同在的是天真之靈，就是與純真的天堂，即內層天（第三層天）相通的靈。少年時，與人同在的是渴慕知識、與外層天（第一層天）相通的靈。成年時，與人同在的是熱愛真理與良善、有悟性、與第二層天（中層天）相通的靈。暮年時，與人同在的是智慧、天真之靈，也就是與內層天（第三層天）相通的靈。

但是，上述次序的聯通，是主爲那些能被改造和更新之人安排的。不能被改造和更新之人，情況與之不同。雖然也有善靈分配予他，以儘量約束他造惡，但是他最直接的聯繫，是與地獄相通的惡靈。這意味著人是何種類型，相通之靈也是何種類型。或自私，或貪財，或報復心強，或好色，與他同在、住於他惡念中的是同類之靈。若不能藉善靈來抑制惡，惡靈會加以煽動，一旦惡念得勢，惡靈會將其纏縛，絕不離開。這樣，惡者就與地獄相通，善者則與天堂相通。

296. 主藉著靈界之靈，來主導世人的原因，是在於世人不合乎天堂的樣式。事實上，人生於種種地獄之惡中，與神性的樣式完全對立。這意味著人需要被帶回那種形態，若沒有靈作爲媒介，也無法回歸。人若生於合乎天堂樣式的良善中，情況就不同了。那樣，主無需通過靈來主導人類，而直接通過神性樣式本身，也就是藉著總體的流注就可以了。

就思想與意志轉爲行動，也就是成爲言語和動作方面而言，人被這種總體的流注所主導；因爲此言語和動作，照著自然秩序和諧地發生，所以與人相聯的靈在這方面毫無干涉。

動物也是受靈性世界的總體流注所主導，因爲它們處於適合其生命的樣式中。它們既不能扭曲該樣式，也不能毀壞，因爲它們不具備理性功能（這也是人與動物的區別，可參看39節）。

297. 關於天堂與人類相通，我們還要明白，主照天堂的樣式流注各人，既流注外在，也流注內在，好讓我們接受天堂。祂從內在支配外在，從外在支配內在，兩者同時進行，一以貫之。主的流注爲直接流，以靈爲媒介的流注爲間接流，後者靠前者來維持。直接源自主，出於其神聖之人，進入人的意志，再從意志進入悟性；也就是進入人內在的良善，再從良善進入其真。或說進入人內在的愛，再從愛進入信，非反而行之。更非脫離愛而進入信，或脫離良善而進入真理，脫離意志而進入悟性。

神性的流注永不停歇，善人以其善受之，惡人却不受。在惡人，要麽被拒絕，或被抑制，或被扭曲。因而他們過著邪惡的生活，這樣的"生"其實是靈性的"死"。

298. 與我們同在的靈，或與天堂連通，或與地獄連通，皆不從他們自己的記憶、思想流入我們。如果從他們自己的思想流入我們，凡屬他們的特性，看起來好像屬於我們自己的（參256節）。但是從他們確有情感流入，或是對天堂之良善與真理的熱愛之情，或是對地獄之邪惡與僞謬的迷戀之情。所以，我們的情感，若與所流入的情感相應，就在思想中受到它的影響，因爲我們的思想，與所流入的情感或愛慾，是完全一致的。反之，我們的情感若與所流入之情不合，就不會受到它的影響。由此可見，靈並不向人注入思想，而是注入對善或惡的情感。這就給了我們選擇的自由，意味著我們在思想上可接受善的事物，拒絕惡的事物；而聖言又告訴我們何爲善，何爲惡。我們以情感，在思維中所接受的，成爲我們的一部分；反之，我們以情感在思維裏所拒絕的，就不成爲我們的一部分。這樣，我們就能瞭解天堂之善和地獄之惡是如何流入人的。

299. 我還得知我們的憂慮、壓力、傷感、沮喪是從何得來的。有一類靈，他們處於死後的第一個狀態——等談論靈界時再對此作描述，尚未與地獄結合。他們喜歡半消化的有害物，如胃裏腐敗的食物，因而向我們裏面類似的物質依附，因爲他們在其中找到樂處。他們在此處以其惡慾彼此絮叨，其語氣情緒流入我們。若與我們的情感相反，就產生悲傷與焦慮之感；反之，若與我們的情感相合，就產生快活與興奮之感。他們可見於胃的附近，有在左，有在右，有在上，有在下，或遠，或近，取決於他們所陷入的情感。大量經歷向我證實，這正是我們靈性焦慮的由來。我看見了，聽見了，也感受了從他們湧出的焦慮。我與他們對話，當他們被驅逐時，焦慮就停息了；當他們回來時，焦慮也回來了。隨著他們的進與退，我感受到焦慮的增與減。我由此明白了焦慮是從何而來，若不明白，容易將之歸結於胃痛。

300. 天堂與人相通是與其靈性相通，就是與人的內在靈性相通，不像人與人之間的相交。但也有一種相通，是通過對應關係，與人的外在層面相通，關於這一點，等到下一章闡述天堂藉聖言與人類相通時再作討論。

301. 到下一章我還會解釋，天堂與人類的相通，兩者之間是相互依存的關係。

302. 關於天堂與人類相通，我與天使曾有過交談。我說，教會之人的確宣稱凡善皆出於主，也表示有天使與人同在，只是少有人真正相信，天使離人如此之近，更未想到他們就在人的思維和情感當中。天使說，他們知道世間存在這種空洞的信仰和論調，可讓他們吃驚的是，教會的情況居然更甚，儘管他們擁有聖言，而聖言已將天堂並天堂與信徒相通的情況指示於他們。事實上，人若沒有靈與其同在，就不能有任何思想。人的靈性生命取決於此。天使說，人落入如此無知的境地，在於他們相信是憑自己而活，與生命本源毫無關係，不知人是通過天堂，與生命之源息息相連。實際上，該聯繫一旦打破，我們立刻會一命嗚呼。我們若能相信事實真相，相信凡善皆出於神，凡惡皆出於地獄，就不會將善歸功於己，也不會將惡歸咎於己。起任何善念、行任何善事的時候，我們就專注於主；有任何惡念侵入的時候，我們就將它扔回地獄。只可惜，由於人不相信天堂和地獄的流入，以為其所思所慾，無不屬於自己；既以為出於自己，也就將罪惡執於己有，又以功德思想玷污了良善。

第三十四章、天堂藉聖言與人類聯結

303. 理性思考者不難看出，萬物之間彼此相連，環環相接，直至第一因，凡不相互與其連接者，必要坍塌瓦解。他們明白，凡物不能自我產生，必須從前因而生。這意味著萬物都是從第一因而生。他們也明白，凡物與前因的關係，正如結果與起因的關係，因若去除此關係，其果就坍塌瓦解。學者有見於此，便說：存在即持續產生，故萬物持續產生於第一因，也依存於它。

關於萬物與前因直至第一因的關係，三言兩語無法給予解釋，因為它變化多樣，只能籠統地說，物質世界與靈性世界存在一種聯繫，乃至物質世界的一切與靈性世界的一切存在對應關係（關於這種對應，可參看 103-115 節；關於人體與天堂的聯繫和對應關係，可參看 87-102 節）。

304. 人之受造，與主是結合的關係，與天使是相交的關係。人與天使只是相交，而非結合，因為人之受造，就其靈性而言，與天使是一樣的，同有悟性和意志。正因如此，人若照神性的樣式而活，死後就能成為天使，獲得天使般的智慧。所以，當我們談論人類與天堂相通時，是指人類與主的結合，以及人類與天使的相交，因為天堂之為天堂，非因天使本身，而因主之神性（關於主的神性形成天堂，參 7-12 節）。

不過人還有多於天使的一面，那就是他不僅內在活在靈性世界，其外在也活在物質的世界。所謂"外在"，包括其物質的記憶，或說外部的記憶，以及以記憶為基礎所進行的思維和想像。籠統而言，外在包括人的知識、學問以及從中獲得的快樂，也包括人的肉體感官以及感官上的快樂，還包括人的言語行為。所有這些都是主之神性所流入的終端，因為神性不會流於半途，而要走到終端。

由此可見，神性的樣式，其終端樣式在於人；既是終端，也就是基礎和根基。

主之神性流注，既不停於中途，而要走到終端（中途是天堂，終端是人），而凡物又不能獨存，那麼天堂與人類的關係，便是相互依存的。人類脫離天堂，好比鏈條脫掉一環；天堂離了人類，好比房子沒有根基。

305. 但是，人類因己慾（愛自己）和物慾（愛世界）已使其心轉離天堂，朝向自己和世界，中斷了與天堂的聯繫，不能繼續作爲天堂的基礎和根基。爲此，主提供了另外一個媒介，以維持天堂與人類的關係；該媒介即是聖言。（對於聖言如何起到媒介的作用，《天堂的奧秘》一書已作了詳細的說明，相關材料也已收集於《白馬》一書及《新耶路撒冷及其屬天教義》的附錄中。）

306. 我從天堂得知，起初人類享受直接的啓示，因其靈性朝向天堂，主因此而得與當時的人結合。此後，人不再獲得直接的啓示，而只是照對應的原則，而被施與間接啓示。他們的崇拜體系，全由對應構成，此時的教會，因而被稱作象徵性的教會。他們知道何爲對應和象徵，知道地上的一切皆對應，也就是象徵天堂和教會的靈性事物。就這樣，其崇拜體系中的一切，都是用作靈性思考、與天使一同思維的工具。

等到對應的知識遺失以後，有聖言被記錄下來，其中所有的文字及其含義皆爲對應，蘊藏天使所理解的靈義。人讀聖言，解其字義時，天使取其靈義。事實上，天使的思想是屬靈性的，而人的思想是屬塵世的。兩者看似不同，其實是一，因爲彼此對應。

因此，當人背離天堂，中斷與天堂的聯繫以後，主就預備了聖言作爲天堂與人類相通的工具。

307. 讓我引幾段經文，以說明天堂如何藉聖言與人類相通。《啓示錄》如此描述新耶路撒冷："我又看見一個新天新地，因爲先前的天地已經過去了…… 我又看見聖城新耶路撒冷由神那裏從天而降…… 城是四方的，長寬一樣。天使用葦子量那城，共有一萬二千斯塔德，長寬高都是一樣。又量了城牆，按著人的尺寸，就是天使的尺寸，共有一百四十四肘。牆是碧玉造的。城是精金的，如同明淨的玻璃。城牆的根基是用各樣寶石修飾的…… 十二個門是十二顆珍珠，每門是一顆珍珠。城內的街道是精金，好像明透的玻璃。"（啓示錄 21:1, 2, 16, 17, 18）

世人讀之，只是解其字義，就是可見的天地將要毀滅，全新的天堂將要建立，聖城耶路撒冷將降於新地，城的大小將如所描述的那樣。與人同在的天使，却作完全不同的理解，人是取其屬世含義，天使却是取其屬靈含義。

對天使而言，"新天新地"指新的教會；"由神那裏從天而降的耶路撒冷"指主將要啓示給新教會的屬天教義；"其長寬高皆爲一萬二千斯塔德"指新教義所包含的全部良善和真理，作爲一個整體；"城牆"指守護該教義的真理；"城牆的尺寸，按著人的尺寸，就是天使的尺寸，共有一百四十四肘"，指所有守護性的真理及其屬性,作爲一個整體;"十二個門是十二顆珍珠"代表引導性的真理;"城牆的根基是用各樣寶石修飾的"指該教義得以立定的基本領悟;"城內的街道是精金,好像明透的玻璃"指使得該教義及其真理明透的愛之善。這是天使所理解的,與世人所理解的不同。人的物質觀念就這樣轉變成了天使的靈性觀念,至於聖言的字義,如新天新地、新耶路撒冷、城牆、城牆的根基、尺寸等等,天使一無所取。但是天使的思想與人的思想是合爲一體的,因爲兩者彼此對應,正如言者所說的文字與聽者所解的含義是一個整體。由此可見,天堂是如何藉聖言與人類相通的。

再引用一段經文:"當那日必有從埃及通亞述去的大道。亞述人要進入埃及,埃及人也進入亞述,埃及人要與亞述人一同敬拜耶和華。當那日以色列必與埃及亞述三國一律,使地上的人得福,因爲萬軍之耶和華賜福給他們,說:埃及我的百姓,亞述我手的工作,以色列我的產業,都有福了!"(以賽亞書 19:23-25)

比較聖言的字義和靈義,可知人和天使在讀此段經文時,各是如何思想的。從字義來看,人將之理解爲埃及人和亞述人都將皈依神,受神悅納,並與以色列人合而爲一。然而天使却本乎靈義思考,在靈義上,此處所描述的是屬靈教會中的人,其屬靈的層面爲"以色列",其屬世的層面爲"埃及",其理性的層面,即中間層面,爲"亞述"。屬靈屬世兩種含義是一體的,因爲彼此對應。所以,當天使作屬靈的思考,而人作屬世的思考時,兩者是合爲一的,正如靈魂與身體合爲一。聖言的靈義是其靈魂,字義是其身體。

聖言處處皆是如此。由此可見,聖言的確是天堂與人類相通的一個媒介,字義起到一個根基的作用。

308. 對於教外無聖言者,天堂亦藉聖言與之相通,因爲主的教會無處不在。凡承認神,過愛義生活的人,即有教會同在。此等人離世之後會得天使指教,從而接受神性的真理。關於這一點,等到談論天堂的非基督徒時,會有進一步的介紹。

在主耶穌的眼中,地上的普世教會彷彿一人,正如天堂一樣(參59-72節)。有聖言、承認主的教會好比此人的心與肺。衆所周知,身體的五臟六腑、四肢百骸,通過各經絡從心與肺獲得生氣。教會以外無聖言者,也以同樣的方式獲得生命,構成此人的肢體。天堂藉聖言與遠處的人相通,好比光從中心向四周輻射。神性之光在聖言中,有主及其天堂臨在,遠處的人也從主,及其天堂在聖言中的臨在,而獲得光明。如若沒有聖言,情況就不同了。關於這一點,參考"天堂的樣式"一章,可獲得更深的領悟。

但這奧秘只有處於靈性之光的人才能領會，處於物質之光的人則不能。後者所不見或只是依稀所見的許多事，前者却能看得分明。

309. 若無此類聖言傳於地球，其上的人必早已脫離天堂了。一旦與天堂脫離，人就不能獲得理性。事實上，人的理性正是從天堂的光明而生。

地球上的人類，就其秉性而言，不能接受直接的啟示，而獲得神性的真理，這一點與其它星球的人不同（已有專書討論）。同他們相比，我們更沉迷於世俗和膚淺的東西；而接受啟示的，却是人的靈性。我們若停於表面，終究不能領悟真理。

地球上的人，其性如此，可從教會的信徒顯而易見。雖然他們從聖言瞭解了天堂、地獄和死後生命，却依然從心裏加以否認，甚至以博學聞名、被人認爲有智慧者，也不例外。

310. 關於聖言，我曾偶爾與天使談論。我說，聖言因其平淡無奇的風格，而被某些人輕視。此等人對聖言的靈義，一無所知，故而不信其中隱藏著高深的智慧。天使告訴我，聖言的風格，就字義而言，縱然顯得平淡無奇，其本質却是無以倫比的，因爲神性的智慧藏於其中，不僅在總體上，也在每一個字中；這智慧在天堂大放光明。天使樂於宣告，聖言是天堂之光，因爲它是神性的真理；在天堂，神性真理光芒四射（參 132 節）。天使還說，若無此類聖言，地球上的人，就不能獲得天堂之光，也就不能與天堂相通。因爲天堂之光的多寡，決定了人與天堂結合的程度，也就決定了人從聖言獲得真知的程度。

通過對應，即聖言之屬靈含義與屬世含義的對應，人之所以不知有可與天堂結合的存在，乃在於地球上的人對天使屬靈的思維和語言一無所知，不知其不同於人類屬世的思維和語言。此若不知，就無從明瞭何爲內在含義，也就不知人與天堂的結合，是因此內在含義而成爲可能。

天使還說，人若知道靈義的存在，讀經時以相關的知識來作思考，就能進入更深的智慧，與天堂結合得更爲緊密。因爲通過這種方式，人能進入天使那樣的觀念。

第三十五章、天堂地獄皆出自人類

311. 基督徒全然不知天堂、地獄源起於人類，却以爲天使是起初受造的，組成天堂，魔鬼（或撒旦）曾是光明的天使，因背叛神而與黨羽同被驅逐，於是有了地獄。

儘管這當是教會最主要的教義之一，但天使因基督徒對以上觀點一無所知，乃至對天堂也一無所知，他們感到十分驚訝。當天使得知，在當下無知盛行之際，主樂於向人豐豐富富地啓示天堂、地獄，以盡可能地驅散教會因走到盡頭，而與日俱增的黑暗時，皆感到由衷地喜樂。他們希望我代爲證實：在整個天堂，沒有一位天使是起初受造的；在整個地獄，也沒有一個魔鬼曾是光明的天使。相反，天堂地獄所有的人都出於人類。在天堂的，是曾經生活於天堂之愛與信的人；在地獄的，是曾經生活於地獄之慾與念的人。地獄作爲一個整體，稱爲魔鬼和撒旦。在後的地獄乃惡魔所住之地，稱爲魔鬼；在前的地獄乃邪靈所住之地，稱爲撒旦。後面我會分別加以描述。

天使堅稱，基督徒對天使和魔鬼持這種觀點，在於他們拘泥於某些經文的字義，沒有從聖言的真義獲得光照和啓示。沒有真義的光照，聖言的字義使人誤入迷途，無知、異端、謬誤便產生了。

312. 該觀點產生的另一個原因，在於他們相信最後審判之前，沒有人上天堂或下地獄。他們相信終有一天，可見的一切都要毀滅，然後新天新地出現。那時，靈魂復歸肉體，得以再生。此觀點暗含彼觀點——天使是起初受造的；因爲人若相信世界毀滅之前，沒有人上天堂或下地獄，自然就不可能相信天堂、地獄是出於人類。

爲讓人確信這並非事實，我被允許與天使來往，與魔鬼對談，迄今已有數年，有時甚至從早到晚，沒有間斷，以便瞭解天堂、地獄的景況，目的是希望基督徒，不再固守錯誤的觀點，因爲錯誤的觀點導致蒙昧無知，對於理性思考者，則導致懷疑乃至否認。事實上，他們心裏正想："如此浩瀚的宇宙，數不勝數的星體，豈能與日月一道毀滅？比地球大得多的星體豈能落到地球？早已腐朽瓦解的軀體，如何與靈魂複合？複合之前，靈魂何去何從？沒了肉體的知覺，靈魂是何感受？"

諸如此類的問題，因爲費解而與信仰產生衝突，許多人因此不再相信死後生命、天堂地獄，及教會其它的信仰觀念。他們說："有誰從天堂或地獄回來，告訴我們它真的存在？在地獄永遠受火的煎熬，這算哪門子事？哪裏有最後的審判？我們豈不是徒然等候千百年了嗎？"諸如此類的說法表示他們已否定信仰。

許多諳於世事的人就有這些想法。爲防止他們繼續困擾誤導那些信仰單純、心思簡單的人，使他們對真神、天堂、永生等產生疑惑，我的靈性蒙主開啓，得與生前所有認識的人交談，有的數日，有的經年累月。我所交流過的人，用千千萬萬來形容也不爲過。他們有很多在天堂，也有很多在地獄。我與過世才兩天的人也有過交談，告之其葬禮正在籌備當中。他們說褪去曾在人間爲他們服務的肉體，乃是一件幸事，希望我轉告他們並未死亡。他們和從前一樣，依然是活生生的人，只是從一個世界跨入了另一個世界而已。他們不覺得失去了任何東西，因爲他們依然有形有體，有意願有理解，有思想有情感，有知覺有慾望，和在人間一樣。

許多剛剛死去的人，當他們發現自己還是像以前一樣活著，簡直大喜過望。人死後的第一個階段與生前相似，之後逐漸發生變化，或趨向天堂，或趨向地獄。他們說這真的難以置信，並爲從前對人死後的光景那般蒙昧無知，感到奇怪——特別是基督徒，他們本該比其他人更明白才是。至此他們才發現，從前之所以蒙昧無知，在於世俗的追求、肉體的慾望，充塞了他們的心，使之不能被提入天堂之光，從而透過教義表面看到實質。當人貪著肉體的慾望和世俗的追求，如現代人這樣，在他試圖深入時，唯有黑暗侵入其心。

313. 許多基督教的學者，當其發現自己死後依然有身體，有衣服，有居所，和在人間一樣，簡直目瞪口呆。他們想起從前對死後生命、靈魂、天堂、地獄所持的觀點，覺得很不好意思，承認自己糊塗透頂，遠不如那些信仰單純的人聰明。一些固執此見、將一切歸於自然的學者，當其被察驗時，結果證明其內在是完全閉合的，而外在是敞開的。這意味著他們不注視天堂，只注視塵世，也就注視地獄。因爲人的內在若敞開，他就注視天堂；內在若閉合，而外在敞開，他就注視地獄。人的內在爲接受天堂而成形，外在爲接受塵世而成形。人接受塵世，若不同時接受天堂，就是接受地獄。

314. 從天使和人的靈性相似的事實，也可推知天堂是出於人類。兩者皆享有領悟、感受、意志的能力，皆爲接受天堂而成形。事實上，人的靈性和天使的靈性一樣有智慧，只不過當人尚在物質世界之時，因局限於肉體而不具那般智慧罷了。尚在肉身時，人的靈性以物質的方式作思考。脫離肉身以後，情況就不同了。那時，人不再作物質的思考，而作靈性的思考。既作靈性的思考，其思想對於世人而言便是不可思議、不可言說的。這說明人和天使一樣有智慧。由此可見，人的內在即我們稱之爲"靈魂"的，其實就是一位天使（參57節）。脫離肉體以後，他還是人的形象，和天使一樣（關於天使呈現完美的人形，參73-77節）。但是，人的內在若不朝上開放，而是朝下開放，他脫離肉體以後雖然也是人的形象，却顯得猙獰恐怖。因爲它不能仰望天堂，只能俯視地獄。

315. 人若瞭解神性的設計，就能明白：人之受造，乃是要成爲天使，因爲該設計的終極是在人（參 304 節）。這表示屬天智慧的實質可在人身上成形，並重建、增值。神性的設計從不停於半途、未到終極便成形——那不是完滿、完美的設計。相反，它總是推至終極，然後成形。通過在終極聚集，它重建自己，不斷增值，這就是生殖的真意。所以說，天堂的苗床是在此最低的層次。

316. 主的復活，不僅是在靈魂層面，也是在身體層面，因爲在世之時，祂完整地榮耀了祂所取之人，也就是使之成聖。事實上，主的靈魂受於父，這靈魂其實就是神性之本，祂的身體成爲該靈魂即父的形象，因而也是神聖的。所以祂不像任何人，而是靈魂、身體一併復活了。祂向門徒顯示了這一點，門徒以爲看見的是祂的靈魂，祂却說："你們看我的手，我的脚，就知道實在是我了。摸我看看！魂無骨無肉，你們看，我是有的。"（路加福音 24:36-39）這樣，主指出祂不僅是靈魂層面的人，也是身體層面的人。

317. 爲讓人明白，人死後依然活著，並照各人的行爲或上天堂，或下地獄，我被豐豐富富地啓示了人死後的狀態。關於這些，等到描述靈界時，再依次講述。

第三十六章、天堂中的非信徒

318. 一般認為，教會以外出身的所謂"外邦人"或"非基督徒"不能得救，因爲他們沒有聖言，不認識主，而離開主便沒有救恩。然而，單從主的憐憫惠及萬民的事實，可知非基督徒也可能得救。他們同樣生而爲人，且相對而言，教會的信徒只是少數。外邦人或非基督徒不知道主，錯不在他們。任何理智的人不難看出，沒有人是爲地獄而生。主就是愛，祂的愛使祂樂意拯救萬民。爲此，祂預備每個人皆有某種信仰，通過各自的信仰，來承認至高者的存在，並過內在的生活。照各人的信仰原則生活，就是過內在的生活；因爲在此條件下，我們的心專注於所信之至高者。既專注於至高者，就不再關注於塵世，也就離棄塵世的生活，這是外在的生活。

319. 人若明白是什麽構成天堂，便可知非基督徒也可能和基督徒一樣得救。因爲天堂在人心裏，心有天堂的人便歸入天堂。心中的天堂乃是承認神，樂意接受神的引導。凡宗教信仰，皆以承認神爲起始和根本，不承認神的信仰，算不上信仰。任何信仰皆注重敬拜神，講究如何敬拜神以獲得祂的悅納。人的心若專注於此，樂得如此，就得蒙主的引導。

眾所周知，非基督徒也過著道德的生活，和基督徒一樣，而且許多非基督徒的生活勝過基督徒。人過道德的生活，或爲取悅神，或爲取悅人。若爲取悅神，即爲內在的生活。兩者外表相似，實則迥異。一種使人得救，一種不然。因爲道德的生活若爲取悅神，便得蒙神的引導；若爲取悅人，就是爲自我所引導。

舉例以明之。我們若避免損害人，因爲這有悖信仰，冒犯神，我們如此行，就是出於靈性的動機。反之，我們若避免損害人，只因害怕法律的懲罰，或因顧及自己的名聲或利益，我們如此行，就是出於俗世的動機，是爲自我所引導。前者是靈性的生活，後者是俗世的生活。當道德的生活也是靈性的生活，天堂便在他心裏；若只是俗世的生活，天堂就不在他心裏。因爲天堂從上流入，開啓人的靈性，再從內流入外；世界則從下流入，開其表而不開其心。因爲流注是從靈性界進入物質界，不可能從物質界進入靈性界，所以，人接受世界却不同時接受天堂，他的心就是閉合的。由此可知誰將天堂接入其心，而誰却不這樣做。

不過，人心裏的天堂，根據他對良善與真理的熱愛之情，而各不相同。人若因神的緣故而熱愛良善，就是熱愛神性的真理，因爲良善與真理彼此愛慕，渴望合而爲一。所以，非基督徒在世時，若未能獲得真理，到了靈界，他也會因爲熱愛而認識真理。

320. 有一個出於非基督徒國家的靈，在世時曾照其信仰過著良善、愛的生活。他聽到一些信基督的靈討論信仰（相比世人，靈的辯論更深入，更尖銳，特別是當討論有關良善與真理時），爲他們爭辯不休感到奇怪。他說他不想聽，因爲他們的辯論是基於幻相，並提建議說："我若是良善的，就能本乎良善，而明白真理，並對所未知者保持開放的態度。"

321. 大量經歷告訴我，非基督徒若照其信仰的要求，過得體的生活，溫良，順服，彼此憐憫，由此獲得一定的良知，在靈界他們都會被接受，由天使精心地教以良善與真理。一得到指教，他們就謙卑、智慧地遵行，滿心樂意地吸收真理。因爲他們尚未形成抵擋真理的錯誤觀念，對主更無毀謗之見，不像有些基督徒，只是將主視爲凡夫。當他們聽說神在此地曾成爲人，向世人顯現，就立時承認，尊主爲聖。他們說神自然會向人類顯明自身，因爲祂是天地之神，全人類的主。

離開主便沒有救恩，這確爲神性的真理，但應當理解爲，救恩無不出於主。宇宙中有許多星球，上面都住滿居民。他們幾乎不知主在我們這個星球上取了人身。但他們以人的形式來敬奉至高者，因而蒙主悅納，得主引導。關於這些，可參看《宇宙星球》一書。

322. 非基督徒有智有愚，正如基督徒有智有愚。我被允許與兩者交談，有時幾個時辰甚至幾天，以便瞭解他們的情況。現代人不如古代人有智慧，古教會的人就更不用說了，該教會覆蓋中東大部分地區，散至許多非基督徒民族的信仰即源於此。我被允許與他們一些人交談，以瞭解他們的特質。

我遇見一人，他曾是當代的一位智者，在學術界享有盛名。我與他談論許多話題，得以認出他就是西塞羅（Cicero）。既知其爲智者，我便與其談論智慧、聰明、實相、聖言，最後談到主。關於智慧，他說智慧無不關乎生活，不能屬於其它。關於聰明，他說聰明源於智慧。關於實相，他說實相出於至高之神，照實相生活就是有智慧聰明。關於聖言，我給他讀一段先知書，他聽得入了神，尤其陶醉於其中每個名、每個字皆指向內在實質的事實。對於現代學者無此樂趣和追求，他感到奇怪。我能清楚感覺到他的靈性深處已經打開。他說他不能逗留，因爲他深切感受到某種神聖，使他無法承受。

最後，我們的話題轉向主，關於主從神受生，在此地降生爲人，關於祂褪去從母親所受的人性，披上神聖的人身，關於祂是宇宙之主，等等。他說他通過自己的途徑，瞭解到許多關於主的事實，且說舍此途，人類不能得救。在此期間，一些邪惡的基督徒盡力使用毀謗的伎倆，但他毫不在意。他說這不奇怪，因爲他們在世之時，曾在這些問題上吸收了不合宜的觀念，若不拔除，就不能像本無所知的人，那樣輕鬆接受合乎真理的觀念。

323. 我還被允許與上古時代最有智慧的人交談。一開始，他們顯現在我前方，有一定距離，在那兒，他們能洞察我內在的思想。從我一個小小的念頭，他們能看出一整串的思想活動，並賦之以智慧和妙相之樂。由此可知，他們乃是智者中的智者。我被告知，他們來自上古時代。此時，他們走近我，我給他們讀聖言，他們陶醉其中。我能感覺到他們的喜樂，這喜樂尤其源於他們從聖言聽到的每一個細節，都象徵屬天屬靈之事物的事實。他們說在其生活於世的年代，人們思想、言說乃至寫作的模式都是如此，且是其智慧所最關注的。

324. 今天的非基督徒不具此般智慧，多數是心思簡單的。但在靈性世界，他們也能從在世時曾過愛之生活的人接受智慧。讓我舉幾個例子。

一次，我讀《士師記》十七至十八章，論到米迦的神像和利未人祭司被但人竊走的故事。有一位非基督徒，在世時曾敬拜偶像。他聚精會神地聆聽，聽到米迦的神像被但人盜走時，他心痛莫名，頭腦一片空白。我能感覺到他的痛苦和秉性中的天真。在場有幾個基督徒，看到一個拜偶像的人，竟有如此悲憫的心腸和天真無邪的性情，都感到吃驚。

之後，一些善靈與他交談，指示他不當敬拜偶像，他本該明白這一點，因爲這些偶像也只是人。他的思想應該超越偶像看到神，即天地的創造者和治理者，亦即主。當他聽了這話，我能感覺到他深深的崇敬之情，比我從基督徒所感受到的，要神聖得多。我由此看出，今天的非基督徒比基督徒更容易進入天堂，正如主的話說："從東、從西、從南、從北，將有人來，在神的國裏坐席。只是有在後的將要在前，有在前的將要在後。"（路加福音 13:29-30）

他處在這樣的狀態，自能吸收一切信之理，而且是以深切的心來接受。他有著憐憫的心腸，無知中帶著天真。有這樣的秉性，一切信之真理，能被其自然而然地、歡喜快樂地接收。此後，該非基督徒被接入了天使當中。

325. 一日清晨，我聽到從遠處傳來和聲。從他們的模樣，我判斷是中國人，因爲我看見山羊、小米糕、烏木勺和一座浮城的像。他們渴望走近我，走近以後，他們說想和我私下交談。但是他們被告知，我們無法單獨相處，這對別人是一種冒犯，因爲他們只是客人。當他們發覺自己有所冒犯，將他人之物當作己有時（在靈性世界，人的思想是相通的），心緒隨即變了。我感覺到他們心中的不安，他們唯恐自己冒犯了鄰人，慚愧之心油然而生，此外還夾雜著誠實人的其它情感特徵。其愛的心腸，由此可見一斑。

此後不久，我與他們交談，最後提到了耶穌。當我稱主爲"基督"時，我感覺到一種抵觸的情緒。原來，他們在世的時候，發現基督徒過著敗壞的生活，缺乏愛的心腸，還不如他們。後來，當我稱耶穌爲"主"時，他們却深受感動。之後，天使告訴他們，其實基督教比任何宗教更要求愛，只可惜照此而行的人並不多。

一些非基督徒生前曾聽說基督徒過著腐敗的生活——奸淫、仇恨、爭吵、酗酒，等等，這讓他們震驚，因爲這些惡行皆與其信仰相悖。正因如此，他們對是否接受信之真理，猶豫不决。天使告訴他們，基督教的教義和信仰，其實十分高尚，只可惜基督徒不如非基督徒那樣遵行自己的信仰。當他們瞭解了這一點，就欣然接受信之真理，尊主爲聖。不過這需要一定的時間。

326. 通常，非基督徒生前若敬拜神像或雕像、偶像，以之爲神明，當他進入靈界以後，將被帶到扮演其所拜之神明的人面前，好說明他們擺脫錯誤的觀念。與之相處數日以後，就被帶走。

他們若崇拜某個特定的人，就被帶到他或扮演他的人面前。比如，很多猶太人被帶到亞伯拉罕、雅各、摩西或大衛的面前，等其發現他們也只是凡人，並不能給予特別的恩典時，他們感到十分窘迫，然後被帶到與其生命一致的地方。

在天堂的非基督徒當中，屬非洲人最爲可愛，因爲他們最樂於接受天堂的良善與真理。他們特別喜歡被稱爲"順服的"，而非"虔信的"。他們說基督徒可稱爲"虔信的"，因爲他們有一套關於信的教義，不過他們必須接受該教義，或如非洲人所說，能接受該教義才行。

327. 我也曾與古教會的一些人交談——所謂"古教會"，係指洪水以後盛行於許多國家的宗教文化體系，包括亞述、米所波大米、叙利亞、埃塞俄比亞、阿爾巴尼亞、利比亞、埃及、非利士，直至推羅、西頓，也包括約旦河兩岸的迦南。當時的人知道那將要來的主，也吸取信仰的良善品質。但是他們終究墜落了，成了偶像崇拜者。他們住在前方左側一個黑暗的地域，情況並不樂觀。他們發出尖利、單調的聲音，幾無理性的思維。他們自稱在那裏已有千百年了，有時被放出，以進行某種卑微的服務。

這讓我反思許多基督徒的景況，雖然他們並不敬拜偶像，心裏却是偶像崇拜者，因為他們崇拜自己和世界，從心裏否認主。到了靈界，等候他們的結局將是如此。

328. 前面已經解釋（308 節），主的教會是普世的，凡照自己的信仰過愛生活的人，都是其中的一員。擁有聖言、認識主的教會，相對該教會外的人，好比一個人的心與肺，給整個身體的組織器官，按照各自的形狀、位置、關係，帶來生氣。

第三十七章、天堂中的孩童

329. 一些人認爲，唯有教會出身的孩子才能上天堂，教外出身者不能，因爲教會出身的孩子受過洗，藉洗禮萌生了教會的信仰。他們未曾意識到，沒有人是憑洗禮上天堂或萌生信心。洗禮只是人當重生的一個記號和提醒。教會出身的人能夠重生，在於教會擁有聖言，而聖言蘊含著，使重生成爲可能的神性真理。主是重生之源，而教會正是主被認識的地方。

但願人們知道，每一個夭折的孩子，不論出身教內還是教外，也不論其父母是否虔誠，死後皆爲主所接收，在天堂被撫養長大，依照神性之秩序受教，以致心中充滿對良善的渴望，並由此獲得對真理的領悟，在聰明和智慧上不斷完善，然後被引入天堂，成爲天使。

憑理智思考的人不難看出，沒有人是爲地獄而生。相反，每個人都是爲天堂而生。我們若到了地獄，錯在自己，但孩子還不能承擔任何責任。

330. 夭折的孩子，到了靈性世界依然是孩子，有孩子般的頭腦、孩子般的天真、孩子般的嬌嫩，成長爲天使的過程才剛剛開始。因爲孩子還不是天使，只是將成長爲天使。事實上，每個離世的人，首先會處於與生前相同的生命狀態，嬰兒是嬰兒的狀態，兒童是兒童的狀態，青年、成年、老年也是如此。不過，這狀態終究會發生變化。孩子的狀態較爲樂觀，因爲他們天真無邪，又未因實際作惡而使惡扎根於心。天真無邪的性情，是天堂種子生長的土壤，因爲它是承受信之真理與愛之良善的載體。

331. 進入靈性世界的孩子，其條件要遠勝物質世界中的孩子，因爲他們沒有物質的身體，而是天使那樣的身體。物質之身生來是沉重的，其主要的知覺和反應都來自外部物質世界，而非內在靈性世界。所以物質世界中的孩子，得通過練習來學會走路、說話、行事，甚至視覺、聽覺等官能，也是在運用的過程中發展起來的。進入靈性世界的孩子却不同，因爲他們是靈，其行爲直接受內在秉性所驅使，無需練習，他們就能行走甚至說話，儘管一開始只是籠統的情感流露，尚未細化爲思想觀念。但是他們很快就能進入狀態，因爲他們的內在與外在，是協調一致的。天使的語言也是從情感流出，經思想觀念而呈現種種不同的形式，所以他們的語言與情感所生的思想是完全一致的（參 234-245 節）。

332. 孩子一蘇醒（死後隨即發生），就被帶到天堂，交給在世時既疼愛孩子也敬愛神的女性天使。他們在世時曾以溫柔的母愛，疼愛一切孩子，故將這些新來者視爲己出。孩子也回以愛，將其視爲生母，彷彿這是本能。這樣的天使，照其母性所願，可撫養足够多的孩子。

該天堂可見於額頭的前方部位，剛好在天使瞻視主的視線上。其位置如此，乃因孩子處於主的直接眷顧之下。流入他們的是天真之天，亦即第三層天。

333. 孩子的秉性各不相同，有的是屬靈之天使的秉性，有的是屬天之天使的秉性。前者顯於天堂的右側，後者則在左側。在諸天堂這一"巨人"上，所有孩子都位在眼睛的部位，其中有屬靈秉性的孩子在左眼，有屬天秉性的孩子在右眼。因爲對屬靈國度的天使而言，主顯於其左眼前，而對屬天國度的天使而言，主顯於其右眼前（參118節）。在天堂這一宇宙"巨人"身上，孩子處在眼睛的部位，說明他們是在主的直接照看和眷顧之下。

334. 下面我簡單解釋一下，孩子是如何在天堂成長的。首先他們從保姆學習說話，最初的發聲只是情感的流露，此後隨著思想觀念的形成，語言逐漸變得清晰明確，因爲天使的語言，完全由情感所生的觀念所構成（參234-245節）。

首先注入其出於天真之情感的，是他的眼睛特別喜歡觀看的。這些既然出於靈性世界，天堂的影響自然就流入其心，開啓其心。由此，他們日趨完善。第一個階段完成以後，他們就被帶到另一個天堂，從老師受教。

335. 孩子主要通過適合其秉性的意象受教，這些意象引人入勝，充滿智慧。通過這種方式，他們逐漸被灌以本乎良善的智慧。在此我舉兩個親眼目睹的實例，以作說明。

首先，主被表現爲從墳墓裏復活，其人性與神性合而爲一。畫面以十分智慧的方式呈現，完全超越人間的智慧，同時又不失孩子的天真。墳墓的概念被表現出來，主在其中，但表現得相當隱晦，以致人難以想到是主，彷彿他在遠處。墳墓既意味著死亡，他們便以此方式來消除死亡的意味。之後，有朦朧的水氣狀的東西進入墳墓，代表洗禮所象徵的靈性的生命，這同樣通過適當的距離來表現。

然後我看到主被表現爲下到監牢，將其中的俘虜帶入天堂，該畫面以十分莊重、敬畏的方式呈現出來。讓孩子容易理解的是，有小小的繩索垂下來，幾不可見，柔軟纖細，支撐著主升天。整個過程充滿令人敬畏的氣氛，以免流爲屬靈、屬天之外的事物。

還有其它吸引孩子的表現形式，比如適合孩子心智的戲劇。通過這些戲劇，他們被引導而領悟真理，熱愛良善。

336. 我還被指示孩子的領悟是何等微妙。我誦讀主禱文的時候，他們的領悟流入我的思想。我注意到他們的流入非常微妙柔和，幾乎只是一種感受。同時，我注意到他們的領悟已向主敞開，因爲出於他們的，彷彿是從主流經他們。事實上，主流入孩子的思想，主要是通過他們的至內在部分，因爲那裏沒有像成人那樣被封閉，沒有錯謬的原則，來阻礙對真理的領悟，沒有邪惡的生活，來攔阻對良善、因而對智慧的感受。

綜上所述，孩子死後並非立刻成爲天使，而是通過覺悟良善與真理，照天堂的順序，逐漸成爲天使。因爲主瞭解他們的秉性，無微不至，也就照其細微的傾向和衝動，引導他們去接受善之真和真之善。

337. 我還被指示，這一切是如何通過適合孩子秉性且快樂迷人的方式來灌入的。我曾見孩子們穿著美麗的服裝，胸間和稚嫩的手臂上戴著花環，發出迷人的光芒。某次我還看見孩子們與各自的保姆並一群婦人在一座花園裏，貌似月桂的圓拱構成複雜的門廊，有小徑通往園中。孩子們穿戴得十分漂亮，當他們進入花園的時候，入口處的花叢，發出至爲快樂的光芒。我由此看出孩子們，擁有怎樣的快樂，又是如何藉著快樂迷人的事物，而被引入天真與愛的福份中的。通過這些快樂迷人的禮物，主不斷賜予他們祝福。

338. 通過靈性世界相通的交流方式，我被指示孩子在看到各樣事物時，會產生怎樣的觀念。在他們眼中，萬物似乎都是有生命的。所以，在他們思想觀念的細微處，皆有內在的生命。我由此推斷，人間的孩子在玩耍時，也有同樣的觀念，因爲他們尚不具備成人才有的，對無生命之物的反思能力。

339. 我上面說過，孩子或有屬天的秉性，或有屬靈的秉性，兩者很容易分辨：前者在思想、言語、舉止上更溫柔，給人的感受幾乎全是對良善、對主、對其他小朋友的愛；後者在思想、言語、舉止上要粗獷一些，時常顯出某種類似拍打翅膀的模樣。另外，從他們所生起煩惱也能看出兩者的差別。

340. 很多人以爲天堂的孩子，將保持孩子的模樣，始終以孩子的姿態生活在天使當中。不知何爲天使的人，可能因教堂隨處可見的壁畫而堅固這種看法；在壁畫中，天使正是孩子的模樣。然而事實迥非如此。構成天使的乃是聰明和智慧，而孩子尚不具備這些品質。

孩子雖與天使同在，本身却還不是天使。唯有獲得聰明智慧，他們才成爲天使。而且令人稱奇的是，那時他們不再像孩子，而像成人，因爲他們不再是孩子的品性，而是成熟的天使的品性。這與聰明和智慧是同步進行的。

孩子在吸收聰明智慧的過程中，逐漸變得成熟，因爲聰明和智慧正是靈性的營養。滋養他們靈性的，也滋養他們的身體。這是出於對應，因爲身體的形狀，無非是內在秉性的外在顯現。

需要瞭解的是，天堂的孩子不會超過壯年，而將永葆青春年華。爲讓我確信這一點，我被允許與一些曾經夭折並已經在天堂長大的人交談，也與一些還是孩子、之後長成青年的人交談，我從他們聽說了從一個階段到另一個階段的生命歷程。

341. 從前面對於天使之天真（參 276-283 節）的描述，可知天真是容納一切天堂事物的載體，孩子的天真因而是承受一切對善與真之情感的載體。前面也已解釋，天真即是樂意被主引導，而非自我引導。所以，我們越處於天真的狀態，越是遠離自我形象的成見。當我們脫離自我形象的成見，也就獲得主所賜的身份。

但是孩子的天真不是真正的天真，因爲尚缺乏智慧。真正的天真是智慧，因爲人若有智慧，就樂意被主引導，或者說，人若樂意被主引導，就是有智慧。

所以，孩子從最初的表面的天真，即所謂的孩子般的天真，被引向內在的天真，即智慧的天真。孩子受教的整個過程，都是爲著這個目的。當他們達到天真的智慧，此前在過渡期作爲載體之孩子的天真，也就與之合一。

孩子的天真，其性情被表現爲某種無生氣的木質的東西，隨著孩子發現真理、感受良善、被帶向完全而獲得生機。此後，真正的天真被表現爲一個十分美麗、赤身、活潑的小孩。住在內層天的真正天真的天使，在其他天使看來就像小孩，有的還是赤身的。聖言在講述始祖在伊甸園時，正是將天真描寫爲"赤身露體，不覺羞恥"（創世記 2:25）。當他們喪失天真以後，就爲赤身露體感到羞恥而躲藏起來了（創世記 3:7, 10, 11）。

簡而言之，越智慧的天使越天真，越天真的天使越看似孩子。正因如此，在聖言中，孩子代表天真（參 278 節）。

342. 我曾與天使談論天堂的孩子，想瞭解他們能否免於惡的束縛，畢竟他們與成人不同，沒有實際作惡。我被告知，他們同樣沾染惡，甚至全然是惡，只是主將他們保守在良善當中，使其脫離惡行，和其他天使一樣，以致在他們眼中，彷彿是憑自己恪守良善。爲避免他們在天堂長大以後對自己抱有錯誤的領悟，以爲良善是出於自己，而非出於主，主不時讓他們回到自己的遺傳之惡中，直到他們瞭解、承認、信服事實眞相。

有一個在世夭折，後在天堂長大的孩子，他曾是王子，對自己就抱有這種領悟。主讓他回到自己的遺傳之惡當中。從他生命所透出的氣息，我看出他有一種主宰他人的慾望，而且視淫亂爲無關緊要之事。這些都是他從父母所稟承的遺傳之惡。等他認清了自己的秉性，又被接入之前所在的天使群當中。

在靈性世界，沒有人會因稟承的遺傳之惡受到懲罰，因爲這原不屬於我們，不是我們的錯。只有自己在實際生活中所行的惡，才歸咎於我們，並要因此受到懲罰。

讓長大的孩子回到遺傳之惡的狀態中，不是要懲罰他們，而是要他們認清自己全然是惡的秉性。他們生下來從地獄被帶到天堂，是出於主的憐憫。他們進入天堂，不是自己配得，而是主的恩典。這就避免他們因行善而自視過高，目中無人。這有悖於信仰眞理，也就與彼此相愛的祝福背道而馳。

343. 有好幾次，我與一群唱詩班的孩子在一起。他們還不會說話，只發出一種嬌嫩的、不成形的聲音，尚不能像成人那樣完美地和聲。有趣的是，與我同在的靈情不自禁地想逗他們說話，這是他們的秉性。我注意到，孩子們每次都表示抗拒，不願那樣說話。我每每感覺到孩子們遲疑、反感、抵觸的情緒。有一次他們當真說了話，却只是說"不是那樣的"。我被告知，這是對孩子的一種試驗，使他們習慣於抵制邪惡和謬誤，在思想、言語、行爲上不盲從，單單接受主的引導。

344. 由此可知天堂的孩子是如何被養育成人的。通過領會眞理，覺悟良善，他們被引入天使般的生活，該生活由愛主及彼此相愛構成，有天真在其中。

讓我舉一個例子來說明，世上的孩子在很多情況下是如何被撫養成人的。在一座大城市的街道上，我看到一群男孩在打架。周圍聚集了不少人，正饒有興致的圍觀。我被告知，孩子的父母也在其中，正給自己的孩子加油打氣。透過我雙眼看到這情景的善靈和天使不忍直觀。我感覺到他們的震驚，特別是孩子的父母，竟鼓勵他們的行爲。他們說這樣做，將在孩子年幼時，即扼殺從主所受彼此相愛、天真無邪的性情，把他們引入仇恨和報復的泥淖中。因自己有意識的行爲，將孩子關在天堂的門外，因爲天堂是彼此相愛的地方。願每位眞爲自己兒女著想的父母，都引以爲戒。

345. 我還要解釋一下，在幼年去世的人與在成年去世的人，有何不同。在成年去世的人攜帶著一種，取自物質和肉體世界的"平台"，這一"平台"就是他們的肉體物質情感。它相對固定，趨於沉寂，但它在成年人去世後，依然作爲最外在的"平台"作用於人的思想，因爲思維會流向這個"平台"。所以，該"平台"的性質如何，理性活動對該"平台"中的事物所作的反應也將如何，人死後的狀態也將如何。

在幼年去世、在天堂長大的人却沒有這種"平台"，而是另一種靈性"平台"，因爲他們沒有攜帶任何取自人間和肉體的東西。這意味著他們不會陷入粗鄙的情感和思想。事實上，他們所有的一切都來自天堂。

此外，在天堂長大的孩子，並不知他們曾生於人間，却以爲是生於天堂。這意味著他們只知靈性的誕生——通過覺悟良善和真理，獲得聰明和智慧，得以成爲眞正的人。這些既出於主，他們便相信自己是屬於主，也樂得如此。

但不管怎樣，在人間長大的人，其狀態也能像在天堂長大的孩子那樣完美，只要他們捨棄己慾和物慾，以屬靈的愛與義取而代之。

第三十八章、天堂內的智者與愚者

346. 人或以爲，在天堂，智慧人將比愚昧人獲得更大的榮耀和名望，因爲經上說："聰明人必發光，如同天上的光；那使多人歸義的，必發光如星，直到永永遠遠。"（但以理書 12:3）只是真正瞭解"聰明人"和"使多人歸義的"所指含義的並不多。一般認爲，他們指的是有知識的學者，特別是在教會施行教化，在教義和講道上最杰出的人，若曾引多人皈依信仰，則更勝一籌。此等人在世間，被視爲"聰明人"。但是在天堂，他們算不得聰明人，除非其聰明是下面將要描述的，屬天的聰明。

347. 屬天的聰明是內在的聰明，出自對真理的熱愛——非爲了在人間或天堂獲得稱讚，而單是爲真理本身，因真理而深爲感動而快樂。爲真理所感動而快樂者，是被天堂之光而感動、而快樂，也是爲神聖之理而感動、而快樂，究其實，乃是爲主而感動、而快樂，因爲天堂之光是神聖真理，神聖真理就是在天堂的主（參 126-140 節）。

這光只進入靈性，因爲靈性是爲接受光而成形的。這光一進入，就給人以感動、快樂，因爲凡從天堂流注而有被人所接受的，都有歡喜快樂在其中。對真理的熱愛之情，即源於此。熱愛真理者，得享屬天的聰明，閃耀如天上的光。因爲神聖真理，無論顯於天堂何處，都發出榮光（參 132 節）。出於對應法則，天上的穹蒼，指向處於天堂之光的天使，和世人的內在聰明。

但是，爲要得人間或天堂稱讚而熱愛真理的人，不可能在天堂發光，因爲他們不能被天堂之光感動，只能被人間之光所感動而快樂。離了天堂之光，人間之光是濃重的黑暗。他們想得稱讚，其實反被稱讚所控制，因爲此乃他們的目的使然。以得稱讚爲目的，就是以自我爲中心，真理只不是其得稱讚的手段罷了，好像其奴隸一樣。因爲人若爲得稱讚，而熱愛神的真理，就是以自己爲中心，不是以主爲中心。這使人將其理解爲，其信心的視野從天堂轉向人間，從主轉向自己。如此，他便處於人間之光，而非天堂之光。

表面看來，相比那些處於天堂之光者，他們一樣享有聰明智慧，因爲他們以同樣的方式談論，有時甚至顯得更有智慧，因爲他們爲己慾所激動，已學會僞裝天堂之情。可在內心裏，照天使所見，他們迴非如此。

由此，我們可在一定程度上推斷"智慧人必發光，如同天上的光"

所指爲何。下面需要解釋的是"那使多人歸義的，必發光如星"所指爲何。

348. "那使多人歸義的"指智慧人。在天堂，專注於良善者被稱爲"智慧人"。所謂專注於良善，就是將神性真理，直接踐行於生活，因爲當神性真理成爲生活實際，就成爲良善。此時，它才進入人的意志或情感；凡屬意志或情感的，都被稱爲善。此等人被稱爲"智慧人"，因爲智慧關乎生活。相比之下，不將神性的真理直接踐行於生活，而是先存入記憶，然後取出用於生活，此等人被稱爲"聰明人"。在天堂，對於兩者的特質和差別，前面在描述天堂的兩個國度，屬靈國度和屬天國度（參 20-28 節），及天堂的三個層次（參 29-40 節）時，已作過說明。

住在屬天國度的人，特別是住在第三層天（內層天）的人，被稱爲"義人"，因爲他們不將公義歸於自己，而盡歸於主。在天堂，主的公義即出於主的善。所以，"那使多人歸義的"指的就是他們。當主說"義人在他們父的國裏要發出光來，像太陽一樣"（馬太福音 13:43）之時，指的也是他們。"要發出光，像太陽一樣"，因爲他們專注於對主之愛，而"太陽"正是指這種愛（參 116-125 節）。再者，他們所處的光是燦爛的，其思想也顯出燦爛的光彩，因爲他們直接從顯爲天堂太陽的主那裏，接受愛之善。

349. 凡在人間獲得聰明智慧的人，皆照其聰明和智慧的質與量，被接入天堂，成爲天使。凡人在人間所獲得的，皆將與之偕行，被帶入死後的世界，在那增長充實，但在人熱愛良善和真理的層次之內，非超越該層次之外。熱愛之情若小，所得便少，但也能照其層次得到足夠多；熱愛之情若強，所得便多。熱愛之情的實際層次，好比滿至邊緣的度量。誰的度量大，所得就大；誰的度量小，所得就少。因爲情感屬於愛的範疇，愛接受一切與之相合者，愛的度量決定了得的度量。主說："凡有的，還要加給他，叫他有餘"（馬太福音 13:12; 25:29），"連搖帶按，上尖下流地倒在你們懷裏"（路加福音 6:38），即是此義。

350. 凡爲真理與良善本身而熱愛真理與良善的人，皆爲天堂所接收。其中熱愛程度更甚者被稱爲智者，程度弱的被稱爲愚者。在天堂，智者住於強光中，愚者住於弱光中，皆根據其熱愛良善與真理的程度。

所謂爲真理與良善本身而熱愛真理與良善，乃是立志並奉行之，因爲立志並奉行者才是愛者，知而不行非愛者。前者愛主，也爲主所愛，因爲良善與真理皆出於主。既出於主，主便在兩者之中，即在良善與真理之中。所以,凡通過立志並奉行,而將良善與真理用於生活者,皆有主與之同在。

究其實,人無非是各自的良善與真理,因爲良善關乎意志,真理關乎領悟,良善與真理的特質,決定了我們作爲人的特質。由此可見,人的意志和領悟,若分別由良善與真理構成,也就爲主所愛。爲主所愛也是對主的愛,因爲愛是相互的。主使被愛者也有能力去愛。

351. 在這世上,學問淵博者,不管是精通教會和聖言的教義,還是擅長藝術科學,常被認爲對真理,有更深刻敏銳的見解,因而更具聰明智慧。他們也自認如此。下面有必要解釋,何爲真的聰明智慧,何爲虛的聰明智慧,何爲假的聰明智慧。

真的聰明智慧,乃是看見、覺察何爲真理與良善,並以此爲基礎,看見錯謬與邪惡,以內在的洞見和透析如兩刃的利劍,將兩者準確區分。人皆有內在和外在的層次,內在即其靈性,外在即其身體。內與外結合的方式,決定了人看見和洞察的方式。人的內在素質只能成形於天堂,而外在層次却成形於人間。當內在素質已成形於天堂,就流入成形於人間的外在層次,使兩者相應,從而協作如一。此時,人就獲得從內看見、洞察的能力。

使內層成形的唯一途徑,是專注於神和天堂,因爲正如前面所說,內層只能成形於天堂。所謂專注於神,就是信神,相信祂爲一切真理與良善之源,爲一切聰明與智慧之源。所謂信神,就是樂意被神引導。唯有如此,人的內層才能開啓。

人若專注於信,照此信生活,就獲得領悟並成爲智者的能力。爲獲得聰明智慧,除詳細瞭解天堂之事,多多學習世間之事,也是合宜的。關於天堂之事,人可從聖言和教會得之;關於世間之事,人可從科學和藝術得之。人將所得用於生活,就成爲聰明人、智慧人,因爲在此條件下,人內在的見解,即悟見,和內在的情感,即意情,兩者都得以完善。

在此等人中,愚者乃是內層已得開啓,但他們却未在靈性、道德、社會、人間之真理層面上,得著進一步的開發。他們一聽到真理,就能覺察,但却不能從內看見真理。相比之下,智者的內層不但得到了開啓,也得到了開發。他們既能覺察,也能從內看見。由此可知何爲真的聰明智慧。

352. 虛的聰明智慧,指不能從內看見、覺察真理與良善,也因此不能看見、覺察謬誤與真理。此等人,僅憑他人的斷定而相信何爲真理,何爲良善,何爲錯謬,何爲邪惡。他們既不能以真理爲根基去看見真理，唯仰賴他人的權威，也就可能執假為真，不僅信之，還將其合理化，使其看似為真。凡被合理化的，皆看似為真，而且沒有什麼不能被合理化。他們的內層只朝下開放，外層則開放至固執己見的程度。所以，他們所看見的不是天堂之光，而是物質之光，亦即所謂的"自然光"。在此光下，錯謬可顯耀如真理，甚至一旦被信服，竟榮光煥發。在天堂之光中，卻不是這樣。

在此等人中，聰明智慧較低的，是那些以大量己見來循環論證的人；聰明智慧較高的，是自行論證相對較少的人。由此可知，何為虛的聰明智慧。

但是該類型的人，不包括那些類似孩子信老師所教為真的人們，倘若他們長大以後，能獨立思考，不被所教觀點所束縛，而是擁有對真理的渴慕，因而上下求索，直至尋見而歡喜。因為他們乃是為了真理本身的緣故，而被真理感動，因而能在自行論證之前，就能明白真理。

舉例說明：一些靈曾談論，為什麼動物生來即具有某種本能，而人卻不然。他們被告知，這是因為動物只會完全適應其生命所定規的次序，而人則不然。所以，人需要藉著學習內在和外在的知識，而回歸次序。人若生來即合乎其生命的次序——愛神過於一切，並愛鄰舍如己，必能生下來就有聰明和智慧，並隨著知識的獲得，就能相信一切真理。善靈憑著真理之光，當時就能明白並感知到確實如此；而那些堅持高舉信，而將愛與義擱置一邊的靈，則無法領受，因為他們用所確證的錯謬之光，模糊了真理之光。

353. 假的聰明智慧，指擁有所有的聰明和智慧，但唯獨不承認神。事實上，凡不承認神、以自然代替神的人，皆在肉體的層面思考問題。不論其在世間被認為多有學問，他們都是純感官主義者。他們的知識不能超越眼前的事物，這些事物被他們存於記憶，完全作為物質來觀察。真正聰明的人，卻將同樣的學問，作為達成悟性的途徑。所謂學問，我們指諸如物理學、天文學、化學、機械學、幾何學、解剖學、心理學、哲學、政治歷史學、文學、批判學、語言學等實驗性的知識。

神職人員也有否認神的，他們的思想不能超越感官的印象，故將聖言的內容視為普通的知識，不能以開明的頭腦來思考之，查考之。因為他們的內層已經閉合，緊接內層的較外層也已閉合，其根源在於他們背對天堂，扭曲了原本可看見天堂的本能，如前面所說，就是人的靈性。所以，他們不能看見真理與良善，對他們來說，這一切皆在黑暗之中，錯謬和邪惡反在光明之中。

不過,感官主義者也能作邏輯思考,有的甚至比常人更有技巧,更有深度。但是,他們所仰仗的,只不過是自己的學問所支撐的感官幻相。憑著這種邏輯思考的能力,他們自認爲比別人更有智慧。激發他們作邏輯思考的火,是己慾和物慾之火。主說:"他們看也看不見,聽也聽不見,也不明白"(馬太福音 13:13-15),"你將這些事向聰明智慧人就藏起來,向嬰孩就顯出來"(馬太福音 11:25-26),指的正是這些擁有假的聰明智慧的人。

354. 我曾與許多已經離世的學者交談,有的憑其著作在學術界享有盛名。我也曾與一些名不見經傳,心裏却藏著大智慧的人交談。

凡從心裏否認神的人,不論他是否公開宣稱信神,皆已變得愚痴透頂,幾乎不能明白任何社會性的真理,更別說靈性的真理了。我覺察出,也看出,他們的靈性已完全閉合,以致顯爲一片黑暗,這在靈性世界將顯而易見。這意味著,他們不能承受一絲天堂之光,哪怕一絲天堂之流也進不去。他們裏面包裹其靈性的黑暗,比因世俗的學問而否認神的人,更深更廣。

在靈性世界,此等人歡然接受一切錯謬,像海綿吸水一樣,加以吸收;但對真理呢,這些人反倒像一塊賦有延展性的硬骨頭,彈開一切砸向它的落物那樣,却加以排斥。我被告之,凡推崇自然、反對神的人,其靈性著實變得如蹦蹦球一般,從頭腦到鼻孔,都僵化如烏木。這標志著他們已完全喪失悟性。

此等人陷入如泥沼一般的絕境,被謬誤所顯的幻相苦苦纏磨。對榮耀名聲的貪求,乃是他們的"地獄之火",使得他們彼此咒罵,以地獄般的熱火,折磨凡不將其奉若神明的人,以致彼此輪流虐待。

世上的學問,若不能通過認識神而接受天堂之光,都要變得如此。

355. 這些人死後將要變得如此,單從以下事實可以知曉:那時,屬肉體的記憶和直接聯於肉體感官的一切,如上文所列舉的學問,都將歸於沉寂,留下的只有理性思考的能力,作爲思想和談論的基礎。事實上,人將隨身攜帶他整個屬肉體的記憶,但是其內容不能像生前那樣,進入他的視野和思維。人不能從中檢索,將其提入靈界之光,因爲它不屬那光。但是,他生前通過藝術、科學所取得的理性思考能力,的確能與靈界之光相對應。所以,人在塵世若通過知識和學問,成了理性思想者,他離開肉身以後,也將是理性思想者。因爲那時我們是靈體,而在肉體內思想的,正是我們的靈。

356. 藉著知識和學問獲得聰明智慧的人,也就是將知識學問用於生活,也承認神,熱愛聖言,同時過屬靈、屬道德之生活的人,情況就不同了。對他們來說，學問是獲取智慧、佐證信仰的途徑。我覺察出，也看出，他們的靈性是光明透亮的，呈現出亮麗的色彩，或火紅，或天藍，如晶瑩剔透的鑽石，或如紅寶石、藍寶石，這與他們在學問中認識神、證實神聖真理是相對應的。當真的聰明智慧在靈界顯而易見時，形相即是如此。此相產生於天堂之光，亦即主所發的神聖真理，是一切聰明智慧的本源（參 126-133 節）。

天堂之光臨照，使之透現出種種色彩的載體，正是人的靈性。這種種色彩，生自在人間的學問中人所能找到的對神性真理的信服。事實上，人的靈性進入其屬肉體的記憶，用天堂之愛的火，熬煉其對神性真理的認同，將其取出，進行進一步提煉，直至成為靈性的觀念。尚在肉身時，人未曾意識到這一進程，因為在此狀態下，人雖然既作靈性的思考，也作物質的思考，卻僅僅意識到物質的思維，未曾意識到靈性的思維。等進入靈性世界，人將對物質的思維失去意識，僅僅注意到靈性的思維。這樣，人的狀態就改變了。

由此可見，人可藉知識和學問成為屬靈人，成為智者，但只有同時在信心和生活上承認神的人，才能做到。此等人可先於他人進入天堂，並與住在中央部位的天使同住（參 43 節），因為他們享受更多的光明，優於他人。在天堂，他們正是像天堂中，發光如日頭的聰明人，和發光如星的智慧人。愚者則是承認神，熱愛聖言，曾過屬靈屬並有道德的生活，但靈性未曾通過知識和學問而獲得開發的人。人的靈性就像一塊土壤，其品質取決於人耕種的方式。

第三十九章、天堂內的富人與窮人

357. 關於誰能進天堂，可謂衆說紛紜。有的認爲窮人可進天堂，富人不能；有的認爲人不論貧富，皆可進天堂；有的認爲富人必須放棄財產，成爲窮人，才能進天堂。個個皆引聖言爲證，不一而足。對於能否上天堂，他們以貧富分別論高低，此乃無非不解聖言的表現。聖言之核心是屬靈性的，其文字是屬世的。人若只取聖言的字義，不取聖言的靈義，必要產生種種誤解，在貧富的問題上尤其如此。他們認爲富人難進天堂，如駱駝難過針孔；而窮人則容易上天堂，因爲經上說："你們貧窮的人有福了，因爲神的國是你們的！"（路加福音 6:20-21）

對聖言的靈義有所瞭解的人，却作不同的思考。他們知道，凡過信與愛之生活的人，不論貧窮富有，皆於天堂有份。後面我們會解釋"富人"與"窮人"在聖言中各爲何義。

通過與天使的諸多談話和交往，我能肯定：富人進天堂和窮人一樣容易——沒有人僅僅因富有而被拒絕上天堂；也沒有人僅僅因貧窮就被接入天堂。天堂既有富人，也有窮人，而且很多富人享受比窮人更大的尊榮和快樂。

358. 首先，我們當知道，人完全可以獲取財富，積累資產，只要不是來自詐騙或作惡。人完全可以飲食講究，只要不將生命耗費於吃和穿。人完全可以住與其地位相稱的大宅，也完全可以聊天娛樂，談論世事。人根本沒必要擺出哀傷的面孔，聳拉著腦袋，以示虔誠。人們大可以快快樂樂地生活，除非心有感動，不必非向窮人施捨不可。簡而言之，我們完全可以像世人一樣生活，這並不妨礙我們上天堂，只要保持對神的正見，待人以真誠、正直即可。人的品性實際上由其情感和思想決定，或說由其愛與信決定。人外在的言行由此兩者產生，因爲行爲就是意志的行使，言語就是思想的發揮。經上所說的，人將照各自的行爲受審判、得賞賜，意思是人將照產生其行爲，或賦予其行爲的內在情感與思想受審判、得賞賜。因爲行爲若離了情感與思想，便毫無意義，其品質完全由此內在的兩者決定。由此可見，人的外在其實一無所成，產生外在的乃是人的內在。

例如，有人僅僅因懼怕法律、害怕喪失名利地位而待人以誠，不行欺騙。但是，若無外在的顧忌將其約束，他必盡其所能去行騙。其思想和意志中含有欺騙，儘管其行爲看似真誠。既有欺騙在內，就有地獄在內。相反，人若待人以誠，不行欺騙，乃因這違背神，冒犯他人，那麼即使他有機會行騙，也不願意行騙。其思想和意志就是他的良心，而天堂在其心內居住。這兩種行為表面看起來相似，實則迥異。

359. 人表面的行為可以相似，只要心裏承認神，願意服務於人，我們大可成為富者，衣食住行樣樣講究，使之與身份職業相稱，也大可以享受快樂，為職業、事業、身心健全的緣故，參與世間事務。由此可見，行天堂之路，並不像許多人想像的那麼難。唯一的困難在於，尋找抵擋己慾物慾（愛自己和愛世界）的能力，防止此二慾得勢，因為二者是一切邪惡的根源。主說："我心裏柔和謙卑，你們當負我的軛，學我的樣式，這樣，你們心裏就必得享安息。因為我的軛是容易的，我的擔子是輕省的。"（馬太福音 11:29-30）即表示行天堂之路，並不像人們想像的那麼難。主的軛是容易的，祂的擔子是輕省的，因為我們若抵擋從己慾和物慾所湧出的罪惡，就為主所引導，非為己所引導。那時，主就在我們心裏，抵擋並除去一切惡。

360. 我曾與一些死後的人交談，他們生前曾逃離世界，過著與世隔絕的生活，希望通過抽身出世俗，而專注於冥想，以為可打通天堂的路。但在靈性這方面，他們却顯得甚為憂鬱。他們躲避與之性情不同的人，抱怨自己沒獲得比別人更大的快樂。他們認為自己配得天堂，對別人却漠不關心，更逃避那些本可以幫助他們的責任，即幫助他們達成與天的合一，並與人的為善。他們比別人都更嚮往天堂，可是當他們被帶到天使當中的時候，却攪動他們以致不安，干擾天使的快樂。於是他們被分開，分開以後，他們去到荒涼之地，過著與生前一樣的生活。

人只有在世間，才能為天堂做好準備，因為人的情感，其終極表現是在世間。情感若不在與人交往中自我表現，或注入行動，就要窒息，直至不關心鄰人，只關心自己。由此可見，與人為善的生活，在一切舉動和責任中，憑行出來的公平和正直，將人引向天堂，此乃缺乏愛的敬虔所不能為之。這意味著愛的行為，及其帶來的利益，只有在日常生活中才能產生，逃避日常生活則不然。

讓我用實際經歷來作說明。很多在世時曾忙於生意而變得富有者，如今在天堂。但是，有地位並通過地位而變得富足的，進入天堂的則不如前者多。因為後者在執行公平公義的過程中，所獲得的利益、地位，將他們誘入己慾和物慾之中，使其情感與思想脫離天堂，轉向自己。因為人若陷入己慾物慾之中，專注於自己和世界，便與神疏遠，背離了天堂。

361. 富人在天堂的情況大致如下。他們比常人更享有尊榮，有的住在宮殿，其中的一切皆如金銀閃光。他們擁有所需的一切，以建設實用的生活。但他們的心並不專注於此，而僅僅專注於有用的行為。金銀對其而言只是一個影子，有用的生活才為其清晰所見。因為在世時他們樂於做有用之人，金銀只是其發揮作用的工具。在天堂發光的正是"用"，有用之善如金，有用之理如銀。他們在世時為用的品質，決定了他們在天堂的財富、快樂、幸福。

良善、有用的行為包括為自己並家人提供生活所需，為國家、人民謀求豐富的資源。在利益他人的事業上，富人比窮人的作為要寬廣得多。這些行為有益，也在於它們能使人心脫離懶散。懶散的生活是有害的，因為在這種生活中，人的思想更容易落入與生俱來的惡性當中。

這些有用的行為，若有神在其中，就是說，人若專注於神和天堂，將這些行為視為善，將財富僅僅視為工具，便是良善的。

362. 不信神，從心裏棄絕天堂和教會之真理的富人，結局則截然不同。他們在地獄，那裏盡是污穢、痛苦、貧乏。當地上財寶成為追逐的目的，至終不過如此，即不僅財富會丟失，連財富的用途，即奢侈、享受、縱慾、傲慢等等，也將失去。因為這種財富及用途，都是毫無靈性的特質，只有塵土的屬性，故成為穢物。財富及其用途，其靈性的一面，好比身體中的靈魂，或如潤土中的天堂之光。身體沒有靈魂必變得腐臭，潤土沒有天堂之光也是如此。這些是被財富誘惑而脫離天堂之人的份。

363. 死後，等待每一個人的，是他的主導情感或主導慾，它永不被根除，因為人的靈正如他的慾望或所愛。人之前所不瞭解的是，每個靈或天使的身體，乃是其所愛的外在樣式，與其內在形象，即其秉性與靈性，是完全對應的。因此，從人的表情、姿勢、語言，可看出其靈的品性，人若尚未學會偽裝表情、姿勢、語言，其靈也能被世人洞悉。由此可見，人永恆的品性，即是其主導情感或主導慾的品性。

我曾被允許，與一千七百多年前的人交談，他們的生活從當時的文字記錄可知。我發現，主導他們的，依然是其活在人間時的所愛與情感。

由此還能看出，對財富及其用途的愛慕，將永遠與人同在，正如其在人間所取得的品性。所不同的是，對於將財富作為發揮其作用方式的人，這樣的愛慕將變為與其作用一致的快樂；而對於將財富用於作惡的人，這樣的愛慕則變成污穢。他們熱愛污穢，正如在世時熱愛被其濫用的財富，因為他們所追求的污濁樂趣，與無用處的貪婪和污穢是對應的。靈性意義上的污穢，無非如此。

364. 窮人進入天堂，不在其貧窮，而在其生活。無論貧富，人的生活皆隨著他。對人而言，主的憐憫別無二致。核心是，生活良善者被接收，生活敗壞者被棄絕。

事實上，貧窮和財富一樣，也能引人背離天堂。很多窮人不安於貧窮，貪心極重，以財富爲福，既未得其所願，便懷恨在心，怪罪於神。他們窺視別人的財產，但得機會，必要詐而取之，活在其污濁的快樂之中。

安分守己，工作上勤勉細心，熱愛工作，拒絕懶散，行爲誠實可靠，照基督而行的窮人，與上面所述的窮人却不同。有時，我與一些信神的鄉村百姓交談，他們在世時曾誠實、正直地生活。由於他們渴望明白真理，也就不斷求問何爲愛，何爲信，因爲他們在世時，常聽說信，到了靈界又常聽說愛。他們被告知，愛關乎生活，信關於教義。就是說，愛是在每一件事上，立志並奉行公平、正直；信則是思考何爲公平、正直。信與愛並行，正如教義與生活並行，或如領悟與意志並行。當人立志並奉行其所思想的公平和正直，信就成爲愛。及此，兩者不再是二，而是一。這些他們都能心領神會，也爲之歡喜踴躍，還說他們在世時，就曾以爲信與生活完全是一回事。

365. 由此可見，富人和窮人進入天堂是一樣多，一樣容易。人若以爲窮人易進天堂，富人則難，那是誤解了聖言。就靈義而言，"富人"指在真理和良善方面有很多知識的人，或者擁有聖言的教會之人，"窮人"則指缺乏這些知識但渴望瞭解的人，或者教外那些不瞭解聖言的人。

穿著紫色袍和細麻布衣服，後被投入陰間的財主，指猶太民族。因爲他們擁有聖言，在真理和良善方面，積累了很多知識，故被稱爲"財主"。實際上，紫色袍表示對良善的領悟，細麻衣表示對真理的領悟。躺在財主門口，想得財主桌上掉下來的零碎充饑，後被天使帶入天堂的窮人，指不領悟何爲良善真理，但渴望瞭解的非猶太人（路加福音16:19, 31）。

被請赴大宴席並藉故推辭的富人，也指猶太民族，被領進而取代他們位置的窮人，則指教外的非猶太人（路加福音14:16-24）。

主說："駱駝穿過針的眼，比財主進神之國還容易。"（馬太福音19:24）此處"財主"何指，也需加以解釋。此處"財主"兼指物質和靈性意義上的富人。在物質的意義上，指擁有大量財富並心被其捆綁的人；在靈性的意義上，則指積累了大量的知識，因其乃靈性的財富,但希望以自己的理性和知識,進入天堂的人。這違背神的次序,故主說駱駝穿過針的眼,比財主進神的國還容易。在此層意義上,駱駝指人的理性和知識,針眼指靈性的真理。

人不知駱駝和針眼的含義,因爲他們尚未掌握,能指明聖言靈義的知識。聖言處處兼含靈義與字義,因爲自從天與人直接的聯結中斷後,聖言就純由物質與靈性事物的對應方式而寫成,以成就天堂與人間,即天使與世人的聯結。由此,我們可以明白"富人"在聖言中所指爲何。

就聖言的靈義而言,"富人"指在良善和真理方面,擁有很多知識的人。財富指知識本身,知識即屬靈的財富。這可從很多經文可以得知(如以賽亞書 10:12-14; 30:6-7; 45:3;耶利米書 17:3; 48:7; 50:36-37; 51:13;但以理書 5:2-4;以西結書 26:7, 12; 27:1-36;撒迦利亞書 9:3-4;詩篇 45:12;何西阿書 12:9;啓示錄 3:17-18;路加福音 14:33;等等)。在靈義上,"窮人"指不具備良善與真理的知識却渴望瞭解的人(如馬太福音 11:5;路加福音 6:20-21; 14:21;以賽亞書 14:30; 29:19; 41:17-18;西番雅書 3:12-13)。《天堂的奧秘》一書(10227 節),已對所有這些經文的靈義作了解釋。

第四十章、天堂中的愛情與婚姻

366. 天堂既源自人類，便意味著天使也分男女。女是爲男而造，男是爲女而造，對異性的愛慕與生俱來，那麼與人間一樣，天堂也有婚姻。不過，天堂的婚姻與人間的婚姻，截然不同。下面我要解釋一下兩者有何異同。

367. 天堂的婚姻是二人心智（mind）的聯結，乃至二心成一心。首先，我要解釋一下該聯結的實質。心智由兩部分構成，一爲領悟，二爲意志。當兩者合而爲一時，便稱爲心領神會的一意。在天堂，丈夫扮演領悟的角色，妻子扮演意志的角色。當心智的聯結下移到外在的身體時，就被覺察並感受爲愛，此愛即婚姻之愛，簡稱"婚愛"。

由此可見，婚姻之愛源自兩人靈性的聯結。在天堂，該結合被稱爲"同住"，他們不再稱爲"二"，而稱爲"一"。在天堂，配偶雙方不是稱爲兩位天使，而是一位天使。

368. 夫妻二人在靈性深處的聯結，可追溯到創造本身。男人生來注重理智，故憑領悟進行思維；女人生來注重情感，故憑意志進行思維。兩者的分別，可從其偏向和性情得知，也可從其形體得知。性情方面，男人憑理性而行，女人則憑感覺而行。形體方面，男人的臉龐更粗獷，聲音更低沉，身體更強壯。相比而言，女人的面容更柔美，聲音更柔和，身子更柔軟。兩者之別有如領悟與意志之別，或如思維與情感之別，亦如真理與良善之別，或如信與愛之別，因爲理與信關乎領悟，善與愛關乎意志。

正因如此，在聖言的靈義上，"少年人"或"男丁"指對真理的覺悟，"童女"或"女子"則指對良善的熱愛，教會因熱愛良善與真理也被稱爲"婦人"或"童女"，凡熱愛良善者也被稱爲"童女"（如啓示錄14:4）。

369. 男人和女人皆有領悟和意志。對男人而言，領悟占主導地位；對女人而言，其傾向於意志。人的性格如何，視乎哪個占主導地位。不過，天堂的婚姻中並不存在誰主導誰；實際上，妻子的意志屬於丈夫，丈夫的領悟屬於妻子，因爲兩者均願像對方那樣，運用意志和領悟，他們因此得以合而爲一。

這種聯結是實實在在的聯結：妻子的意志著實進入丈夫的思維，丈夫的思想也著實進入了妻子的意志，特別是兩者相互凝視的時候。因爲正如前面所說，在天堂，人的思想和情感是相通的。夫妻之間尤其如此，因爲他們彼此相愛。

由此可知，到底是什麼使得二念相合，成就婚姻並生出天堂中的婚愛，實際就是，一方情願自己的福份屬於對方，反之也是如此。

370. 天使告訴我，配偶雙方聯結越深，婚愛就越濃，聰明、智慧、快樂的程度也越高，因爲神性之真與神性之善作爲一切聰明、智慧、快樂的源頭，注入婚愛之中。也就是說，婚愛是神性流注的主要載體，因爲它本身就是真理與良善的結合，婚姻之愛是領悟與意志的結合，因而也是真理與良善的結合。因爲領悟是神性之真的載體，從真理而成形；意志是神性之善的載體，從良善而成形。事實上，對每個人而言，凡其所願的皆被視爲良善，凡其所領悟的皆被看作真理。所以，或說領悟與意志聯結，或說真理與良善聯結，兩者是一致的。

真理與良善的聯結成就了天使，也構成了天使的聰明、智慧及快樂。天使的品性，取決於真理與良善聯結的程度。換言之，天使的品性取決於愛與信聯結的程度。

371. 主所發的神性，主要流入婚愛，因爲婚愛源於良善與真理的聯結。正如前面所說，或說領悟與意志聯結，或說真理與良善聯結，兩者是一致的。良善與真理的聯結，源於主對天堂和人間每一個人的神性之愛。神性之善出自神性之愛，爲天使和世人在神性之真中被接收，因爲真理是良善的唯一載體。所以，凡不熱愛真理者，就不能從主和天堂得著什麼。反之，真理與良善若在人心裏聯結，人就得與主及天堂聯結。這正是婚愛的源頭，婚愛也因此成爲神性流注的主要載體。

正因如此，在天堂，良善與真理的聯結被稱爲"屬天的婚姻"。天堂在聖言中，也因此被比作並稱爲"婚姻"。主也因此被稱爲"新郎"或"丈夫"，天堂和教會則被稱爲"新婦"或"妻子"。

372. 當良善與真理在天使或人心裏聯結時，兩者就不再是二，而是一，因爲此時，良善屬乎真理，真理屬乎良善。兩者的聯結好比人之所思，即其所願，所願即其所思。此時，其思想與意志融合爲一，思想出現意志想要的樣式，意志以快樂作回應。這也是天堂的配偶不稱爲兩位天使，而稱爲一位天使的原因。

主的話也表達了這個意思，祂說："那起初造人的，是造男造女，並且說：'因此，人要離開父母，與妻子連合，二人成爲一體。'

這經你們沒有念過嗎?既然如此,夫妻不再是兩個人,乃是一體了。所以,神配合的,人不可分開。這話不是人都能領受的,惟獨賜給誰,誰才能領受。"(馬太福音 19:4-6,11;馬可福音 10:6-9;創世記 2:24)

這話說明天使的婚姻是屬天的婚姻,在於良善與真理的聯結。"神配合的,人不可分開",是指良善與真理不分開。

373. 由此可知,真正的婚愛從何而來:它首先成形於配偶雙方的心智,然後流入身體,在身體上被察覺和感受爲愛。事實上,凡身體的知覺和感受,皆源於心智,因爲它出於人的領悟和意志,領悟和意志構成人的心智。凡從心智降到身體的,皆呈現另一種樣式,但兩者仍有相似性和協作性,正如靈魂和身體的關係,或如因與果的關係。這一點從前面有關對應的章節可以知曉。

374. 我曾聽一位天使,如此描述真正的婚愛及其屬天的快樂:它是主在天堂的神性,即神性之善與神性之真,在兩人身上結合,以致兩人不再是二,而是一。他說在天堂,夫妻就是那愛,因爲每個人皆是他(或她)自己,在靈性與身體上的良善與真理。因爲身體是心智的外在形象,照其樣式而成形。所以,對於專注於真正婚愛的夫妻,神性映現在他們身上。神性既映現出來,天堂也就映現出來,因爲整個天堂,由主所發的神性之善和神性之真構成。正因如此,天堂的一切皆有婚愛印於其中,伴隨著無以數計,即天使所說的千千萬萬的幸福和快樂。聽說教會的信徒對此一無所知,他感到奇怪,因爲教會本是主在地上的天堂,而天堂是良善與真理的結合。一想到教會的信徒竟然通姦,甚至爲之辯護,比教外人更甚,天使簡直目瞪口呆。因爲從靈義上說,故對靈性世界而言,行淫的快樂無非是邪惡與錯謬的苟合之樂。這是地獄之樂,因爲它與天堂之樂,正好相反;天堂之樂乃真理與良善聯結之樂。

375. 衆所周知,彼此相愛的夫妻是內在連合的,婚姻的本質就是內質和心智的結合。由此可見,內質和心智的品質,決定了結合的品質,和兩人彼此相愛的品質。人的心智無非是由真理與良善構成,因爲宇宙萬有,皆可溯源於良善與真理,並兩者的結合。所以,心智的聯結,其品質完全取決於,構成靈性的真理與良善的品質。這意味著最完美的結合,是由純正的真與善所構成的靈性之間的結合。

我們當知,沒有什麼愛能大過真理與良善之間的愛。正因如此,真正的婚愛,是從真理與良善之間的愛而來。邪惡與錯謬也彼此相愛,但是此愛將轉變爲地獄。

376. 通過前面對婚愛之源的論述,我們可知何人處於婚愛之中,何人不然。因神性之真而專注於神性之善者，處於婚愛之中；與良善聯結之真理越天眞，婚愛也就越天眞。再者，與眞理結合之善既出於主，那麽凡不承認主及其神性者，就不可能處於眞正的婚愛之中。因爲若不承認主，主就不能流入，也不能與人心裏的眞理結合。

377. 由此可見，陷入錯謬者不在婚愛之中，其錯謬若出於邪惡者，則更加如此。沉迷於邪惡，並因此陷入錯謬的人，他們的心是閉合的。這意味著在他們心裏，不可能有婚愛的源泉。但在其較低的層次，即與内在分裂的外在肉體的層次，却有邪惡與錯謬的結合，該結合稱爲"地獄的婚姻"。

對於因陷入邪惡而沉迷於錯謬的人，爲瞭解他們的婚姻如何，即所謂地獄的婚姻如何，我曾被允許進入其中作觀察。他們也彼此交談，甚至因慾望而同居，但是他們的心裏却燃燒著對彼此的仇恨，惡毒到無法描述。

378. 不同宗教信仰者之間不存在婚愛，因爲一人的眞理與另一人的良善不合，兩個不相似不協調的心智，不可能合而爲一。這意味著他們的愛不是出於心智的源頭，即便能和諧共處，也完全是爲著俗世的原因。

正因如此，天堂的婚姻只在各自的社群内締結，因爲他們專注於相似的良善與眞理，與社群外的人則不然。正如前面所說（41-45節），每個社群内的人，皆專注於相似的良善與眞理，與社群外的人有所分別。以色列人在支派内，甚至家族内聯姻，也是爲了表徵這一點。

379. 眞正的婚愛不可能存於一個丈夫與多個妻子之間。事實上，一夫多妻毁壞了婚愛的靈性泉源，因爲婚愛的目的，本是使兩顆心合而爲一。所以，它毁壞了作爲婚愛本質的，良善與眞理的内在結合。一夫與多妻結合，好比一個領悟在多個意志間分裂，或如一人皈依多個宗教信仰，以致信仰分裂，成爲烏有。

天使說，娶多個妻子完全違背神性的規則，這從許多理由可知。其中一個事實是，他們一旦有多個妻子的念頭，便與内在的幸福和天堂的快樂脫離，彷彿成了醉漢，因爲良善與眞理，在心裏分離了。既然稍有此念頭，就使靈性陷入如斯境地，他們就清楚意識到與多個女人結合必封閉其心，使慾望侵入婚愛的領地，將人引離天堂。

他們還說，世人不理解這一點，在於體驗眞正婚愛之滋味的人太少了，不在其中，自然就不知其中的快樂。他們只知慾望之樂，在短暫的婚姻生活之後，很快變得乏味。相反，眞正的婚愛，其快樂不僅持續到老，死後更成爲天堂之樂，充滿靈性，不斷完滿，直到永遠。

他們還說，真正的婚愛，其福份數以萬計，世人不知其一，未從主獲得良善與真理之結合者，也無法領悟。

380. 控制慾的存在，也完全毀壞婚愛及其屬天的快樂，因爲正如前面所說，婚愛及其快樂，產生於兩人的彼此聯屬，而控制慾則將其摧毀，因爲控制的一方，只希望對方遵從自己的意願，而絲毫不願接受對方的意願。所以，這不是彼此聯屬的關係，缺乏愛與快樂的分享與回應。分享及隨之而來的結合，是婚姻中稱爲"幸福"的靈性之樂，但控制慾使之窒息，婚愛中一切屬天屬靈的品性，也被其窒息，乃至人完全不知它的存在。婚姻的幸福如此被人蔑視，以致僅僅提起，也遭人嘲笑或惹人憤怒。

當一方愛另一方所愛，願另一方所願，兩人就都得自由，因爲自由均源於愛。但是，控制若存於其中，兩人就都沒有自由。被控制的一方是奴，控制的一方也是奴，因爲他（或她）被控制慾驅使，如同奴隸。不知天堂之愛有多麼自由的人，對此完全無法理解。但從前面有關婚愛之起源和本質的描述，他們或能發現，控制慾若存在，心就不是彼此聯結的，而是分離的。控制慾要征服，被征服的一方，要麼沒了意志，要麼用意志起來抗爭。沒了意志，也就沒了愛；意志若起來抗爭，仇恨便取代了愛。

處在如此婚姻中的人，其心彼此衝突爭鬥，對立的事物必然如此，儘管表面上爲求相安無事，而顯得平靜。死後，內心的衝突爭鬥將顯明出來。他們常聚在一起，又如仇敵一樣互相掐架。事實上，他們是照內心的狀態而行。我偶爾遇見這種打鬥的場面，有時充滿怨恨和殘忍的味道。在靈性世界，每個人的心，都允許有一定的自由，不再受外在或塵世因素的約束。那時，人裏面如何，外面也如何。

381. 有的人看似活在婚愛之中，但是他們若非專注於對良善與真理的熱愛，那愛就不是婚愛，不過因若干因素而看似婚愛罷了。比如爲在家中得到伺候，爲獲得安全感，爲相安無事，爲在病老時有人照顧，爲撫養所愛的孩子，或因懼怕對方，因害怕喪失名聲，因肉體的慾望，等等。

婚愛對配偶雙方也可能不同，可能一人愛多，一人愛少，甚至沒有。愛既有不同，那麼對一人可能是天堂的，對另一人卻可能是地獄。

382. 天真的婚愛存於內層天，因爲那兒的天使專注於良善與真理的聯結，也處於天真之中。較低層的天使也處在婚愛之中，但只在其天真的程度上有別，因爲究其實，婚愛就是天真的狀態。所以，婚愛中的配偶，享受著天堂的快樂，這快樂對於其靈性而言，好像天真的遊戲，如孩子之間的遊戲，沒有什麼不能愉悅其心。天堂及其快樂流入其生命的細微處。正因如此，在天堂裏，婚愛被顯爲最可愛的事物。我曾看見它被顯爲一個無比美麗的少女，周圍有光明的雲彩圍繞。我被告知，天使的美全然出於婚愛。從婚愛流出的情感與思想被表現爲閃耀的光輝，如紅寶石那樣的光輝，並伴隨著快樂的感受，感染人的靈性。

一言以蔽之，天堂在婚愛中自顯其身。因爲對天使而言，天堂就是良善與真理的聯結，構成婚愛的，也正是良善與真理的聯結。

天堂的婚姻與人間的婚姻不同，在於人間婚姻的另外一個目的是生養後裔，而天堂的婚姻則不然，因爲在天堂裏生養（procreation）良善與真理，取代了生養後裔。正如前面所說，天堂的婚姻是良善與真理的聯結。在此婚姻中，良善與真理，並兩者的聯結，是至高無上的。所以，天堂的婚姻所生養出來的，是良善與真理。正因如此，在聖言中，生養是指靈性意義的生養，即良善與真理的生養。父母代表有生養能力的良善與真理的聯結；兒女代表其所生出的良善與真理；女婿、兒媳則代表後生代的聯結，等等。

由此可見，天堂的婚姻與人間的婚姻不同。天堂的嫁娶是靈性的，準確的說不是嫁娶，而是靈性的聯結，因爲它是良善與真理的結合。人間有嫁有娶，因爲它不僅關乎靈性，也關乎肉體。另外，天堂既無嫁娶，配偶之間也就不稱爲"夫妻"，而是照天使所具有的合一的觀念，各自得到一個代表"屬於對方"的名字。這樣，我們就能明白主說天使不娶也不嫁是什麼意思（路加福音20:35-36）。

383. 我還被允許觀看天堂的婚姻是如何締結的。所謂人以類聚，物以群分，這是整個天堂的法則。每個社群皆由靈性相似者組成。同性相吸，這不是他們自己的意思，而是出於主的旨意（參41-45節）。同理，當兩顆心能合而爲一，自然就彼此相吸，乃至一見傾心，認對方爲另一半，然後喜結良姻。正因如此，天堂的婚姻完全是天作之合。他們還舉辦婚宴，廣邀賓朋。不同的社群，婚宴形式各有不同。

384. 人間的婚姻是人類的苗床，也是天使的苗床。因爲正如前面所說，天堂源起於人類，而且婚姻是出於心智的源頭，即良善與真理的聯結，主的神性也主要流注在婚愛之中。所以在天使眼中，人間的婚姻是至爲神聖的。反之，與婚愛相對的淫慾，在天使眼中是不潔的。因爲在婚姻中，天使看到良善與真理的聯結，此乃天堂；而在淫慾中，他們看到邪惡與錯謬的結合，此乃地獄，以至他們一聽說淫詞穢語，便立即走開。所以，人若喜歡縱慾行淫，天堂對他是閉合的。天堂一旦閉合，神就不再被其所承認，任何信仰也不再被他所接受。

從地獄所發的氣息，我能看出地獄之人與婚愛是對立的。這氣息彷彿是一種永不休止的努力，偏要毀壞婚姻。這說明地獄的主要快樂是淫慾之樂，淫慾之樂也就是毀壞之樂，偏要破壞那構成天堂的良善與真理的聯結。由此可見，淫慾之樂是地獄之樂，與婚姻之樂即天堂之樂，正好是天壤之別。

385. 有某些靈，因在肉身所獲得的習慣，以特有的詭計，對我進行干擾。他們的流入相當微妙，如同波浪，符合善靈的特徵。但我看出，他們心中藏有詭詐，偏要進行誘惑和欺騙。後來，我得與其中一人交談。我被告知，他在肉身時曾是一名將軍。從他的思想活動裏，我發現有淫蕩的成分。於是我用靈性的語言兼意象，與他談論婚姻，很多觀念立時就透徹地表達了出來。他說在肉身時，他根本不拿淫慾當一回事。我說，行淫是可恥的，儘管對於像他那樣以行淫為樂，並進而將之合理化的人看，似是無可厚非，甚至是天經地義的。單單從婚姻是人類的苗床，因而也是天堂的苗床，這個事實上看，他本該認識到這一點。所以，婚姻永不可褻瀆，而當視為神聖。另外，他知道自己已在靈界，其狀態能感覺到，婚愛是由主那裏從天而降的；天堂的基礎，即彼此相愛，也是從婚愛而生，如從父母而生。由此般事實，他也該認識到這一點。還有一個事實是，當行淫者一靠近天堂的社群時，便立時察覺到自己的惡臭，因而直奔地獄。最起碼，他該明白，破壞婚姻與神的律法，與所有國家的法律並純正的理性是相悖的，因為這既違背神的次序，也違背人的次序。

他說他在肉身時從未這樣想過，他想就此辯論，但是他被告知，真理無可辯駁。人喜歡什麼，皆可為之辯護，乃至支持邪惡與錯謬。首先，他當思想剛才的話，因為那是真理。或者，他可從"己所不慾，勿施於人"這一世所公認的原則開始。若有他人淫其所愛之妻（結婚初期人一般皆愛其妻），盛怒之下，他豈不譴責行淫為可憎？理性之下，他豈不絕然反對淫行，乃至咒其墜入地獄？

386. 我也被指示婚愛之樂是如何引入天堂，淫慾之樂是如何引入地獄的。婚愛引入天堂的路，是將人引入不斷增長的幸福和快樂之中，直至無以數計，無以言傳，而且進入越深，就越是無以數計，無以言傳，直至進入內層天，即天真層次的快樂之中。這一切在最大的自由下完成，因為自由無不出於愛。最大的自由源於婚愛，這愛是天堂之愛的根本。

相反,淫慾就會成爲引人入地獄的路,是將人引入殘忍和恐懼的最底層。死後,等待行淫者的就是這樣的結局。所謂"行淫者",乃是指一切以行淫爲樂,却不以婚姻爲樂的人。

第四十一章、天使的工作與職責

387. 關於天使的職業，我無法逐一列舉或詳加描述，只能作一個籠統的說明。因爲天使的職業無以數計，且照其所在社群的作用而有所分別。事實上，每個社群皆起到一個特殊的作用。因爲社群照良善而分（參41節），也就照作用而分。對每位天使而言，善是實踐之善，也就是有用。每位天使均起到特別的作用，因爲主之國乃用之國。

388. 天堂有各類事務，與人間一樣：有教會性的事務，社會性的事務，家庭性的事務。從"天堂的崇拜"一章（221-227節），可知天堂有教會性的事務；從"天堂的治理"一章（213-220節），可知天堂有社會性的事務；從"天使的居所"（183-190節）和"天堂的婚姻"（336-386節）兩章，可知天堂有家庭性的事務。由此可以看出，天堂各社群的職分和事務是多種多樣的。

389. 天堂的一切照神性的次序安排，處處皆有天使管理。智慧更高者，負責有關公共福祉的事務；智慧較低者，處理具體的事務。事務的等次，正如神性次序中用的等次。這也意味著，職分的尊貴性，與用處的尊貴性是一致的。但是天使並不自認尊貴，卻將尊貴全歸於用處。用處在於所行之善，而善又出於主，所以天使將尊榮全歸於主。這意味著，人若將尊榮先歸於己，次歸於用；而非先歸於用，次歸於己，就不能在天堂履行任何職分，因爲他的視線背對主，以己爲首，以用爲次。說"用"也是指主，因爲正如前面所說，用即是善，而善出於主。

390. 由此可知天堂的等次之性質爲何，就是說，人獲得愛戴、敬重，是照他所履行的職分。人若不將善歸於己，而歸於主，就獲得愛戴、敬重，也得成爲智者，以良善的動機發揮其作用。靈性的愛戴和敬重，無非是愛戴和敬重人所盡之用，是因爲其用而尊重其人，非反過來因其人而尊重其用。正確地看一個人，這是唯一的方式。在那種視角下，我們看人就沒有分別，不論其等次或高或低，我們看見的唯一分別是智慧的大小，而智慧乃是愛其用，也就是愛鄰人、社會、國家、教會的福祉。

愛主由此構成，因爲實用之善無不出於主。愛鄰也由此構成，因爲"鄰人"係指鄰舍、社會、國家、教會的福祉，這是我們所當愛的。愛鄰即爲他們謀福祉。

391. 天堂的社群既照良善而分（參 41-45 節），也就照其用而分。因爲善是實踐之善，是愛之行，也就是其功用。（1）有的社群，其職責是照顧嬰兒。（2）有的社群，其職責是對成長中的孩子給予教導和引導。（3）有的社群，其職責是照顧少男少女。他們在世時曾得到好的教養，故得進入天堂。這些社群的職責就是對他們進行教導和撫養。（4）有的社群，其職責是指導從基督教世界裏進來的良善單純者，引他們走天堂之路。（5）有的社群，其職責是指導非信徒。（6）有的社群，其職責是保護剛剛離世進入靈界的免受惡靈的攻擊。（7）有的社群，其職責是照顧住在底層的靈。（8）有的社群，其職責是照看並管治地獄之靈，免得他們無限制地彼此折磨。（9）有的社群，其職責是照顧從死裏復活的人。

籠統而言，所有社群的天使，都受命保護世人，引導他們脫離惡慾惡念，並在其自願的程度內注入善念。他們盡可能地轉移人的惡慾，引導他們的一舉一動。當天使與人同在時，彷彿是住在人的情感當中。人若因真理專注於良善，天使便與其相近。反之，人的生活若遠離良善，天使就與其疏遠。

不管怎樣，這一切職分都是主藉天使所行，因爲天使不是憑自己而行，而是靠主而行。正因如此，在聖言的內在意義上，"天使"非指天使，而是指屬於主的某些方面。這也是天使在聖言中也被稱爲"神"的原因。

392. 關於天使的職分，這只是一個籠統的分類，每位天使都有其特定的職分，因爲每一個整體的功用，皆由無數居間的或從屬的功用組成。這一切功用照神性次序組合，構成一個總體，即公共福祉。

393. 在天堂，從事教會事務的是在世時曾熱愛聖言，從聖言中殷勤尋找真理的人。他們不求名，不求利，只求自利並利他人。按照他們愛和樂意服事的程度，他們獲得啓示，處於智慧的光明之中。他們得以獲得光明，是因爲聖言在天堂的靈性意義，而非聖言在地上的物質意義（參 259 節）。他們有講道的恩賜。照著神性的次序，從啓示獲得更高智慧者，也獲得更高的職位。

在天堂，從事社會事務的，是在世時曾熱愛國家，視公共福祉高於個人利益，因熱愛公平正義，而實踐公平正義的人們。憑著這份熱愛，他們鑽研公正的法律，獲得智慧，有能力在天堂履行政府性的事務。他們的職位高低取決於智慧的高低，而智慧的高低又與其熱愛公共福祉的程度，是相對應的。

再者，天堂的職分、職能、職責之多，根本無法一一列舉。相對而言，人間的要少得多。不論多少人參與其中，他們都以熱愛服務之心熱愛工作，沒有人是出於自私，或爲著個人利益。事實上，他們無需爲生計而計較利益，因爲一切生活所需，衣食住行，都已白白地賜給他們。由此可見，愛己愛物過於愛服務者，在天堂沒有立足之地。事實上，人離開世界以後，他的愛或慾望將隨他而去，永遠無法根除（參363節）。

394. 在天堂，每個人皆照著對應來從事他的工作，這對應不與工作本身對應，而是對應於工作之功用（參112節），因爲萬事萬物皆含對應（參106節）。在天堂，天使若從事與功用相對應的工作時，事實上他們就與人間時的生活狀態一樣了，因爲屬靈性的與屬世的通過對應協作如一。所不同的是，那時，人將進入更深切的快樂，因爲他已進入靈性的生命；這是內在的生命，更能接受天堂的福份。

第四十二章、天堂的喜樂與福份

395. 今日罕有人知道何爲天堂，何爲天堂之樂。思想這些問題的人，往往只談論呆板粗俗的觀念，反一無所見。通過離開人間進入靈界的人，我獲得大量的機會，去瞭解他們對天堂及天堂之樂的看法，因爲當他們獨處時，即如在世時那樣獨處時，其看法還是和從前一樣。

從他們完全以外在的快樂來作判斷，可知他們並不瞭解天堂之樂。他們不瞭解內在的靈性，也就不知道內在的幸福和快樂。就算有體驗內在靈性之樂的人，告知天堂之樂是何感受，他們也無法接受，只會淪爲格格不入的觀念，不能進入其感覺，結果天堂之樂也終爲外在屬世之人所拒絕。

其實人可以明白，當我們離開外在自然的人，就會回到內在屬靈人的裏面。所以，人也能明白，天堂之樂是內在靈性之樂，非外在肉體之樂。既是內在靈性之樂，自然是更純更妙之樂，它影響人的內在，即人的靈魂。

由此可見，人的快樂，其品質取決於靈魂的快樂。相比之下，肉體的快樂與天堂毫不相干。當人離開肉體以後，屬於靈魂的，將隨其而去。因爲那時，人將以靈魂的狀態而活著。

396. 一切快樂皆出於人之所愛、所慾，因爲人所愛慾的，皆感受爲樂。除此以外，快樂無其它來源。所以，愛的性質決定了快樂的性質。身體或肉體的快樂，出於愛自己和愛世界，因而他們是強烈的慾望和滿足。靈魂的快樂出於愛主和愛鄰，兩者是對良善與真理的愛慕，及內在快樂的源頭。愛自己與愛世界及其快樂，從肉體和世界經外在的途徑進來，是從下頭來，影響人的外在。愛主與愛鄰及其快樂，從主和天堂經內在的途徑流入，是從上頭來，影響人的內在。

人若接受天堂的兩種愛，受其影響，其內在的靈魂就會開啓，其視線便會背對世界，而朝向天堂。反之，人若接受人間的兩種愛，受其影響，其外在的肉體就會開啓，其視線便會背對天堂，而朝向世界。隨著愛的流入和被接受，快樂也一起流入。天堂之樂流入人的內在，人間之樂流入人的外在。因爲正如前面所說，一切快樂皆出於愛。

397. 以其本身的特性,天堂是充滿快樂的。究其實,天堂無非就是快樂。因爲構成天堂和每位天使的,是從主的神性之愛所發的神性之善。神因爲愛,樂意每個人都獲得拯救,享受最深切最完滿的快樂。所以,或說天堂,或說天堂之樂,兩者是一致的。

398. 天堂之樂無法描述,也無法計算。沉迷於肉體之樂的人,無法明白,也難以相信天堂的無限快樂。因爲正如前面所說,他們的心背對天堂,而朝向世界。沉迷於肉體之樂的人,除了名利地位、肉體感官之樂,別無所樂。肉體之樂阻礙乃至窒息人內在的天堂之樂,以致人完全不相信它的存在。若有人告之,名利地位之樂被捨棄以後,尚有其它快樂存在,他們一定會感到困惑;若被告之,取而代之的快樂,相比肉體上的快樂,特別是名利地位上的快樂,是無法計算也無可比擬的,他們的困惑一定更甚。由此可見,人到底是因爲什麼,而不瞭解天堂之樂。

399. 單從每位天使皆樂於分享其快樂的事實,即可知天堂之樂是何等巨大。因爲正如前面所說(268節),在天堂,一個人的快樂是所有人的快樂,所有人的快樂是一個人的快樂。

願意與人分享,此乃源於天堂的兩種愛,如前面所說,就是愛主和愛鄰。樂於分享快樂,是這兩種愛的本質。愛主的特徵乃在於,因主之愛就是樂於與所有人分享祂所有,希望每個人獲得快樂。凡愛主之人自然也有這樣的愛,因爲主住在他們裏面。後面我們會看到,愛鄰之特徵也是如此。由此可見,愛主與愛鄰,其本質就是樂於分享快樂。

愛自己與愛世界則不同。愛自己意圖奪去他人的快樂,將之歸於自身,因爲己心中只有自己的利益。愛世界則希圖他人的財產歸於自身。所以究其實質,愛自己與愛世界,都樂於破壞他人的快樂。即便有分享的意願,其目的還是爲了自己的利益,非爲他人的利益。所以,他們不願分享,只想破壞,除非他們能占有和代表別人的快樂。

對於愛自己和愛世界的如此本質,我有大量活生生的經歷。若有靈在肉身時曾沉迷於這兩種愛慾,當此靈靠近我時,我的快樂就會減退甚至消失。我被告知,此等靈若靠近天堂的社群,社群內的人,隨著這等靈靠近的程度,其快樂也會相應減弱。值得注意的是,那些惡靈却覺得快樂。我由此看出人的靈,在肉體中是怎樣的狀態,因爲離開肉體以後,其質不變。具體而言,他們貪戀別人的快樂或財產,若能得償所願,就感覺快樂。由此可見,愛自己和愛世界破壞天堂之樂,與樂於分享的天堂之愛,正好相反。

400. 但要知道，陷於愛自己和愛世界者，當其靠近天堂的社群時，他所感受的快樂，是自己的慾望之樂。因著奪去天使所處的天堂之樂，而享受自己的慾望之樂。若不能奪去天使之樂，情況就不同了；那時，他們不能靠近天堂，一靠近就帶來痛苦和折磨。正因如此，他們很少敢靠近天堂。關於這些，我也有過大量的經歷，略說如下。

離開人間進入靈界以後，靈最大的願望莫過於上天堂。幾乎所有人都有此盼望，因為他們以為上天堂，只需獲得神的允許就可以。既有此願望，他們就被帶到外層天的某個社群。若是陷於愛自己和愛世界之人，當其抵達天堂的邊緣時，就開始感覺痛苦，備受煎熬，彷彿身在地獄，而非天堂。於是他們一頭栽下，直到落入地獄，進到同類當中，才終於放鬆下來。

也常有靈希望瞭解天堂之樂，當他聽說天堂之樂藏於天使內心時，就想親身體驗一番。這事也獲得了允許，因為靈在進入天堂或地獄以前，若有任何願望，只要於他們有益，都會獲得允許。然而現實是，聯繫一建立，他們就開始感覺痛苦，乃至不知如何控制身體。他們頭貼著腳，倒在地上，像蛇一樣蜷成一團，備受煎熬。這是天堂之樂，對於陷入愛自己和愛世界者，所產生的影響。因為愛自己和愛世界，與愛主愛鄰正好相對，而當彼此對立者相遇時，結果就是痛苦。再者，天堂之樂經由內在的途徑而來，流入與之對立的快樂，使其內在扭曲，折向相反的方向，其結果便是痛苦。

正如前面所說，愛自己和愛世界，與愛主愛鄰正好相對，因為愛主愛鄰者，樂於與人分享一切。事實上，這正是他們的快樂所在。陷於愛自己和愛世界者，却意圖奪去別人所有，占為己有，果能如此，他們就覺得快樂。

由此也能明白，地獄為何與天堂截然分開。那是因為，所有在地獄的人，當其在世之時，皆因愛自己和愛世界，而沉迷於肉體的快樂之中。相反，所有在天堂的人，當其在世之時，皆因愛主愛鄰，而沉浸於靈魂的快樂之中。愛自己和愛世界，與愛主愛鄰彼此對立，故地獄與天堂徹底分開，乃至地獄之靈，不敢伸出手指或抬起頭顱。因為一那麼做，哪怕一點點，他們就感到痛苦。這事我也經常目睹。

401. 陷於愛自己和愛世界之人，當其活在肉身時，能明顯感受到愛自己和愛世界所產生的快樂。愛主和愛鄰之人，當其活在肉身時，對愛主和愛鄰所帶來的快樂，却無明顯的感受。他們所感受的只是一種隱約的平安，因為它藏於內心，被肉體的感官遮蓋了，也因人間的事務減弱了。然而死後，人的狀態就截然不同了。愛自己和愛世界之樂，將變為痛苦和恐懼，因為藏於其內的是所謂的"地獄之火"，同時也變得污穢可憎，與其污穢的慾望對應。奇怪的是，這些痛苦和污穢對於尚在肉身的他們，是相當快樂的。

相反，愛主和愛鄰之人所感受的，隱約的喜樂和幾乎難以察覺的福氣，將變成天堂之樂，方方面面顯得真真切切。曾經藏於內心的福氣將顯明出來，成為有確據的感受，因為他們已進入靈裏的喜樂，這樣他們正活著靈的裏面。

402. 天堂的所有快樂皆與功用相連，寓於其中，因為天使專注於愛，盡功用是愛的美好表現。所以，各人的快樂，其品質取決於發揮其用的品質，快樂的程度也因此取決於喜悅發揮其功用的程度。

用人體的五官作比喻，我們能斷定天堂的快樂即功用的快樂。視覺、聽覺、嗅覺、味覺、觸覺各有所樂，視覺之樂在於色美，聽覺之樂在於聲和，嗅覺之樂在於氣香，味覺之樂在於味美。人若思想之，可知五官各作何用，熟悉對應之道者，對它的瞭解更為充分。視覺之樂在於色美，以其用於悟覺，悟覺是人的內視。聽覺之樂在於聲和，以其用於悟覺和感受。嗅覺之樂在於氣香，以其務於大腦和呼吸。味覺之樂在於味美，以其服於胃口，從而滋養整個身體。觸覺之樂中，以魚水之歡最純最妙，因它用於人類的生養和天堂的完美，而超越所有的快樂。

因著天堂的流注，這些快樂寓於五官之中。在天堂，所有快樂皆關乎其用，又適乎其用。

403. 有的靈，因人間的固定習俗，以為天堂之樂在於過悠閒的生活，受人侍候。他們被告知，無所事事的生活，是毫無快樂可言的，因為那意味著奪取別人的快樂。在這種情況下，人不可能獲得快樂。這種生活是懶散的，消極的，導致生命的萎縮。事實上，他們本該明白，離開積極的生活，生命便沒有快樂可言。休息只是為了重新得力，便於以更好的狀態回到積極的生活當中。後來，通過多種方式，他們得以明白天使的生活，由寶貴的、愛的、利人的行為構成。天使的快樂全在盡其功用中，樂在其用，又與其用相稱。

那些以為天堂之樂在於過悠閒生活的人，以為悠閒是永恆福樂的載體。為了讓他們自覺羞愧，他們得以感受那生活的滋味。他們發現那是一種悲哀的生活，快樂一消退，就讓人覺得厭倦乏味。

404. 有的靈自以為比別人更有智慧，在世時曾聲稱，天堂之樂純粹在於讚美神，並以為這是一種積極的生活。他們被告知，讚美神並非一種積極的生活，因為神不需要人的讚美。相反，神希望我們彼此服侍，多行出愛，多做有意義之事。可是他們無法將天堂之樂與愛之行動聯繫起來，反以為那是一種奴役。天使卻見證說，那的確是最自由的生活，因為它出於內在的情感，伴隨著無以言喻的快樂。

405. 進入靈界的人，幾乎都以為地獄千篇一律，也以為天堂也是如此。然而事實上，天堂和地獄皆有無數的多樣性。對任何兩個人而言，地獄不是完全一致的，天堂也非如此。同樣，沒有兩個人，或靈，或天使，是完全相同的，連面孔都不可能完全一樣。甚至我一開始設想兩個完全一樣的人，天使就感到驚駭。他們說，每個整體皆由許多部分協調組合而成，整合的程度取決於協調的程度。天堂的每個社群由此組成一個整體，所有社群也由此構成一個天堂。這完全是主藉著愛來成就的。

天堂的功用也呈現類似的多樣性。沒有兩個人的職能完全一樣，所以，也沒有兩個人的快樂完全一樣。不僅如此，每個職能所蘊含的快樂也是無量的，這無窮的快樂同樣呈現多樣性。但是它們照一定的樣式整合，彼此兼顧，正如人體的組織、器官、臟腑乃至其中的每一條血管、神經彼此兼顧一樣。它們如此整合，集中於彼此為用，以致於一為一切，一切為一。因著這種關係，它們協作如一。

406. 我曾與一些剛剛進入靈性世界的人談論永生。我強調說，瞭解誰是一國之君，政體如何，這很重要。當人們遊歷他國，最重要的，莫過於瞭解國君為人如何，政體如何，以及其它許多的細節。人間尚且如此，何況將來永遠生活的靈性世界！他們有必要知道是主掌管天堂和宇宙，因為掌管其一者，也必掌管其二。這意味著他們現在已進入的國，是屬於主的，而這個國的法律是永恆的真理。這一切真理，以愛主至上，及愛鄰如己為總綱。不僅如此，他們若希望成為天使，就應該愛人勝於愛己。

聽到最後一點時，他們懵了。因為他們在肉身時，聽過這些道理，只是從未信受。他們懷疑天堂是否真能如此，人是否真能愛鄰勝過愛己。他們被告知，在靈性世界，每樣善都將有無限的增長。活在肉身時，人難以做到愛鄰勝過愛己，因有肉身上的許多顧慮。這些一旦被除去，愛將變得更加純粹，至終成為天使那樣的愛，即愛鄰勝於愛己。因為在天堂，利人是一種快樂，而利己只有在以利人為目的的前提下才好。這就是愛鄰勝於愛己。

至於這種愛的可能性，可從世間一些夫婦的愛得到證明。他們情願犧牲自己，也不要配偶受到傷害。或者想想父母對子女的愛，母親寧願餓死，也不要自己的孩子挨餓。真正的友情也能讓人義赴友難。甚至可以想想偽裝的友情，雖然不是出於真心，但是他們克己禮讓，試圖表現真正的友情，然後以此自誇。最後，他們可以想想愛的本質。愛的本質，是在為他人服務不求利己中獲得快樂。不過，這種快樂是愛己過於愛人者所無法領會的，貪圖財利者也無法領會，守財奴就更不用說了。

407. 有一人在肉身時曾大有權勢，進入靈界以後，他依然有掌權的慾望。他被告知，他已進入另一個國度，一個永恆的國度，他昔日的權勢已經過去了。到了此地，人的價值在於擁有良善與真理，憑著在世的生活而獲主憐憫的程度，而受到尊重。他也被告知，在天堂，人同樣憑財富和領導能力受尊重，這與地上的國一樣。但是在此地，財富是良善與真理；領導能力是人們憑在世的生活，所獲得的主的憐憫。任何以別樣方式掌權的願望，都會使此人成爲叛逆者，他乃是活在別樣的國度裏。聽了這些話，他感到羞愧。

408. 有的靈以爲天堂和天堂之樂在於高人一等。我與他們交談，告訴他們，在天堂，最小的才是最大的。因爲所謂"最小的"，係指沒有自己的能力和智慧，也不希望有自己的能力和智慧，只求主的能力和智慧的人，這種人是最快樂的。既是最快樂的，自然也是最大的，因爲這是他們從主獲得大能和智慧的途徑。再者，若非最快樂的，何以成爲最大？有權力者善用他的權力，有財富者善用他的財富，所追求的不正是最大的快樂嗎？

我還說，天堂之樂也不在於爲求成爲最大而願最小。因爲那樣的話，他還是渴望成爲最大的。相反，它意味著衷心祝願別人比自己好，且爲他人的快樂而盡功用，不求回報，僅僅是因爲愛。

409. 天堂之樂，其本質是不可言說的，因爲它居於天使的靈性深處，從那裏流入思想和情感的細微處，再從那裏流入言語和行爲。他們的靈性彷彿是敞開的，能自由接收快樂和幸福，通過神經蔓延開來，傳遍周身，賦之以無以言喻的悟覺和感受。凡從最深層起始的，皆流入由最深層所產生的細節之中，隨著向外層擴散，力道越來越強。

當尚未升入天堂，未曾體驗過這種快樂的善靈，從某位天使所發愛的氣息中，感受那快樂時，就頓時被快樂充滿，乃至進入食髓知味的甜蜜。這樣的事常發生在希望瞭解天堂之樂的人身上。

410. 有的靈希望瞭解天堂之樂。他們被允許去感受，直到所能承受的極限。其實，他們所感受的還不是天使之樂，只是帶有一點痕跡而已，幾近冰冷。然而他們却稱之爲無上妙樂，因爲對他們來說，這已經是最深切的快樂。我由此看出，天堂之樂有很多層次，一人的上層，可能只是另一人的底層或中層。我還看出，當我們到達自己的最深層，也就獲得了屬於自己的天堂之樂。我們不能承受更深的快樂，因爲那反倒是痛苦。

411. 一些並不邪惡的靈，進入了如睡眠般的平靜狀態，在此狀態下，他們的靈魂深處，被提到了天堂。因為當靈魂的內層尚未開啟時，靈可被帶入天堂，以體驗天使之樂。我看到他們在寂靜中有半個小時，然後回到了外層的意識，還記得剛才的所見所聞。他們說，他們剛剛進到了天使當中，看見了奇妙的事物，全如金銀寶石一樣發光，形狀迷人，形態各異。他們說，天使對這些外在的事物，並無特別的興趣，只對它們所指向的神聖的、無限的、不可說的智慧感興趣。那才是他們的快樂所在。此外，還有無數非人間的語言所能形容的——連萬分之一也不能，與物質觀念格格不入的事物。

412. 進入靈性世界之人，幾乎都對天堂之樂的性質一無所知。因為他們不知何為內在的快樂，不瞭解其性質，唯有以肉體和人間之樂來衡量。既不瞭解，也就以為它虛幻不實。然而在事實上，肉體和人間之樂相對而言，根本微不足道。為讓他們有所領悟，有不瞭解天堂之樂的善人，被帶到了超乎其想像的花園之中。他們以為自己進入了天堂的樂園，却被告知，那還不是真正的天堂之樂。所以，他們被允許進入更內在的快樂狀態，直到他們對其有最深的感受。然後又被帶到平安的狀態，直到他們對平安也有最深的感受。他們承認，這一切都是不可言說，也是不可思議的。然後，他們又被帶到天真的狀態，直到他們有天真也有最深的感受。通過這種方式，他們得以認識何為真正屬靈屬天的良善。

413. 為讓我瞭解天堂和天堂之樂的特質，主許我長時間地感受天堂之樂。我有確切的體驗，因為那是活生生的經歷。但是我無法描述，只能略作說明，以提供一些概念。我感覺到無數的快樂，組成一個快樂；無數的情感，和諧地構成一個情感。對此我沒有精細的意識，只有模糊的意識，十分籠統。但我還是能夠覺察，其中有無窮的細微元素，十分美妙地排列組合，美到無法描述。這無窮的元素，照天堂的樣式流動，每個細微的情感，都有該樣式蘊含在其中。這些情感被聯為一體，與體驗者的感受能力保持一致。總而言之，每個整體都由無窮的細微元素，按完美的樣式組合而成，它們都帶著活力，影響至深，因為天堂之樂，正是發自靈性的最深處。

我還注意到，天堂之樂似乎是從我心發出，經內部神經隱約地傳播，然後進入神經束，賦予我至深的快樂感受，乃至每一條神經，就好似快樂本身。我所感受的一切都帶著活力，充滿極樂。相比之下，肉體的快樂，好像粗鄙而令人厭煩的灰塵；天堂的快樂，則好像純淨而柔和的清風。

我注意到，當我想要把全部的快樂，傳遞給別人時，就有更深沉更完滿的快樂，不間斷地流入。我越希望這樣做，它就注入得更多。我察覺出這是出於主。

414. 天堂之人不斷朝著青春年華邁進，時間越長，他們的青春年華就越快樂，越幸福，不僅持續到永遠，且隨著其愛與信心的增長而增長。

那些在衰老期死去的曾信主、愛鄰、與丈夫相親相愛的婦人，隨著時間的演進，將越發進入花樣年華，呈現世人未曾目睹，也無法想像的美。善良和慈愛，賦予她們美麗的形象，愛的快樂和優雅，從她們面龐的每一個輪廓煥發出來，使其成爲愛的化身。一些人看到如此美麗的形象，都驚呆了。在天堂，愛的形象表現如此，因爲正是愛本身，成了可見的形象。事實上，它以這樣的方式呈現，以致整個天使，特別是臉龐，實際就是愛本身的顯現。該形象顯現時，其美是無以言喻的，並以此愛感染人的靈性最深處。

總之，在天堂越年長就越年輕。愛主愛鄰者，在靈性世界將變成如此美麗的形象。所有天使都是這種形象，呈現無數的多樣性，而天堂就是由這些構成的。

第四十三章、天堂浩瀚無邊

415. 對於主的天堂之浩瀚與廣大，可從前面的很多描述得知，特別是天堂源自人類（參 311-317 節），既包括生自教內之人，也包括教外者（參 318-328 節）等事實。這意味著自地球創始以來，凡過良善生活的人，皆屬於天堂。

熟悉地球各大洲、地區、國家的人，可推知全球的人口是巨大的。以數學統計，每天離世者數以萬計，每年則數以百萬計。從數千年前的遠古時代開始，此過程一直在延續。所有這些人，死後都進入了靈性世界，而且這一幕每天都在上演。

我不知這當中有多少人，已成爲天使或正在成爲天使，但我被告知，遠古時代的人多數成了天使，以其思想更深沉，更屬靈，因而專注於屬天的情感。相比之下，後來的時代，成爲天使的人有所減少。因爲隨著時間的推移，人逐漸變得外在，開始在肉體的層次思考，因而沉迷於塵世的情感。

所以，單單從地球的人口，即可知天堂是廣大的。

416. 對於主的天堂之浩瀚，單從所有孩子，不論出身教內還是教外，一律爲主接收，歸向天使，其數量相當於人類的四分之一，或五分之一這一事實也可知曉。

前面已經說明（參 329-345 節），每個孩子，不論出身教內還是教外，也不論其父母是否虔誠，死後皆爲主所接收。他們在天堂長大，接受教導，照神的安排陶冶性情，以致熱愛良善，獲得真知，在聰明智慧上日趨完善，從而進入天堂，成爲天使。可想而知，從創世直至如今，不計其數的孩子已成爲天堂的天使。

417. 對於天堂浩瀚無邊，從我們太陽系的所有行星都是"地球"，宇宙中更有無數的地球，上面皆有居民這一事實也可知曉。關於這一點，《宇宙星球》一書已作專論，此處我僅引用以下文字：

在靈性世界，眾所周知的是，有人居住，有天使和靈從中而出的星球有很多。因爲凡因熱愛真理、樂意服務而希望與其它星球的靈交談者，都得主的允許，以讓其確信世界眾多、人類非出於一個地球而出於無數星球的事實。

有時我與我們地球的靈談論這個話題，我說，理智之人通過他熟悉的知識，可知有人居住的地球是爲數衆多的。就是說，他們能推出一個理性的結論：巨大的星球，有的大過我們地球，當然不只是造來環繞太陽，其上空空如也的球體，或只爲單個地球而散發其微弱的光芒。相反，其作用理當有價值得多。

人若相信神不爲別的目的，而因人類爲天堂的苗床，是爲人類的生存和天堂的建立而創造宇宙的話，那麼，人就必須相信，哪裏有星球，哪裏就有人類。

我們肉眼可見的太陽系的行星，顯然都可所謂地，他們是物質之體，因爲它們反射太陽的光輝。用望遠鏡觀察，它們不似火紅的恒星，而像黯淡的地球。另外，它們按黃道繞太陽運行，和地球一樣，產生一年四季，春夏秋冬，也像地球一樣自轉，產生一日四時，晨午暮夜。有的還有衛星，週期性地繞其運行，如月亮繞地球運行。離太陽甚遠的土星也有一條巨大的光帶圍繞，賦予其充沛的光明，雖然只是反射太陽光。瞭解這些且能作理性思考者，焉能說它們都只是虛無空蕩的球體呢？

另外，我還與靈談論說，從星空浩瀚無邊的事實，也可推知宇宙中不止一個地球。天空無以數計的恒星，雖大小不同，皆爲各自體系內的太陽，和我們太陽一樣。人若細想，必能得出結論：浩瀚的宇宙，必然是達成某個終極的媒介，其目的就是建立一個神與天使、與人類同住的天堂，這正是創造本身的目的。可見的宇宙，無以數計的恒星，其實都只是讓衆多地球存在、讓人類居於其上、讓天堂得以建立的媒介。

基於以上事實，理智之人不能不認識到，爲如此偉大的目的而存在的，如此偉大的媒介，不可能只是爲了一個地球上的人類。對於無限之神，那就更不用說了。因爲就算成千上萬的星球，全住滿居民，對神來說也是微不足道的，乃至幾近於無。

有的靈熱衷於親自探索，因爲他們只對第一手的知識感興趣。他們被允許周遊旅行，甚至離開此太陽系，進入其它太陽系，以收集第一手的資料。他們告訴我，不僅此太陽系有人類居住的星球，此太陽系外的星空中，也有無數人類居住的星球。這些靈來自水星。

據初步估算，假設宇宙中有一百萬星球，每星球上有三億居民，在六千年的時間裏，經過二百代的傳承，每人分配三立方肘的空間，再將所有人聚在一處，那麼他們所占的空間，連我們地球的體積都不到，甚至不超過一個衛星的體積。這在宇宙中只是一個極小的空間，幾不可見，因爲我們的肉眼幾乎看不見那些衛星。對於宇宙的創造者，這又算得了什麼？即使整個宇宙被填滿，對祂來說也是有限的，因爲創造者是無限的。

我曾與天使談論這一點，他們說他們也認爲人類的數量，相對創造者的無限來說，的確是渺小的。不過他們不是按空間思考，而是按狀態思考。在他們看來，不論你能想像多少星球，對主來說都沒有什麼。

關於宇宙中的星球、其上的居民、從其而出的靈和天使，可參看《宇宙星球》一書。書中所記載的，都是主指示與我的，好讓大家明白，主的天堂是浩瀚無邊的，其中的天使都來自人類，而且我們的主，在各處均被承認爲天地之神。

418. 對於主的天堂浩瀚無邊，從天堂在總體上形如一人，且與人體的一切相對應，這一事實也可知曉。此對應永遠不致被填滿，因爲它非止於組織、器官、臟腑之整體，而是延伸到各細微處，小到每一根血管，每一條神經，甚至延伸到從內接收天堂之流，使人擁有心智能力的有機物質。事實上，凡在人裏面發生的，也在物質的形態中發生，不以物質爲媒介而發生的，並不存在。這一切物質與天堂，皆存在著對應關係，關於這一點，從前面有關天堂的一切，與人體的一切，存在對應關係的描述中可知（參 87-102 節）。該對應永遠不致被填滿，因爲回應各組織器官的天使越多，天堂就越完美。在天堂，隨著數目的增加，完美性也隨之增加。因爲天堂的一切有一個共同的目標，每一位天使皆專注於那目標。該目標就是公共福祉，當公共福祉成爲焦點，個人就從公共福祉受益，個人的受益又增添公衆的福祉。因爲主吸引每一位天使轉向祂（參 123 節），使他們與自己合而爲一。稍具理性者不難看出，衆人和諧一致，特別是在這樣的本源和親密無間的條件下，其結果便是完美。

419. 我還目睹了，已住天堂的廣度和未住天堂的廣度，發現未住天堂也是如此廣闊無邊，即使有千千萬萬的星球，各星球有地球一樣的人口，也永遠不能被填滿。關於此話題，可參看《宇宙星球》168 節。

420. 有些人以爲天堂並非浩瀚無邊，而是規模有限，因他們照字義理解某些經文，如有地方，說唯窮人能進入天堂，或說唯選民能進入天堂，或說唯教內之人能進入天堂，或說唯主代爲祈求的人能進入天堂，或說天堂人滿時將要關閉，且時日已定，等等。他們未曾認識到，天堂永遠不會關閉，既無預定的時間，也無固定的人數，"選民"系指那些活出良善和真理的人，"窮人"是指不瞭解良善與真理却渴望瞭解者，因其渴慕之心，他們也被稱爲"饑餓的人"。

因誤解聖言而以爲天堂有限的人，將天堂想像爲一個物質空間，衆人皆往那裏聚集。然而事實上，天堂是由無數的社群組成（參 41-50 節）。此外，他們還以爲進入天堂，純粹在於神的憐憫，只要神許可，就能被接入天堂。他們未曾認識到，主因其憐憫，引導每一個接受祂的人，而接受祂的人，就是照神性法則而活著，或說照愛與信的法則而活著的人。他們未曾認識到，從出生到離世，再到永遠被主引導，才是憐憫的真正含義。但願他們明白，每個人皆爲天堂而生，在世時凡將天堂接入內心者，都能進入天堂。反之，不將天堂接入心者，將被關在門外。

中篇
靈界與死後真相

第四十四章、何爲靈界

421. 靈界既非天堂，也非地獄，而是天堂與地獄的居間地帶或居間狀態。人死後首先到達這裏，經過適當的時間，根據各人在世間的所活出來的樣式，或上天堂，或下地獄。

422. 靈界是天堂與地獄的居間地帶，也是人死後的居間狀態。它是一個居間地帶，因爲我看見地獄在其下，天堂在其上；它又是一個居間狀態，當人尚在靈界，就既未到達天堂，也未下入地獄。

對人而言，天堂的狀態是善與真在內心的結合，地獄的狀態則是惡與謬在內心的結合。當善與真在人心裏結合，就到了天堂，該結合就是人心裏的天堂。反之，當惡與謬在人心裏結合，就進了地獄，該結合就是人心裏的地獄。結合的過程發生在靈界，因爲那時，人處在天堂地獄之間的狀態。或說領悟與意志結合，或說真與善結合，兩者是一致的。

423. 首先我得說說領悟與意志的結合，相當於真與善的結合，因爲此結合生自靈性世界。每個人皆有領悟與意志，領悟受自真，因真而形成領悟；意志源於善，因善而形成意志。所以，但凡人們所領悟並由領悟而認定的，稱其爲"真理"；但凡人們所意志並因意志而認定的，便被其稱爲"良善"。人人都能憑自己的領悟而思想，並感知到何爲真、何爲善；只有在願意並行出真和善時，才是出自意志來思想。只有情願並奉行出來，才能既在人的領悟裏，也在人的意志裏，從而在人心裏。因爲人非單由領悟所構成，也非單由意志所構成，而是由領悟與意志共同所構成。這意味著，既在人的領悟裏又在意志裏的，才在人的裏面，從而屬於這人。僅停留在人的領悟裏，只是與其相關，而非在其裏面，只是留在記憶中的某些東西，不過是人在交往時，可以採用的信息罷了，或者說，它只是人用來談論和爭辯，甚至僞裝情感和行爲的東西而已。

424. 人能夠單憑領悟而思想，而無需同時憑著意志，這樣的安排不過是爲了能被再改造而已，因人可以憑著真理被改造，而真理與人對真理的領悟相關。就意志而言，人實際上全然生於惡，只求利己，不想利他。人若只顧利己，對別人的不幸往往幸災樂禍，特別是對己有利時。事實上，屬於他人的、無論地位還是財富，人都想占為己有，果能如願，則沾沾自喜。為修正、改造這樣一種意志，人被賦予認識真理的能力，以便他以真理來克制各種惡慾的湧現。這是人能憑著領悟而明真理，並能論理和行真的原因，儘管此時意志並不情願與此同步也無妨，直到他改變秉性，發自內心的情願並行出此真此理。到這個境界時，憑領悟所思想之事皆本於信，憑意志思想的皆回於愛，信與愛在他心裏結合，正如領悟與意志彼此結合。

425. 當領悟之真與意志之善結合，或者當人情願並行出所知之真的時候，天堂就在他的心裏；正如前面所說，良善與真理的結合就是天堂。反之，當領悟之謬與意志之惡結合時，地獄就在他的心裏，因為謬與惡的結合就是地獄。當領悟之理尚未與意志之善相結合，人就處在居間的狀態。如今之人，幾乎都處在這樣的狀態：知道一些關於真的知識，並在此知識和自己領悟的基礎上，也思考這方面的內容；但行出來的程度，則各不相同，也有的完全不做，甚至因惡慾而誤信錯謬。所以，或上天堂，或下地獄，人死後首先被帶到靈界。要麼其內的善與真在此結合，而上天堂；要麼惡與謬在此結合，而下地獄。無論在天堂還是地獄，人都不允許有分裂的心智，也就是領悟與意志不一。每個人當志其所知，知其所志。但凡天堂之人，志於善而知真理；任何地獄之人，志於惡而知錯謬。在靈界，對於善者，其謬被移除，並被賦予合乎其善之真；對於惡者，將被除去其真，照其惡配之以謬。由此，我們可知何為靈界。

426. 靈界居民不計其數，因為人死後首先在此聚集，以便通過省察和預備。人在此逗留，並無固定的期限。有的剛剛進入，就立刻被帶上天堂，或被投入地獄。有的逗留數周，有的數年，但一般不超過三十年。時間的長短，取決於人表裏一致與否的程度。

427. 人死後，一進入靈界，就由主耶穌清晰將他們區分開來。按其在世的主導慾所對應的某社群，惡者立刻與此地獄社群建立聯繫。善者則立刻與天堂般的社群建立聯繫，因為他們在世時的愛與信，曾與天堂的某社群相應。

雖被區分開來，他們仍聚集在靈界，可與想見之人交談，例如在世時的親友，特別是夫妻及兄弟姐妹。我曾見到一位父親認出他的六個兒子，與他們交談；還見過很多人與親友重逢。他們若因世間的生活，而形成了不同的性格，經過短暫的重逢之後，他們還是會被分開。

即將離開靈界而上天堂之人，與即將下地獄的人不再彼此相見；若非性情相似，他們甚至不再相識。人們在靈界可以相互見面交往，而在天堂或地獄卻不然，因為天堂或地獄中，性情相似者才彼此交往，原因在於，他們可以在靈界被一一帶進不同的狀態，如同他們在世時可經歷不同的生活體驗那樣。以後，所有人將被帶入與其主導慾一致的穩定狀態。在此狀態下，只有性情相似者才彼此相識，相似者聚集，不同者分開（如之前41-50所述）。

428. 正如靈界是天堂與地獄的居間狀態，它也是天堂與地獄的居間地帶。地獄在其下，天堂在其上。

所有地獄在朝向靈界的一面都是關閉的，要進入靈界，只有通過岩石叢中的洞與縫或者裂口；這些出口皆被看守，避免在未經允許的情況下進入靈界，只有在必要之時，才被放出，後面會對此作詳細討論。天堂各面皆被隔絕，只有一條入口，從被守護的窄路可以進入其它天堂社群。這些出入口在聖言中被稱爲天堂或地獄的"門"。

429. 靈界看似一片被大山與陡崖包圍的山谷，各處高低起伏。進入天堂社群的門，只有正預備好上天堂的人，才能看見，其它人看不見。有一個入口從靈界通向每個社群，進入後便見有一條路，在上升的過程中，這條路會分爲數條。

進入地獄的入口，也只有正預備好下地獄的人，才能看見。地獄之門向他們打開，一打開便見到漆黑、幽暗的洞穴，傾斜而下，直到深處，深處有更多的出入口。惡臭從中發出，使得善靈掩鼻逃避開來，惡靈却被其吸引，因爲他們以之爲樂。事實上，人在世時若喜歡造作惡事，死後也必喜歡與其惡所對應的臭氣。在這方面，他們可與烏鴉、豺狼、野猪等，喜食腐肉的鳥類或畜類作比；一聞到腐敗的臭味，它們就趨之若鶩。我曾見一人，在嗅到天堂之氣時厲聲尖叫，嗅到地獄之氣時却怡然自得。

430. 每個人心裏都有兩道門：一道朝向地獄，向地獄的惡與謬開放；一道朝向天堂，向天堂的善與真開啓。對於注重惡謬之人，地獄之門是敞開的，僅有少許天堂之光，可透過縫隙照入，使他們有思想、推理、談論的能力。反之，對於注重善與真的人，天堂之門是打開的。事實上，有兩條路通向人的理性：一條從上頭來，或說從裏面來，主的善與真，循實而進；一條從下頭來，或說從外面來，地獄的惡與謬趁虛而入。理性處於兩條路的交匯處。天堂之光若得進入，人就是理智的。天堂之光若不得進入，人就是愚痴的，儘管他自以爲理智。

我說這些，是爲了闡明人與天堂、地獄的對應關係。人的理智在形成的過程中，是與靈界相應的。理智之上的屬於天堂，理智之下的屬於地獄。對於預備上天堂的人，理智之上的得以開啓，理智之下的向惡而謬之通道關閉；對於預備下地獄的人，理智之下的被開啓，理智之上的向善而真之路徑關閉。其結果是，前者只能往上看，注視天堂；後者只能朝下看，注視地獄。往上看是注視主，因爲祂是天堂一切的中心；朝下看是背離主，注視地獄一切（參 123-124 節）。

431. 在上文中，凡提到"靈"，是指在靈界裏的人，"天使"則指在天堂中的人。

第四十五章、人的內在是靈

432. 人若細心思考都能看出，進行思考的不是肉體，而是靈，因爲肉體是屬世的，而靈却是屬靈性的。很多人曾探討靈魂不朽的話題，該靈魂就是人的靈性或者靈。事實上，它在各方面都是不朽的，在肉體內進行思考的正是這靈。因爲它是靈，接受靈性的事物，通過領悟和意志，進行靈性的活動，所以人在肉身所進行的理智活動，全都屬於靈魂，無一屬於肉體。事實上，正如剛才所說，肉體是屬世的，構成肉體的物質，只是靈魂的附庸，以便靈魂在全屬物質、本無生命的物質世界盡其所用。既然物質本無生命，唯靈才有生命，我們便可推斷，在人身上活動的是靈，肉體不過是一個使力的工具。我們可以說工具在運動、敲打，但若以爲這是它本身的作爲，而非使用工具者的作爲，便是大錯特錯了。

433. 既然人身上的一切活動和感知全都屬於靈，無一屬於肉體，那麼靈就是實際上的人。換言之，人本是靈，有著與肉身一樣的形體。人身上的一切活動和感知都屬於靈；從頭到脚，人沒有一處不具活力和感知能力。正因如此，當人的肉體與靈魂脫離時，也就是所謂的"死亡"發生時，人依然是活生生的人。

在天堂，我聽說有些死去的人，當他躺在棺材裏尚未蘇醒之前，他依然在冷却的肉體中思想，感覺自己依然活著，只是無法驅動構成其肉體的物質罷了。

434. 若無實體作中介，由此以及在此中來思考和意願，人就無法進行領悟和意志的活動。指望脫離實體而存在的任何事物，什麼也不是。關於這一點，我們從以下事實可知：若無一器官作爲視覺的仲介，我們就不能看見；若無一器官作爲聽覺的中介，我們就無法聽。沒有這些器官，就不存在視覺與聽覺。同理，思考乃內心之見解，關注是內心之聆聽；若非以某些器官形式的實體爲中介，思考與關注也無法發生。由此可見，人的靈也當具有形體，且是人之形狀；靈依然擁有感覺器官，脫離肉體以後仍能感覺，正如活在肉體時一樣。由此可知，眼耳的一切生命，甚至感官的一切生命，並非屬於肉體，而是屬乎靈；靈居於這些功能中，甚至無微不至。正因如此，靈能夠像人那樣視言動聽。只是若從肉體解脫之後，這些視聽感覺，就不再發生於物質世界，而是發生於靈性世界。在肉身時，靈在肉體的層次視聽感覺，原因在於靈通過外加的物質部分，進行運作；不過，這些視聽感覺就領悟和意志方面而言，始終是靈性的。

435. 以上陳述是要向理性之人證實：人在他自己來看是一個靈；而肉身部分，是爲了靈能夠在自然和物質世界發揮其功用而外加的，並非真正的人，只不過是靈的工具。

若從實際的經驗中提供一些證據，效果想必更好，因爲理性的論證超出許多人的領受能力。已經形成對立觀點的人們，又往往憑感官幻相來辯論，將理性的論據作爲懷疑的根據。

已形成對立觀點的人，習慣於認爲動物也能像人一樣生活和感知，也有人一般的靈，只不過靈與肉一併消失。其實，動物與人在這方面並不相同。人有一核心層，是動物所不具備的。神性流入該層，將人提升，乃至與神性之本聯合。因此人不同於動物，能思想關於神、天、教會之真理，能因明真理而敬天愛主，乃至與祂結合。但凡能與神性相合者不能被毀，與神性不合者，必分崩瓦解。關於人有而動物所沒有的核心層，前文（39節）已作過談論。

436. 大量的親身經歷讓我明白，就內在而言，人是個靈。我若將所有經歷述說出來，必能寫成一本大部頭的著作。作爲一個靈，我與其它靈交談；作爲一個在肉身中的人，也與他們交談。作爲靈與他們交談時，他們同樣視我爲與其一樣的某個靈，有著和他們一樣的人形。在他們眼中，我的內在就是這樣的形象，因爲我作爲靈與他們交談時，他們看不見我的肉身。

437. 人離開肉體以後，就是當死亡發生時，他依然是個活生生的人，與之前一樣。從這個事實，我們能推斷人的內在是一個靈。爲了向我證實這一點，我被許可，與幾乎所有曾在肉身時與我見過面的人交談，有的幾個時辰，有的幾個星期，有的經年累月，好叫我信服並見證這個事實。

438. 我再補充一點：人即使活在肉身時，就其靈而言，也處於某個靈界社群當中，與其它靈同在，儘管人自己未曾意識到這一點。藉著各自的靈，善者處於天使般的社群中，惡者處於地獄般的社群中。死後，各人將進入各自的社群。死後即將進入靈界社群者，常被告知並顯明這一點。

人還活在世上時，作爲靈他不會出現在靈性社群中，因爲人的思緒尚停留在物質層面。但當人脫離身體而心思入神時，有時就能出現在那社群中，因爲此時他就活在靈裏。若有人在那裏看見他，很容易將他與那裏的靈區分開來，因爲他在那裏走來走去，沉思無語，不理左右，顯然也沒看見別的靈。一旦有靈和他搭腔，他就立刻消失了。

439. 就人的內在而言，人是個靈；為闡明這一事實，我願談談人的靈出離身體時會發生什麼，以及什麼叫被靈帶入它境。

440. 關於前者，也就是人的靈出離肉體，情況是這樣：人進入睡與醒之間的狀態，在此狀態下，人自己覺得好像是醒著的，所有感官都很敏銳，和肉體醒著時一樣，不僅有視覺和聽覺，奇妙的是，還有觸覺，而且比肉體醒著時敏銳得多。在這種狀態下，人清楚地看見靈和天使，聽見他們說話，甚至能觸摸他們，絲毫不需要身體的介入。聖經所說的"魂遊象外"、"或在身內，或在身外，我都不知道"，指的就是這種狀態。

我曾三四次被帶入這種狀態，讓我有所體會，並瞭解靈和天使也享有各種感官的事實，出離肉體以後，我們的靈也具有各種知覺。

441. 關於後者，也就是被靈帶入它境，通過親身經歷，我得知它是怎麼一回事，不過我僅有過兩三次經歷。我就說說其中的一次：當時，我與一些靈走過城市的街道，穿過郊外的田野，全神貫注地交談。在我看來，我就是醒著的，眼睛看得分明，行走也沒有偏差。在此過程中，我一直是在異象當中。我看見樹林、河流、宮殿、房屋、群眾，等等。幾個時辰以後，我突然回到肉眼的視覺中，發現自己到了另一個地方。我很驚訝，意識到自己經歷了人們所說的，被靈帶入它境的狀態。在那過程中，時間和距離都不在考慮當中，雖然它可能持續幾個時辰甚至幾天，走過很遠的路程，也不覺得疲倦。就這樣，人可能走過未知的路程，毫無偏差地被引到某預定的地方。

442. 這兩種狀態是人在靈裏的狀態，不同於尋常。它們顯明於我，只是叫我有所瞭解，因為教會知道它們的存在。至於與諸靈的交談，以及作為他們當中一員的相處，迄今已持續多年，甚至是在我肉身完全清醒的狀態下進行的。

443. 就內在而言，人是一個靈，前文在討論天堂地獄源起於人類（311-317節）的話題時也提供很多論據。

444. 就人的內在而言，人是一個靈；此內在，是指領悟和意志方面的事情。此內在，使人之所以成為人；此內在如何，人亦如何。

第四十六章、人死後復活並開始進入永生

445. 當人的肉體在物質世界中，不能履行其功能，來對應他的靈在靈性世界的想法和情感時，就說這人死了，發生於肺呼吸和心跳停止之時。其實，他根本沒有死，只是與一度被其所用的肉體分離了而已，人本身其實依然活著。我說人本身依然活著，是因為人之為人，不是憑著肉體，而是憑著靈。畢竟，是人裏面的靈在想問題，是思想和情感構成了人。

由此可見，人死去以後，只是從一個世界轉到了另一個世界罷了。正因如此，就聖言的靈義而言，"死"系指生命的復甦和延續。

446. 與靈至深的聯繫是呼吸和心跳。思考與呼吸相聯，情感與心相聯，因情感是愛慾的表達。呼吸和心跳一旦停止，靈與肉體就要分離。肺的呼吸運動和心的收縮運動，是基本的聯結。此聯結一斷，靈歸靈，肉歸肉。肉體喪失了靈的生命，就逐漸冰涼直到衰腐。

無論在總體上還是在細節上，一切生死攸關的進程，都依賴於呼吸和心跳，所以與靈至深的聯繫是這兩項活動。

447. 分離以後，靈短暫停於肉身，直到心跳完全停頓。過程的長短，取決於死亡的原因。在某些情況下，心跳會持續良久，在某些情況下又不然。心跳一旦完全停止，人就甦醒，但這完全是主的作為。"甦醒"系指靈被引出肉體，進入靈界，也就是所謂的"復活"。

靈與肉的分離必須等到心跳完全停止，因為心對應於愛慾之情感，愛慾是人的生命之本，因為生命的熱情皆源自於愛或慾。因此，只要這樣的聯結持續存在，對應也就得以延續，靈也就繼續活在肉體中。

448. 關於"甦醒"的過程，我不僅得到指示，也有過親身的經歷。得此實際經歷，是叫我對它發生的經過有充分的認識。

449. 就著身體的感覺來說，我被帶入這樣一個狀態：肉體失去知覺，如同瀕死的人剛被救活的時刻。但是，我內在的生命和思想，始終保持未受阻隔的狀態，好叫我察覺並記憶所發生的一切，也就是從死中甦醒的經過。我注意到肉體的呼吸幾近停頓，但是有一種深沉的呼吸，即靈魂的呼吸，正在繼續，伴隨著十分微弱而寂靜的肉體的呼吸。

此時，我的心跳與屬天國度之間建立了聯繫，因爲屬天國度與心對應。我看見天堂的天使，有的在遠處，有兩位坐在枕邊。其作用是帶走我全部的情感，留下思想和其知覺。我在此狀態下有幾個時辰。

然後，我周圍的靈逐漸退去，認爲我是死了。我聞到一股香味，正如用於屍體防腐香料的芳香。有屬天之天使在場時，與屍體相關的一切都會發出芳氣場味。靈察覺此味時，無法靠近屍體。人進入來世時，惡靈也因此不能靠近人的靈。

坐在枕邊的天使一直默默無聲，只是與我交流思想。一旦天使的思想被死者接收時，天使就知道死者的靈魂可被引出肉體了。天使通過注視我的臉來與我交流思想，這正是天使與人交流思想的方式。

由於我持有思維和思維的知覺，以便我明白並記住蘇醒的過程。我注意到，天使首先要確認我的想法，是否與瀕死之人相同，因爲瀕死之人通常會想到生命的永恆，也希望我保持這種念頭。後來我被告知，當肉體作最後一次呼吸時，靈魂被保持在那一刻的想法，直到恢復世間形成的主導慾或基本情感。

特別的是，我還能察覺並感受到一股拉力，將我的內在心智，也就是我的靈，從肉體中牽引出來。我被告知，這是主的作爲，復活就這樣發生了。

450. 與蘇醒之靈同在的屬天之天使，不會離開，他們愛每一個人。但若某靈不願與屬天之天使相處時，期望離開他們。此時，會有天使從主的屬靈國度而來，賦予光給他們；此前，靈看不見任何東西，只能思想。

這個過程曾向我演示：感覺從左眼到鼻樑，彷彿有一層膜被天使卷起，我的眼睛就開了，能看見了。對靈來說，這事看似真的發生了，其實它只是彷彿發生了。隨著這層膜彷彿被卷起來，我看見一片明淨但微弱的光，正如睡醒時透過眼簾所見之光。在我看來，這明淨但微弱的光帶有天堂色彩，但後來我被告知，每個人的情況不盡相同。此後，我感覺好像有東西，從臉龐被輕柔地卷起來，靈性的思想就被喚醒了。有東西被卷起來，這也是一種表像，表示我的思維方式從物質轉入靈性了。

天使們無微不至地看顧剛蘇醒的人，儘量保護剛蘇醒之靈於愛的體驗之中。那時，天使將告訴蘇醒之人，他是一個靈。

屬靈之天使帶來光明以後，新來的靈若有任何願望，天使都會盡力相助。天使會照我們所能領悟的，告訴我們來世的真相。若是靈不願受教，就想離開，不與天使相處。並非天使離開靈，是靈離開天使。天使真切地愛每一個靈，最大的心願莫過幫助他們，教導他們，將他們引入天堂；這也是他們最大的快樂。

離開天使以後，會有善靈前來接引，與靈作伴，也盡其所能地給予幫助。但是，靈在人間的生活，若決定他們不願與善者相處，必再次尋求離開。

上述過程會根據需要而重複多次，直到靈尋見適合自己秉性的社群。此時，靈找回了自己的生命，奇妙的是，他又過上與人間相仿的生活了。

451. 人死後的第一個階段一般只持續幾天。接下來，我會描述怎樣從一個狀態被帶入另一個狀態，直到最終進入天堂或地獄。大量親身經歷讓我對此事實有所瞭解。

452. 我曾與一些死了三天的人交談，對於他們來說，449-450節所描述的過程已經完成，其中有三位是我在人間所認識的。我告訴他們葬禮正在籌備，好讓他們的肉體入土為安。聽到這話，他們感到手足無措。其實，他們依然活著，將要埋葬的，只是在人間曾服務於他們的物質之身。隨後，他們驚訝地發現，活在肉身之時，他們也不相信死後生命的存在；更奇怪的是，教會竟也沒幾個人相信其存在。

有些人在世時，不相信肉體的生命死去以後，還會有靈繼續活下去。既發現自己依然活著，就感到十分尷尬。固守成見的人與持相同想法之人開始聯合。他們多數與邪惡社群相聯，因為他們拒絕神，鄙視教會之理。事實上，人若固執地反對靈魂的永生，也必固執地反對天堂和教會之理。

第四十七章、人死後依然是完整的人

453. 對於靈如一人，前文的"天使如一人"（73-77節）、"人是個靈"（432-444節）中有述。

另外，從以下事實，人更能清楚地把握這一點：人之所以為人，是憑著靈，不是憑著肉體，肉體是照靈的形狀而附於其上，靈照自己的形狀披戴了肉體。因此，靈活動於肉體的每個部分，直至細微處，任何部位若無靈活在其間，就沒有生命。人不難認識這一點，因為領悟和意志驅動並控制著整個身體，若有任何部位不聽從指令，就不是肉體的一部分，裏頭就沒有生命。而領悟和意志是靈的屬性，非肉體的屬性。

一個靈離開肉體後，人們看不到這個形如一人的靈；在肉體中的靈，人們也同樣看不見。人身的視覺器官，或說人的眼，是物質的。物質器官只能看見物質的東西，靈性器官才能看見靈性的東西。所以，當眼睛的物質屬性衰敗，並喪失與其靈性合作的可能性時，靈就顯現出他們的形狀來，也就是人形；不僅生活在靈性世界的靈，甚至依然生活在肉體內的靈，其形狀都是人形。

454. 靈是人的形狀，因為人的靈是照天堂的形象被造的，天堂的一切要素及其規則，都彙集於人的頭腦中，人因此而有接受聰明智慧的能力。或說接受聰明智慧的能力，或說接受天堂的能力，兩者是一回事。

455. 上述之事能被理性之人所理解，因為他們能從各原因之間的關係，以及根據秩序可循之理，來明白這些事情。缺乏理性之人却不能理解，這其中有很多原因，最主要的是他們不願意去理解，因為這些與他們視為真理的錯誤觀念相抵觸。既然不願理解，從天堂通向理性的路就封閉了。但是，只要他們不抵觸，這條路還是可以開通的。大量經歷向我表明，人只要願意，是可以明理，成為賦有理性之人的。

一些因在世時否認神性和教會之真理而變得毫無理性的惡靈，設法確證自己的否定之辭，來抵觸神性與真理，他們時常被迫面對一些處於真理之光中的人。那時，他們像天使一樣明理，承認理之真實。但是，他們一回到惡慾當中，又變得一無所知，口氣也截然相反。我甚至聽見一些惡靈聲稱，他們知道自己所行為惡，所思為偽，但是他們無法抵擋對慾望的滿足，也就是對意志的滿足。意志驅使思想去視惡爲善，認僞爲真。由此看出，因惡而陷於錯謬之人，是能夠明理並變得理性，只是他們不想如此。不想明理的原因在於，他們熱衷於錯謬勝過真理，因爲前者支持他們所追求的惡。慾望與意志是一回事，因爲人皆慾其所志，志其所慾。

就人的本性而言，只要他願意，就能夠明理。正因如此，我被允許以理性思維來證實靈性之理，也就是天堂與教會之理，以驅散那些蒙蔽許多人理性的錯誤觀念，在某種程度上打開他們的眼界。人若專注於理，就可以通過理性來證實靈性之理。若非藉助理性的啓發而明白聖言中的真理，誰能單憑字面的含義而理解聖言呢？如此衆多的異端邪說，不是出自一部聖言的相同文字嗎？

456. 多年的日常經歷向我證實：人的靈脫離肉身後，仍舊是個人，有人的形狀。我千百次如此看見，也聽見他們說話。我告訴他們，世人並不相信他們具有人形，相信靈如一人的，會被所謂的學者視爲頭腦簡單。對於這種無知依然盛行於世，尤其盛行於教會，他們不禁感到悲哀。他們說，這種觀念主要出於那些以肉體感官來揣摩靈魂的學者們。以感官爲基礎的唯一結果，是他們將靈魂視爲思想，當思想不被認爲有某種主體時，就被視爲一股漂流的氣息，等到肉體死亡，它就只有消散。但因教會憑聖言而相信靈魂不朽，他們只好給靈魂賦予某種生機，如思想一類的東西。可是他們不認爲靈魂有人的知覺，必須等到它與肉體複合才行。在此基礎上，他們建立起復活的教義，以爲到最後審判的時候，靈魂將與肉體複合。其結果是，當人們憑教義和揣測來思想靈魂時，就無法把握靈如一人這個事實。再者，今日幾乎無人明白何爲靈性，更不知靈界的靈和天使具有人的形狀。

正因如此，幾乎所有從人間進入靈界的人，當他們發現自己依然活著，依然能見、能聞、能言，身體依然有觸覺，並無改變時，都感到莫名奇妙。驚奇之餘，他們因知道曾經活在人間的人，都已進入靈界，成爲活生生的人，而又爲教會對人死後的狀態，對天堂地獄，居然一無所知，而感到吃驚。他們想不通，此事在教會的信仰中，既如此重要，爲何不通過異象向世人顯明呢？天使告之，主若願意，異象隨時可以發生，沒有比這更容易的事。只是人們即使看見，也不會相信，因爲他們已固守錯誤的成見。再者，對於陷入錯誤觀念的人，用異象來使之信服是危險的。因爲他們開始會相信，然後又加以否認。這樣，他們就褻瀆了真理，因爲相信却又否認即是褻瀆，褻瀆真理的人，將不得不進入底層最恐怖的地獄。

當主說："主叫他們瞎了眼，硬了心，免得他們眼睛看見，心裏明白，回轉過來，我就醫治他們"（約翰福音 12:40），指的就是這種危險。當主說："亞伯拉罕對地獄裏的財主說：'他們有摩西和先知的話可以聽從。'他說：'我祖亞伯拉罕哪！不是的，若有一個從死裏復活的，到他們那裏去的，他們必要悔改。'亞伯拉罕說：'若不聽從摩西和先知的話，就是有一個從死裏復活的，他們也是不聽勸'"（路加福音 16:29-31），指的就是陷入錯誤觀念的人，即使看見，也不會相信。

457. 當人的靈初入靈界時，此事如上所述發生在人蘇醒後不久，我們的靈呈現與肉身相仿的面貌和聲音。因為此時我們尚處於外在的狀態，內在的秉性尚未揭開；這是人死後的第一個狀態。隨後，我們的面貌會發生改變，變得大不相同，就像我們的主導情感或主導慾，與我們在世時思想的內在或者肉體中的靈相稱。靈的面貌與肉體的面貌大不相同。我們從父母獲得肉體的面貌，因主導慾或情感而呈現靈的面貌，靈的面貌是其情感的形象。當靈在肉體中日子結束，外在部分被擱置一旁，內在部分被揭露，我們就進入這樣的情感。這是人死後的第二個狀態。

一些剛剛離世進入靈界的人，我能從他們的面貌和聲音認出他們。後來再見到他們時，却認不出來了。心地善良的人有著美麗的面貌，心地邪惡的人却現出醜陋的面貌。就其本身而言，靈無非就是情感，情感的外在形象就是面貌。

面貌會發生改變，是因為在靈界人不允許偽裝情感而顯出與其慾望相反的面孔。每個人都得保持言語與思想一致，表情、行為與意志一致。所以，我們的面貌都將變成情感的形象和樣式。也正因如此，人們在靈界還可能彼此相識，等到各自進入天堂或地獄了就不再相識了。

458. 相對而言，偽善者的面貌變化較慢，因為他們已習慣於控制情感，假裝善良。所以，在很長一段時間內，他們看起來很有魅力。但是，這種虛假的面具終將逐漸脫落，其內在心智也將與情感協調一致，最終顯得比別人更加醜陋。

偽善者說話像天使，內心却只有物質，不承認神，因而否認天堂與教會之真理。

459. 我們需要知道，人的內心越熱衷與踐行神性之真，死後的形象就越美，因為人的靈性是照著對真理的熱愛，以及踐行真理的生活而開放並形成。所以，情感越是內在，就越似天堂，面容就越美。正因如此，內層天的天使是最美的，因為他們是愛的形象。反之，熱衷神性之真的形式越外在，以越外在的方式踐行神性之真，其美麗的程度也越遜色，因為外在之美透過面容煥發出來，內在之愛，或說天堂最根本的形象，未能透過其外在的形象煥發出來。相對而言，他們的面容較爲暗淡，沒有內在生命的光照耀出來。簡而言之，越往內，完美性越高；越往外，完美性越低。隨著完美程度的遞增或遞減，美的程度也遞增或遞減。

我見過第三層天的天使，他們的美，他們臉上的光明和神采，是任何畫家無法用技巧和顏料描繪出來的，連千分之一也不能。但外層天的天使，其面貌能或多或少被刻畫出來。

460. 最後，我願透露一個衆人尚不知曉的奧秘：從主所出、構成天堂的一切善和真皆呈現人的樣式。無論是至大的總體還是最小的局部，都是如此。這樣式影響每一個從主接受善和真的人，使得天堂的每一位天使，皆照接受的程度而呈現爲人的樣式。正因如此，天堂在總體和局部上，表現出一致的形態，整個天堂、每個社群、每個天使，均呈現爲人的樣式，正如前文所解釋的（59-80 節）。這裏我要補充一點：從天使內心之愛所發出的思想細節，都呈現如此樣式。

世人或許難以理解這個奧秘，但是天使皆能清楚地領悟，因爲他們住在天堂的光明之中。

第四十八章、人死後擁有一切
唯獨撇棄了塵體

461. 頻繁的經歷向我證實，當人從人間進入靈界，也就是死亡發生之時，他將攜帶屬於他的一切，唯獨丟棄了肉體。事實上，當人進入靈界或死後生活後，他也是有形有體的，正如在人間一樣。兩者似乎沒有分別，因爲他看不出也感覺不出有什麼差別。但是該身體是靈性的或屬靈的，已從人間的物質分離或淨化出來。用屬靈的事物接觸和審視屬靈的事物，恰如用屬世的去接觸和觀看屬世的事物。正因如此，當人成爲靈，他不會感覺到自己已不在肉身中，也不知自己已經死了。

作爲靈，人依然享有他在人間所享有的，內在和外在的感覺。他像以前一樣看，一樣聽，一樣說，一樣嗅，一樣嘗，一樣觸摸，也像過去一樣希望、渴求、思想、考慮、感動、熱愛、立志。用功的人還像以前一樣閱讀、寫作。簡而言之，當人從一種生活進入另一種生活，或說從一個世界進入另一個世界，就好像從一個地方移到了另一個地方。他隨身攜帶著屬於自己的一切，乃至除了身體，他沒有丟失任何東西。

再者，他將攜帶在世的記憶，因爲他從生到死一切的見聞覺知、學問思想都完全保留著。不過，由於他記憶中物質事物不能在靈界再現，也就處於沉寂狀態，恰如人不去思想它的狀態一樣。但是，主若願意，它們都可以重現。關於該記憶在人死後的狀態，下文會有更多的闡述。

感官主義者，無法相信這將是人死後的狀況，因爲他無法領會。他完全在肉體的層次思考，面對靈性的事物，他也同樣如此。這意味著，凡是他無法感覺到的一切，就是他肉眼看不見，雙手摸不著的事物，他都認爲不存在，正如多馬那樣（約翰福音 20:25, 27, 29）。關於感官主義者的特質，前文（267 節）已作過描述。

462. 雖然如此，人在靈性世界的生活，和在物質世界的生活，還是有顯著差異的，無論是內在的感覺，還是外在的感覺，都是如此。天堂的人，其感覺要敏銳得多，就是說，與在人間相比，他們的視覺、聽覺、思維都更加敏銳。因爲他們在天堂之光中看，在靈性氣氛中聽，而天堂之光要遠勝物質之光（參 126 節），靈性氣氛要遠勝物質氣氛（參 235 節）。兩者的分別，有如明淨天空與烏雲密佈，或正午光亮與夜晚陰暗的分別。使天使能明察秋毫的是神性之真，也就是天堂之光。

再者，他們的外視對應於內視或領悟，因爲就天使而言，其內視流入外視，兩者協作如一。正因如此，他們的視力才如此敏銳。同理，他們的聽覺對應於覺察，覺察力與領悟和意志都相關。正因如此，他們能透過說話者的語氣，和言辭洞察他的情感和想法：通過語氣洞察情感，通過言辭洞察想法（參 234-245 節）。

但是，天使的其它感官，不像視覺和聽覺那樣敏銳，因爲視聽有助於其聰明智慧的提高，其它感官却不然。其它感官若同等敏銳，反將有損其智慧中的光明與喜樂，使得身體上的各種嗜好和快感摻雜進來，以致掩蓋和消弱其智慧。世上的人不正是如此嗎？他們一旦沉醉於吃喝和肉體情慾的刺激，面對靈性之理就變得遲鈍麻木了。

至於在地獄中的靈，他們在靈性世界和物質世界的分別，也是根本性的。天使的內在和外在知覺，如何變得完美，地獄之靈則照樣變成完美的反面。不過，有關他們的狀態，我們還是留待以後再談。

離世以後，人將保留完整的記憶，這是我從大量經歷所得知的事實。在這方面，我有很多值得一提的所見所聞。下面就讓我依次講述幾個實例。（1）有人矢口否認他們在世間曾犯下的罪惡行徑。爲證明他們絕非無辜，他們一生的所作所爲，從頭至尾，被依次從記憶中提取出來，其中多爲通奸淫亂之事。（2）有人陰險狡詐，用邪惡的伎倆騙取他人的財物。他們欺詐巧取的手段逐個被揭露出來，其中多數除他們自己以外，沒有人知道。他們不得不承認，因爲他們犯罪時心裏所混雜的各種念頭、意圖、竊喜、恐懼都昭然若揭了。（3）有人以權謀私，收受賄賂，屈枉正直。他們的所作所爲也依次被揭露出來。從他們履職開始到離職爲止，收受賄賂的數量、時間、當時的心理狀態，所存於記憶中的一切，全都一覽無餘，且多達百餘次。神奇的是，在一些情況下，他們記錄這些事的日記也逐頁被披讀出來。（4）有人誘騙少女，褻瀆了她們的貞潔。這些人也受到相似的審判，其惡行被依次從記憶中揭發出來。那些少女和婦人的容貌被呈現出來，彷彿就在眼前。而且作案的地點，說過的話語，閃過的念頭，也都呈現眼前，彷彿被人親眼目睹了一般。有時畫面會持續好幾個時辰。（5）有人肆意毀謗他人。他詆毀時所說的話，所針對的人，向誰說這些詆毀的話，也依次被揭露出來。這些事被活靈活現地呈現於眼前，儘管他在世時曾小心翼翼地加以掩藏，不讓他意慾詆毀的人有所耳聞。（6）有人以不正當的手段騙取了他親屬的遺產。他的惡行以同樣的方式被揭發出來，受到了同樣的審判。神奇的是，他們之間交換的信件和檔案，被大聲地向我宣讀出來，他承認一字不差。（7）某人死前還暗中毒殺了他的一個鄰居，他的惡行以下述方式被揭露出來：他脚下看似開了一個口,有一人彷彿從墳墓裏冒出來,對著他厲聲尖叫:"你對我做了什麼?"然後他所做的一切被揭發出來,包括他表面和善地與鄰居說話,遞給他一杯飲料,還包括他事前的想法和事後的經歷。罪行被揭露以後,凶手被投入了地獄。

總而言之,惡人所有的惡行、罪孽、偷盜、詭詐、欺騙,都從他們的記憶中被揭露出來,使其無否認的餘地,因爲所有的事件都完整地被呈現出來。

我還聽說天使曾查看某個人的記憶,將他一月之內的念頭逐日陳列出來,毫無錯誤。如此重現,使得他彷彿回到了從前。

從這些事例可知,人將攜帶他完整記憶,世間再隱密的事,死後也將被顯明,公之於衆。正如主所說:"掩蓋的事,沒有不露出來的;隱藏的事,沒有不被人知道的。因此,你們在暗中所說的,將要在明處被人聽見;在室內附耳所說的,將要在房上被人宣揚。"(路加福音 12:2-3)

463. 死後,當我們面對自己的所作所爲時,擔負察驗之職的天使,凝視我們的面孔,再檢查我們的身體,從一隻手的手指到另一隻手的手指,直到全身。對此我很詫異,得到的解釋是:正如思想和意志被詳細地記載在作爲起始處的大腦裏,也就被同樣記在了人的整個身體上,因爲思想和意志從起始處向外,延伸到身體上,終止於最外端。所以,意志和思想被存入記憶,不僅是記在了大腦上,也照身體的形狀,被記在了整個身體上。我由此看出,人的品性完全由意志和思想來決定,乃至惡人就是他自己的惡,善人就是他自己的善。

由此也能明白聖言所說的"生命冊"是何含義:人的所有行爲和思想被記在了整個人身上,當它們從記憶中被提取出來時,就好像從一本冊子被宣讀出來。當靈被天堂之光映照時,就顯出這種畫面。

關於人死後所保留的記憶,我願補充一些值得注意的信息。它讓我確信,凡進入記憶的,從整體到細節,都將保存,永遠不被抹除。我曾見過一些著作,文字和人間的相似。我被告知,它們是出於著書者的記憶。與著者在人間所寫的著作相比,一字不差。我還被告知,人一生的所有細節,即使是他在人間已忘記的,都可以從記憶中被取回。其中的原因也被解釋出來:人有一個外部的記憶,也有一個內部的記憶;外部的記憶屬於肉體,內部的記憶屬於靈魂。人所有的念頭、動機、言語、行爲,甚至所見所聞,都被存入了內部的記憶,或叫靈魂的記憶。它絲毫不可能被抹除,因爲正如前面所說,它同時寫在了靈魂和整個身體上。這意味著人的靈魂是照思想和意志的行爲成形的。我知道這些事讓人感覺不可思議，也令人難以置信，但它們却是真的。

所以，但願人不要以爲他暗中的思想和行爲，死後將被隱藏起來。相反，他當相信，一切都將被顯明出來。

464. 雖然人死後依然保留外部的或自然的記憶，但是純粹物質的事物，是不能在靈性世界再現的，只有與物質事物對應的靈性事物，才能再現。當它們以畫面呈現時，看起來與人間相似。靈性世界中的事物與物質世界的事物，看起來相似，不過靈性世界的事物，本質上是靈性的，而非物質的。

外部的或自然的記憶中，源於物質、時間、空間等自然屬性的事物，在靈性世界對靈不起作用，不像在物質世界對靈那樣起作用。當人在物質世界時，無論何時僅以外在的感官來思考，而非同時以內在的感官進行思維，這只是物質層面的思維，而非靈性層次的思維。但是，當人的靈進入靈性世界以後，是在靈性層面、而非物質層面進行思維。靈性層面的思維，是作智慧或理性的思維。因此，外部的或自然的記憶中，那些物質事物都歸於沉寂，只有那些在人間通過物質事物所吸收的、並成爲理性的事情，能有作用。外部記憶中的物質事物歸於沉寂，原因在於它們無法被重現。靈與天使說話的內容完全出自情感，以及因此而產生的頭腦中的想法。任何與之不合的，他們都無法表達。正因如此，人死後成爲理性者，不在於他們在人間對語言和科學的掌握程度，而在於通過上述方式獲得理性的程度。

有些人在世時堅信自己博學，通曉希伯來文、希臘文和拉丁文等古文，但他們並未從這些文字著作中培養理性。我曾與這些靈交談，有的看起來愚鈍，彷彿對上述語言毫無瞭解；有的看起來很固執，依然妄自尊大，彷彿比別人更有智慧。

一些人在世時，以爲智慧就是博聞強識，我也曾與他們交談。他們完全憑記憶說話，這意味著他們不是憑自己說話，而是憑別人說話。他們並未通過所記憶的知識來培養發展理性。有的很固執，有的很愚痴，對真理毫無見解，對是非真假毫無認識。對於自稱博學之人所販賣的謬論，他們緊握不放。事實上，他們看不到事物的本質，無法辨別真僞，對於別人的談論，他們不能下理性的判斷。

一些人在世時，曾寫下很多著作，有的甚至涉入各種學術領域，獲得了國際性的聲譽，我也曾與他們交談。有的確能推敲真理，有的在面對明白真理的人時能夠領會，但是由於他們不願明白真理，所以他們一落入自己的謬見之中，成爲本我之時，又否認真理。有的並不比普通的老百姓瞭解更多。不同的結果，取決於他們在著書立說時，是否培育發展了自己的理性。人若反對教會的真理，憑知識進行思考，以此來確證錯謬，那麼他們並非培養發展理性，而只是推理的技巧，儘管世人奉爲理性，其實兩者截然不同。前者是一種證明的能力，憑己，以成見和幻相爲出發點來看錯謬，而非看見真理。此等人不可能認識真理，因爲人不可能憑謬見發現真理，只能憑真理發現謬誤。

人的理性，就像一座花園或一塊新開墾的田地，記憶好比土壤，知識和學問好比種子，天堂的光與熱使其生長。沒有光與熱，就無法生長。同理，我們的心若不接受天堂的光與熱，亦即神性之真與神性之愛，也不可能成長。理性獨源於此。

博學者多將一切歸於自然，因而將思想之內在封閉，以致不能從真理之光、也就是天堂之光看見一絲真理的痕跡，天使們爲此深感悲痛。到了靈界，他們將喪失理性的能力。避免他們在心思簡單的人中散佈謬誤，將他們引入歧路。而且，他們還會被送入荒漠之地。

465. 有個靈因爲記不起在世時所學到的諸多知識而抱怨，也爲失去那份快樂而傷感，因爲那曾是他最大的樂趣。他被告知，他根本未曾失去任何東西，一切尚在，只是在當前的世界，他不允許回想那些東西。相反，他該爲現在能更完美的思索和談論，理性已不像從前那樣陷於粗糙模糊的物質和肉體之中，而感到快樂。那些東西在他現在已進入的國度裏毫無用處，而且他已擁有利於永生需用的一切，除此途徑，人不能獲得幸福和快樂。所以，以爲自然記憶的移除和沉寂，將導致智慧的喪失，乃是一種無知的想法。事實上，心智越出離外在肉體的感官，就越能進入天堂的智慧之中。

466. 在靈界，記憶有時會以可見的形狀顯現出來，好向人顯明它的性質，因爲人裏面的許多想法或概念，在靈界顯爲可見之物。外部的記憶，在那裏顯爲一塊老繭的外觀；而內部的記憶，看起來像人腦中的髓質。由此我們也能分辨兩者的特質。

對於在世時只知博聞強識，却不求發展理性的人，其記憶看似一塊堅硬的老繭，裏面佈滿腱狀的紋理。對於記憶中充滿錯謬者，因混亂一堆而呈毛糙狀。爲滿足己慾和物慾而博聞強識的人，其記憶看似粘在一起，如同骨化。對於試圖以知識，特別是用哲學參透神的奧秘，在知識將之證實以前不願相信的人，其記憶看似一團吞沒光線的幽暗。對於狡詐僞善的人，其記憶看似一塊反射光線的堅硬的烏木。

相反，對於注重愛之善和信之真的人，並無繭狀的樣子可見。因爲光線透過其內部的記憶傳入外部的記憶，以其中的事物或觀念爲合適的載體，彷彿找到了根基或土壤。外部的記憶處於次序的最外層，若有善和真在其中，靈性與天堂之事物，便輕柔地降臨，找到落脚居處。

467. 人在世時若專注於愛主與愛鄰舍，其心裏便有天使般的聰明和智慧，藏於其內部記憶的深處。該聰明智慧暫時無法顯現出來，直到人離開肉身。那時，其自然的記憶將歸於沉寂，人就覺悟到其內部的記憶，最終進入天使般的記憶。

468. 有必要簡單解釋一下理性是如何發展起來的。真正的理性是由真理構成，不含錯謬。凡由錯謬構成的，便非理性。真知可分三種：民事的，道德的，靈性的。民事之真理關乎司法和政府事務，籠統而言，它關乎公平正義。道德之真理關乎人在社會中的言行舉止，籠統而言，它關乎誠實正直，具體而言，它關乎各種美德。靈性之真理關乎天堂和教會，籠統而言，它關乎愛之良善與信之真理。

每個人的生命可分三層。藉著民事之真理，人的理性開至第一層；藉著道德之真理，人的理性開至第二層；藉著靈性之理，人的理性開至第三層。

我們當知，理性的形成和開啓，不能單憑明真理，而是將真理踐行出來。行出真理，意味著以靈性之情感熱愛真理；而以靈性之情感熱愛真理，又意味著因公平正義；而熱愛公平正義，因誠實正直而熱愛誠實正直，因良善而愛良善，和因真理而愛真理。反之，人若以物質之情感熱愛並踐行真理，便是爲著名利的緣故。所以，人若以物質之情感熱愛真理，就不能成爲理性，因爲他並非真的熱愛真理，他愛的是自己，真理只不過是他手中的工具，猶如服侍主人的奴隸罷了。當真理成了奴隸，就不能進入人心，開啓其生命的層次，連第一層也不能。它只能以物質性知識的形式停於記憶中，與己慾這種肉體慾望相結合。

由此可知人是如何獲得理性的：通過熱愛關乎天堂和教會的良善和真理，人的理性開至第三層；通過熱愛誠實正直，人的理性開至第二層；通過熱愛公平正義，人的理性開至第一層。因著對善和理之熱愛，對誠實正直和公平正義之愛，也成爲靈性之愛，因爲前者流入後兩者之中，與之結合並成形，使之呈現自身的樣式。

469. 靈和天使與人一樣也有記憶，凡其所見、所聞、所思、所願、所行，皆存記下來，藉此培養理性，直到永遠。靈和天使也因此能够像人那樣藉著認識善與真而在聰明和智慧上日臻完善。

對於靈和天使也有記憶，這也是我通過大量經歷所得知的事實。當著其它靈的面，我見過從他們的記憶中，提出他們在人前和私底下所思所行的一切。我也見過一些簡單行善而明少許真理的人，滿有洞悉力，進而有聰明，然後被提升入天堂之中。

需要瞭解的是，他們獲得的洞見和聰明，並不能超越其在世之時，對善與真的熱愛程度。事實上，每個靈或天使將保持其在世之時，所懷情感的度量和品性，然後隨著被豐滿而日趨完善，這個過程將持續到永遠。萬物皆可永遠不斷被豐富，因爲萬物皆有無限的多樣性，因而可通過各種不同的事物得以豐富，結果不斷增加繁殖。在那裏，善的發展不被限制，因爲它來自於無限。

第四十九章、人在世間的生活
決定死後境況

470. 基督徒從聖言得知，人死後其生命將要延續，因爲聖言多處說到，人將照各自的行爲受審判，得報應。再者，用善與真思考問題的人，不難看出生活良善的人上天堂，生活敗壞者下地獄。反之，喜歡作惡的人，却不願相信其死後的狀態，取決於今生的生活方式。他們情願相信，特別是當身體開始衰退的時候，上天堂純粹在於上天的憐憫，人的行爲無關緊要，只要信就已足夠。

471. 聖言的確多處說到人將照各自的行爲受審判，得報應。下面就讓我引用一些經文：

人子要在祂父的榮耀裏同著衆使者降臨，那時侯，祂要照各人的行爲報應各人。（馬太福音 16:27）

在主裏面而死的人有福了。聖靈說，是的，他們息了自己的勞苦，作工的果效也隨著他們。（啓示錄 14:13）

我要照你們的行爲報應你們各人。（啓示錄 2:23）

我又看見死了的人，無論大小，都站在寶座前。案卷展開了，並且另有一卷展開，就是生命冊。死了的人都憑著這些案卷所記載的，照他們所行的受審判。於是海交出其中的死人，死亡和陰間也交出其中的死人。他們都照各人所行的受審判。（啓示錄 20:12-13）

看哪，我必快來！賞罰在我，要照各人所行的報應他。（啓示錄 22:12）

凡聽見我這話就去行的，好比一個聰明人…凡聽見我這話不去行的，好比一個無知的人。（馬太福音 7:24,26）

凡稱呼我主啊主啊的人不能都進天堂，惟獨遵行我天父旨意的人才能進去。當那日，必有許多人對我說，主啊，主啊，我們不是奉你的名傳道，奉你的名趕鬼，奉你的名行許多異能嗎？我就明明地告訴他們說，我從來不認識你們，你們這些作惡的人，離開我去吧！（馬太福音 7:21-23）

那時，你們要說，我們在你面前吃過喝過，你也在我們的街上教訓

過人。他要說，我告訴你們，我不曉得你們是哪裏來的，你們這一切作惡的人，離開我去吧！（路加福音 13:26-27）

我也必照他們的行爲，按他們手所做的報應他們。（耶利米書 25:14）

耶和華注目觀看世人一切的舉動，爲要照各人所行的和他做事的結果報應他。（耶利米書 32:19）

我必因他們所行的懲罰他們，照他們所做的報應他們。（何西阿書 4:9）

萬軍之耶和華定意按我們的行動作爲向我們怎樣行，祂已照樣行了。（撒迦利亞書 1:6）

主在預告最後的審判時，沒說別的，只提行爲：行爲善良者進入永生，行爲敗壞者進入永刑（馬太福音 25:32-46）。

此外，還有很多經文論及人的得救或滅亡。

由此可見，人的外在生活由行爲構成，內在生命的品質通過行爲動作體現出來。

472. 但是，行爲並非單單以外在的形式表現於外，還以內在的表現於內。眾所周知，人的行爲無不出於意志和思想，若非出於此二者，那只不過像機械人或玩偶一般的動作而已。所以，從根本上說，行爲只是源於意志和思想的一個結果，意志和思想是行爲的靈魂和生命。甚至可以說，意志和思想在行爲之中，行爲是意志和思想的外在表現。正因如此，意志和思想的性質，決定了行爲的品質。有些行爲表面看起來差不多，但若爲其意志與想法爲善，便爲善行，若意志與思想爲惡，便爲惡行。一千人行同一件事，表面可能無任何差異，以致人無法分辨，但從根本上說，每個人的行爲都是獨特的，因爲它出於不同的意志。

以待人誠實公平爲例：有人求名，有人求利，有人求回報和信任，有人求關係，有人因懼怕法律，擔心喪失名聲地位，有人爲拉幫結派，有人爲行欺騙，不一而足。它們雖看似爲善，因爲待人誠實公平被視爲善，其實却是惡，因爲它們不是出於對誠實公平的熱愛，而是出於己慾和物慾。誠實和公平不過是慾望的奴隸，當其失去作用時，就被主人鄙視拋棄。

因熱愛誠實公平，而待人以誠實公平的人，其行爲表現與前者相似。

他們這樣行，有的是爲了順從真理，因爲這是聖言的要求。有的是爲了良知，因爲他們被信仰之情所感動。有的是出於愛，因爲鄰舍的福祉本該受到重視。有的是出於愛主，因爲行善是理所當然的，待人以誠實公平，也是理所當然的。他們熱愛誠實公平，因爲兩者出於主，主所發的神性住在其中。所以，從根本上說，兩者是神聖的。他們的行爲從本質上說是善的，所以從表現來說也是善的。因爲正如前面所說，行爲的品質，完全取決於意志與想法的品質。離開意志與思想，行爲只是死板的動作。

由此可知聖言所說的"行爲"是何含義。

473. 行爲既關乎意志和思想，自然也關乎愛與信，乃至行爲的品質就是愛與信的品質。因爲愛與意志相關，信與思想相關。人皆因愛而志之，因信而思之。人若因愛而信，必立志且努力踐行。不難看出，愛與信注入意志和思想之中，而非流於其外。因爲愛之所動即爲意志，信之所照即爲思想。愼思者可獲啓蒙，照著受啓程度，他們思想何爲眞，並立志於此。

474. 我們當知道，人的意志如何，則此人如何，而思想只有在出於意志的情況下，才是眞思想；進一步說，行爲只有在出於二者的情況下，才是好行爲。換言之，人的愛如何，則此人便如何，而信只有在出於愛的情況下，才是眞信；進一步說，行爲只有在出於二者的情況下，才是好行爲。這意味著愛或意志，乃人之本，因爲所出皆屬於其所從出的源頭。"出"就是以適當的形式產生和表現出來。

由此可知，信若離了愛就不是信，只是一些知識罷了，當中沒有生命。行爲若缺少愛，這樣的行爲便是死的，不是活的行爲，只是惡慾和謬見所表現的假像而已。這種生命的假像，我們稱之爲"靈性的死亡"。

475. 我們還當認識到，全人在行爲中得以體現，內在的意志和思想，或愛與信，在表現爲外在的行爲之前，是不完全的。事實上，行爲是意志和思想所止之終端。無此終端，意志和思想就無所依托，談不上存在，也就是不在人裏面。想而且立志，但却不行動，好比火焰被封閉在容器裏，必要熄滅；或如種子被撒在沙上，不能生長，發不了芽。反之，想而且在立志後付諸行動，好比火焰向周圍散發光明和溫暖，或如種子被撒在地裏，能長成花草樹木。人不難看出，立志却不行動，不是眞的立志；熱愛善却不行善，也不是眞的熱愛；僅僅是思其所願，想其所愛，只是單純的想法，必要煙消雲散。意志是行爲的靈魂，它在誠實公平的行爲中，造就自己的身體。我們的靈體，無非源出於此，就是說，人的靈體完全由出於意志的行爲所構成。總而言之，人的個性和靈魂的一切都體現在行爲中。

476. 由此可知人死後其生命，將要延續是何含義：人的愛與信將在行爲中，非僅僅在理論上延續，也就是人的行爲將要延續，因爲行爲之中包含著人全部的愛與信。

477. 死後，每個人都將延續其主導慾，且永不改變。人之愛慾衆多，但皆與主導慾相關，與主導慾合爲一或者與其整合。凡與主導慾相合的意志都稱爲"愛"，因爲爲其所熱愛。這些"愛"有內在有外在，有直接相連者，有間接相連者。它們以不同方式發揮作用，一起構成一個王國。事實上，它們正是以這種方式被安排在人的裏面，只是人未曾意識到這一點。等進入靈界，這樣安排在某種程度上可以顯現出來，因爲人的思想和情感，在靈界的外延與這些"愛"的安排相一致。人的主導慾若由天堂之愛所構成，其思想和情感的延伸就進入天堂般的社群。反之，人的主導慾若由地獄之"慾"所構成，其延伸就進入地獄般的社群。

478. 以上所說只是就理性角度而言，爲使之更直觀一些，我願補充一些實際經歷，以說明並證實以下事實：一、人死後，就是各自的意志或主導慾；二、人的意志或主導慾將保持不變，直到永遠；三、人的主導慾若是天堂的和靈性的，就進入天堂；若是肉體與物質之慾，毫無天堂與靈性之慾，就進地獄；四、人之信若非出於天堂之愛，就不在人的裏面延續；五、死後所延續的，是付諸行動的慾望，也就是人的生命。

479. 大量經歷向我證實，人死後就是各自的主導慾或意志。照著意志的不同，天堂分爲無數的社群，每個被提入天堂成爲天使的靈，都被帶入與其意志或主導慾相應的社群。當他到達那裏，就感覺找到了自己，如同回家，那生他養他的地方。天使能感受到這一點，因而與同類靈交往。若離開此處，去到另一個地方，他常會有一種抵觸感，渴望回到適合他的地方，也就是回到他的主導慾當中。天堂中的人以群分就是如此。地獄與之相仿，也是照著他們的主導慾的不同而聚在一起的。

從以下事實也可推知，人死後就是各自的意志或主導慾：但凡與主導慾不合者，都被分別出來，可以說是被清除，於是被帶入自己的所愛。對於善靈，與其主導慾不合的，將被分別出來，彷彿得到了清除，於是得以進入自己的所愛。惡靈也將如此，只不過他們被清除的是真理，而善靈被清理的是錯謬。無論如何，兩者都終將成爲自己的主導慾。這發生於死後第三個狀態之時，關於這一點，後文會作闡述。

此階段發生後，靈將始終朝向自己的所愛，無論面向何方，出現於眼前的皆爲所愛。

所有的靈，只要使其保持於主導慾之中，就可以被任意引導，他們無法抗拒，即使知道正發生什麼，甚至以為自己能夠拒絕。他們常被許可去嘗試，行出違背主導慾的事情，結果還是徒然。他們的主導慾好比繩索，將其纏縛，因而受其牽引，無法自我釋放。世上之人也是一樣，皆為各自的主導慾所引導，或者說被其他人藉助主導慾引導。當人成為靈，將更加如此，因為靈不再被允許表演和偽裝。

人的靈就是其主導慾，可從靈界中的所有聚會中明顯看出：當某人的所言所行與另一人的主導慾相符時，照著相符的程度，那人會清晰地顯現於現場，帶著完整、愉悅和生動的面容。反之，人的所言所行若與另一人不合時，另一人面貌就開始改變，逐漸模糊，辨別不清，最終完全消失，如同未曾到場。我常為此驚嘆，因為此事在人間不可能發生。但是我被告知，此理同樣適於人裏面的靈：當我們的注意力從某人身上轉移時，他就不在我們的視線當中，視而不見。

從以下事實，我也看出人的靈，就是他的主導慾：每個靈無不追求、索取迎合其慾望的事物，拒絕、排斥與其慾不合的事物。人之慾就像一塊海綿或多孔的木頭，吸收能使之膨脹的液體，其它東西却不吸收。人之慾也像各種動物，懂得分辨並尋找適合自己的食物，回避不適合的食物。事實上，任何慾望皆希望，從適合的事物得到滋養，惡慾藉著錯謬得滋養，善慾藉著真理得滋養。我曾見一些單純善良之靈，試圖將真理和良善告訴惡人，可惡靈却躲得遠遠的，而一遇見同類，他們就興致勃勃地接受與其慾相合的謬論。我也曾見一些善靈在談論真理，此時，周圍的善靈熱切地側耳而聽，惡靈却漠不關心，充耳不聞。

在靈界有道路可見，有的通向天堂，有的通向地獄，每條路皆通向某個特定的社群。善靈只走通向天堂的路，最終到達與其慾相同的社群，通向其它地方的路，他們看不見。反之，惡靈只走通向地獄的路，最終到達與其慾相同的社群。通向其它地方的路，他們看不見，即使看見，也不願走那條路。

在靈界，這些路真切地顯現，與真理或錯謬對應，這也是"路"在聖言中的含義。

以上經歷之證據，可證實前面所說的道理，就是說，人死後就是他自己的主導慾或意志。之所以說"意志"，是因為人的意志就是人之所慾。

480. 大量經歷也向我證實：死後，人的意志或主導慾將保持不變，直到永遠。我曾與生活在二千多年前的人交談，他們的生平在史冊上有所記載，故爲人所知。就他們的主導慾而言，他們還是與從前一樣的人，正如歷史書卷所記錄的，其所慾未曾改變，仍是其生活的動力和根本。

在那裏還有史上其他知名人士的靈，我與他們交談過的，有十七個世紀前的，也有三或四世紀前的，發現他們仍具有同樣的情感。唯一不同的是，他們所追求的已轉化爲靈界相應的事物。

天使告訴我，主導慾的生活永不改變，誰都如此，而且保持到永遠，因爲人人皆爲其所慾。因此，改變一個靈的主導慾，等於取走或扼殺他的生命。

天使還告訴我，人的主導慾永不改變，也在於死後人不能像在世時那樣，通過受教來獲得改造，因爲由屬物質性的領悟和情感，並非靈性之物（參464節），其所構成的終端平台，已就歸於沉寂狀態，不能被開啓。而屬於思想與性情的更內在部分，則建立於該終端平台之上，正如房子立於地基之上。正因如此，人將保持其在人間之慾，直到永遠。對於人不知道他的秉性取決於主導慾，却以爲得救在於神的直接憐憫，或者唯獨信就能得救，無所謂行爲如何，天使們感到震驚不已。這樣的人不知神的憐憫是間接的，包括在世上以及日後直到永遠，皆受主的引導，並且只有那些不活在罪惡中的人，才因憐憫而被引導。另外，這樣的人也不知道信，其實就是對真理的渴慕情感，理自天堂之愛而出，愛源於神。

481. 人之慾若是屬天堂的和屬靈性的，就進入天堂；若是屬肉體的和屬世的，毫無天堂的和靈性的成份在內，就進入地獄。這一結論，得自我見過的所有被提入天堂和被投入地獄的人。被提入天堂的人，曾過著與天堂和靈性之慾相應的生活；被投入地獄的人，曾過著與肉體和物質之慾相應的生活。天堂之慾是因善良、誠實、公平本身的緣故而熱愛善良、誠實、公平，並因爲熱愛而切實踐行。正因如此，他們擁有善良、誠實、公平的生活，這是一種天堂的生活。人若因善良、誠實和公平本身的緣故而熱愛之、實踐之，就是愛主高於一切，因爲這些皆出於主；也是愛鄰舍如己，因爲這些就是所當愛的"鄰舍"。肉體與物質之慾，熱愛善良、誠實、公平，却不是因其本身的緣故，而是爲了達到利己的目的，因爲對於這等人來說，這些好的事物，只是被他們用來獲得名利地位的工具罷了。此等人在踐行善良、誠實、公平時，所注重的不是主和鄰舍，而是自己和物質世界，並從欺詐中求取快樂。當動機是欺詐時，一切看似善良、誠實、公平的事，其實都是不善良、不誠實、不公平的，這些才是他心裏真正所愛的。

正因爲人的生命，由這些各種不同的慾望所決定，所以人死後，一進入靈界,其秉性就受到審視,並被安排與有著類似慾望的人聯結起來。活在天堂之慾中的,就被安排與天堂的人聯結起來。沉迷於物質之慾,就被安排與地獄的人聯結起來。當第一個、第二個狀態結束以後,兩種類型之人彼此分開,不再相見,也不再相識。事實上,人成為各自之慾,不僅是在內在思想上,也是在外在的面貌、身體、語言上,因而成了主導慾的形象,直至外表。沉迷於物質之慾者,顯得粗鄙、黯淡、黝黑、扭曲;專注於天堂之慾者,則顯得活潑、清晰、光明、美麗。在靈魂和思想上,兩者也截然不同。專注於天堂之慾者,聰明睿智;沉迷於物質之慾者,頑固愚痴。

專注於天堂之愛者,當他的思想與情感的內與外被允許審視時,其內看似由光明所構成,有的好像火焰之光,其外也顯出各種美麗的色彩,猶如彩虹。反之,沉迷於物質之慾者,其內看似昏暗,因為是關閉無光的。對於內心充滿惡毒詭詐者,其內看似一團冒著濃煙的火,其外顯出醜陋之色,不堪入目。在靈界,若蒙主許可,思想和靈魂的內與外,皆可顯為可見。

沉迷於物質之慾者,在天堂之光中一無所見。對他們來說,天堂之光乃是黑暗,形如炭火的地獄之光,却反如白晝。事實上,在天堂之光中,他們的內視失去功能,因失去光明而變得瘋狂,故而到處躲避,藏於洞穴之中。"洞穴"與源自其惡慾的錯謬是相對應的。專注於天堂之慾者,恰恰相反,他們越是進入天堂之光,就越發看得分明,周圍的境界也越發顯得美麗,對真理的領悟也越發充滿聰明和智慧。

沉迷於物質之慾者,無法忍受天堂之熱,因為天堂之熱乃是天堂之愛。他們適應於地獄之熱,地獄之熱乃是遷怒異己的慾望,此慾之樂在於蔑視、敵對、仇恨、報復。得此快樂,就是他們所要的生活。至於什麼是出於善,並為了善而行善,他們一無所知,只知道出於惡並為了惡而行善。

沉迷於物質之慾者,在天堂無法呼吸。因此當惡靈被帶入天堂時,其呼吸將變得困難。反之,專注於天堂之慾者,越是深入天堂,其呼吸就越自由越有力。

由此可見,與人同在的天堂,其實就是天堂與靈性之慾,因為天堂的一切都銘記於此慾之上。缺乏天堂和靈性之慾的肉體和物質之慾,就是地獄,因為地獄的一切寫在那慾望之上。

由此我們看出,擁有天堂和靈性之愛者,進入天堂;擁有肉體和物質之慾而缺乏天堂和靈性之愛者,進入地獄。

482. 人之信若非出於天堂之愛，就不在人的裏面延續，這也是我通過大量經歷所得知的事實。我若將這方面的所見所聞全述說出來，必能寫成一部著作。我能證實：沉迷於肉體和物質之慾，且缺乏屬天和屬靈之愛者，根本無信可言，也不可能有信。他們只是接受與信相關的一些知識，或者接受一些探索真理的信念，也只是因爲它們於己有利。一些聲稱自己有信的人，被帶到真正有信的人面前，當交流建立之時，他們發覺自己根本無信可言。隨後又承認單單相信真理和聖言，還不是信，因爲信乃是，用出自天堂之愛來熱愛真理，憑著渴慕之情來立志和奉行真理。我還被告知，他們擁有的那些信念就像寒冬時的光照，那時，地上的萬物被蟄封於冰天雪地之中，因爲光中無熱。所以，當天堂之光照臨時，他們的信念之光，不單滅沒，甚至變成濃重的黑暗，使其不見自身。同時，他們的靈性陷入黑暗之中，以致一無所知，最終因錯謬而變得瘋狂。

結果，他們從聖言和教會的教導中，所學得的一切真理，都被清除，用與他們惡慾相合的錯謬，取而代之。事實上，他們全陷入自己的慾望和支撐其慾望的錯謬之中。那時，他們厭惡真理，背對真理，拒絕真理，因爲真理與他們所陷入的錯謬相抵觸。

根據我在天堂和地獄的一切所見所聞，我能證實：凡宣稱唯信稱義，却生活敗壞之人，全在地獄。我曾見成千上萬的此類人，被投入地獄，並在《最後的審判》一書中作過描述。

483. 死後所延續的，是付諸行動的願望，也就是人的生活，這可從上述個人經歷，以及關於行爲的闡述中得此結論。付諸行動的願望就是人的行爲。

484. 我們當知，一切行爲都有關乎道德的和民事的生活，聚焦於誠實正直、公平公義。誠實正直關乎道德生活，公平公義關乎民事生活。行爲出於慾望，或屬天堂，或屬地獄。道德與民事生活的行爲，若出於天堂之愛而行之，就是天堂的行爲，因爲出於天堂之愛就是出於主，凡出於主的皆爲善。反之，道德與民事生活的行爲，若出於地獄之慾而行之，就是地獄的行爲，因爲地獄之慾，皆爲己慾和物慾，出於此慾就是出於人自己而行，但凡出於人自己的，本質上皆爲惡，因爲人自己，也就是人的自我，除了惡就沒別的什麼。

第五十章、生命的樂趣轉爲
所對應的死後事物

485. 在前一部分已闡述，每個人將延續其主導的情感或主導的慾望，直到永遠。現在要解釋，該情感或慾望的樂趣，將如何轉化爲相應的事物。所謂"相應的事物"，系指與物質事物相對應的靈性事物。人在肉身時活在人間，一旦離開肉身，他就進入靈界，穿上靈體。由此事實，可知爲何物質的事物，將要轉化爲靈性的事物。關於天使擁有完美的人形，身體是靈體，他們原本是人，可參看 73-77 節、453-460 節；關於靈性事物與物質事物之間的對應，可參看 87-115 節。

486. 人的快樂無不出於其主導慾，因爲只有人所愛的，他才感覺到快樂。所以，最快樂的就是他最愛的。或說"主導慾"，或說"至愛"，兩者是一致的。

快樂分很多種。籠統而言，主導慾有多少，快樂就有多少。這意味著人有多少，靈和天使有多少，快樂就有多少，因爲沒有兩人的主導慾是完全一致的。正因如此，沒有兩人的面貌是完全一致的。因爲面貌是靈性的外相，在靈界，它是主導慾的外相。再者，任何人的快樂，都具有無限的多樣性，沒有兩樣快樂是可以完全一致的。不論是依次發生的，還是同步發生的，總沒有兩樣快樂是完全一致的。但是，人的每一樣快樂，都可追溯並歸屬到主導慾。同樣，所有快樂可追溯到一種總體性的主導慾：在天堂，是愛主；在地獄，是愛自己。

487. 要瞭解人死後其物質之樂將如何轉化爲靈性之樂，唯一的途徑是通過對應的學問。籠統而言，對應學指出凡物質之物，皆有靈性之物相對應；具體而言，它指明各對應的細節和性質。這意味著熟悉對應知識的人，可洞悉他死後的狀態，只要他瞭解自己的慾望，以及他的慾望與主導慾的關係。

不過，陷於己慾的人，無法瞭解自己的主導慾，因爲他愛自身的一切，視自己的惡爲善，自己的謬爲眞，因爲他們用謬見來將自己的惡慾合理化。但不管怎樣，只要他們願意，還是可以從智者認清自己的主導慾，因爲智者能看透他們所不能看透的。唯有爲惡慾所引誘，鄙視智者訓誨的人，終究不能認識自己。

反之，擁有天堂之愛的人，願意接受指教，被惡慾引誘時，他們也能洞察自己的稟性之惡。他們能以真理來審視自己的慾望和行爲，因爲真理能將惡顯明出來。事實上，任何人皆可通過善之真看清惡與謬。但是，沒有人能透過邪惡的視角看清善與真。因爲邪惡所生的錯謬乃是黑暗，或者說就對應於黑暗。所以，陷入邪惡所生之錯謬的人好比白天一無所見的盲人，或如躲避光明的夜鷹。反之，善所生的正見，乃是光，或與光對應。所以，擁有善所生之正見的人，目光如炬，能分辨光明與陰暗的事物。

這也是我通過親身經歷所確證的事實。天堂的天使，既能看見也能察覺不時從自身所湧出的惡慾和謬見，也能看透與地獄聯結之靈正處於怎樣的惡慾和謬見，靈本身却不能看見。他們不知天堂之愛、良心、誠實、公平有何美善，除非於己有利，也不知被主引導是何含義。他們說這些都不存在，故而沒有價值。

我說這一切，是要勉勵人們省察自身，從快樂的角度，認識自己的主導慾，以便通過瞭解對應而洞悉自己死後的狀態。

488. 通過對應學，我們能瞭解人死後其生命的樂趣，將轉化爲怎樣的事物。鑒於對應學非廣爲人知，我願意透過我的親身經歷來稍作說明。（1）陷於惡慾、固守錯誤成見、反對教會之真理者，特別是排斥聖言的人，皆躲避天堂之光，藏身於昏暗的地窖或洞穴中。因爲他們喜愛謬誤，厭惡真理。地窖、洞穴、黑暗對應謬誤，光明對應真理。他們喜歡住在黑暗的地方，討厭住在敞亮的地方。（2）喜歡暗中算計、欺騙的人，也住在這樣的地窖中，乃至進入彼此看不見的黑屋子裏。他們在角落裏附耳密謀，竊竊私語。其生命的樂趣，已變得如此。（3）愛好學問，但不是爲提高理性，只爲獲得名聲，且爲所記憶的知識引以爲傲的人，喜歡住在曠野，不願住在草地、花園，因爲曠野與他們的學問相對應。（4）專心研究教會教義真理，却不運用於生活的人，喜歡住在岩石之地的石堆之中，遠離耕地。（5）有些人在世時，不但將一切歸功於自然，而且自認爲全憑個人謹慎，通過各種技藝，爲自己獲取名聲與財富，這類人到靈界以後，喜歡研究法術，法術即濫用神性規則，從中獲得最大的快樂。（6）將神性之真扭曲，使之適合自己慾望的人，喜歡尿一樣的東西，因爲這與他們的慾望相對應。（7）守財奴住在矮小的屋子裏，喜歡豬的污穢，和它腹中未化食物的臭味。（8）喜歡吃喝玩樂、縱慾享受，以之爲最大快樂的人，進入靈界以後，喜歡糞便、茅坑之類的地方，以之爲樂。因爲這些快樂乃是靈性的污穢。他們躲避潔淨之地，因爲覺得乏味。（9）喜歡縱慾淫亂的人，在骯髒污穢的妓院虛度光陰。他們喜歡這類地方，躲避聖潔的家庭。因爲一靠近聖潔的家庭，他們就感到暈厥。其最大的快樂，莫過於破壞婚姻。（10）喜歡報復，性格野蠻殘忍的人，喜歡停屍房之類的地方，也呆在類似的地獄中。其他的人，遭遇各不相同。

489. 反之，在人間以天堂之愛生活的人，其生命的樂趣，將轉化爲與天堂相應的事物，這些事物是從天堂的太陽，及其光明所產生的。它們在光明中顯現出來，神聖的本質藏於其中。天使看到這些事物，身心受到觸動。主所發的神性之真，流入其爲天堂之愛所開啓的靈性，在外部環境中顯出與其所愛相應的事物。顯於天使眼前的天堂之物，與他們的靈性或與他們的信與愛相對應，因而也是與他們的聰明和智慧相對應。

前面我透過我的親身經歷來證實所提出的觀點，以闡明之前所推斷的仁義真理，下面我同樣透過經歷來說明在人間以天堂之愛生活的人，其物質之樂將如何轉化爲天堂之樂。

以深切之情熱愛神性之真和聖言的人，住在高山之巔，恆常沐浴在天堂的光明中。對他們來說，深夜的黑暗並不存在，而且他們始終生活在春天的氣候當中。在他們周圍是碩果累累的田地和果園，在他們房裏，每樣物品似乎都由閃光的寶石做成，窗戶也如同明淨的水晶。這些是視覺上的快樂，但它同時也是內在的快樂，因爲它與神性和天堂的實質相應——他們所熱愛之聖言的真理，與碩果累累的田地、葡萄園、寶石、明淨如水晶的窗戶相對應。

將教會憑聖言所作的教導直接應用於生活的人，住在內層天，最能享受智慧之樂。他們從具體的事物看到神性的實質。一方面，物體顯現於眼前，另一方面，與之對應的神性實質直接流入其心，使其充滿幸福的感覺，傳遍周身。所以，他們眼前的一切似乎都在歡笑雀躍。

熱愛學問並通過學問提高理性，從中獲得悟性，同時承認神者，其熱愛學問和思考推理的快樂，在靈界將轉化爲親身體認善與真的快樂。他們住在樂園之中，其中花床、草坪優雅成形，帶有拱廊、幽徑的樹林環繞周圍。花草樹木逐日變換，美侖美奐，如此美景愉悅其心，具體的變換又使其快樂，保持常新。再者，由於這一切與神性實質相對應，而他們又熟悉對應，所以他們能不斷獲得新的洞見，靈性的理性也能日臻完善。他們享受這些快樂，因爲樂園、花床、草坪、樹林，與知識、洞見、聰明是對應的。

將造化歸於神性，視自然本無生命，只是靈界附屬的人，處於天堂的光明之中。其眼中所見的一切，因天堂之光而顯得透明，透明中又呈現無數條光影。其靈性的視覺似乎能透視其中，因而獲得深切的快樂。其房內的物品，看似由鑽石做成，同樣呈現無數條光影。

我被告知，其房子的牆壁看似明淨的水晶，其中流動著象徵屬天之性的，具有無限多樣性的液體。這是因爲透明，與被主照亮的悟性是相對應的，物質的觀念和慾望所投射的陰影已不復存在。曾造訪天堂的人，說他們看見了眼睛未曾看見，耳朵也未曾聽見的事物，指的就是這樣的事物，此外還有很多很多。

行事光明磊落，不喜歡偷偷摸摸的人，其思想因信神而無不誠實公平，等進入天堂，他們的面孔顯得容光煥發。由此榮光，其思想和情感，具體而微地從臉上透現出來，在言語和行爲中，其情感真實地表現出來。他們是最可愛的人。說話的時候，他們的臉稍微暗淡下來，說完以後，所說的事物又從他們臉上充分地顯示出來。再者，他們周圍的一切都與其靈性相應，以致旁人能從中洞見它們的象徵和意蘊。喜歡偷偷摸摸的靈，盡可能地遠離他們，像蛇一樣迅速地溜走。

視行淫爲可憎，過聖潔婚姻生活的人，最合乎天堂的次序和形態。正因如此，他們顯得全然美麗，永葆花樣年華。他們的快樂無以言喻，且不斷增長，直到永遠。天堂所有的快樂都流入那婚姻之愛，因爲那愛源於主與天堂並教會的結合，源於善與真的結合。籠統而言，如此結合就是天堂；具體而言，它是每位天使心裏的天堂。他們的快樂妙不可言，非人間的語言所能形容。

對於擁有天堂之愛的人，其快樂將如何轉化，以上只是一個扼要的說明。

490. 由此可見，人死後其生命的樂趣，果然將轉化爲相應的事物，其所慾所愛之本身將保持不變，直到永遠。婚姻契合之愛如此，還包括對公平、誠實、善與真之熱愛，對知識、聰明和智慧的熱愛，等等。快樂源於這些愛慾，如同溪水源於泉源。不僅可以維持，而且將隨著它，從物質之樂轉化爲靈性之樂，而被提到一個更高的層次。

第五十一章、人死後的第一個階段

491. 人死後，在到達天堂或地獄之前，要經歷三個狀態。第一個狀態是外在的狀態，第二個狀態是內在的狀態，第三個狀態是預備的狀態，在靈界經歷這些狀態。

但是，有的人死後並不經歷這三個狀態，而是直接被提入天堂或被投入地獄。被直接提入天堂的，是在人間已完成改造更新，爲天堂做好準備的人。他們只需褪去肉體和屬肉體的不淨，隨即被天使帶入天堂。我曾見一些人死後一小時就被提入天堂。

反之，有些道貌岸然，內心陰險惡毒，以僞善作爲欺騙手腕的人，直接被投入了地獄。我曾見這種人，死後立刻被投入地獄，其中有一極爲詭詐的人，是頭下腳上被投下去的。至於其他人，方式各不相同。

還有人死後立刻被送入洞穴，與靈界的人分別開來。他們不時被帶出，又被送回。他們是表面待人友善，實則懷有惡意的人。

但是，與進入靈界的人相比，上述人只是少數。多數人是先進入靈界，照神性次序之安排，爲上天堂或下地獄做準備。

492. 論到第一個狀態，即外在的狀態，人死後便進入其中。就靈而言，人有外在和內在的層面。外在的層面，被用來適應肉體與人交往的需要，特別是他的表情、言語、行爲。靈內在的層面，關乎他的意志和領悟，很少在表情、言語、行爲上表現出來。因爲人從小就受到訓練，將自己表現得友善、愛、誠實，內心眞實的意願和想法被隱藏了起來。所以，人形成了一種習慣性的生活方式，不論內心如何，外面總表現得適應社會、合乎道德。由於這種習慣，人幾乎不瞭解自己的內在秉性，也從不省察。

493. 人死後的第一個狀態與他在人間的狀態相似，因爲那時，他依然處於外在的層面，有一樣的面孔、聲音、性情，也照樣過合乎道德的社會生活。正因如此，若非他察覺到一些不同尋常的事物，想起天使曾告訴他已成爲靈的事實（參 450 節），他以爲自己還在人間。他從一個生命形態進入了另一個生命形態，死亡只是一個過渡。

494. 既然人死後首先是進入這樣的狀態，那麼他就能被死去的朋友和熟人認出來，既可以通過面貌和聲音，也可通過靠近時對方所發出的生命氣息。在靈界，當我們想起任何人，他的音容笑貌就出現在腦海，同時還有他的生活情節。此時，我們所想念的人就真的出現於眼前，好像被差派過來，或者把他叫過來。會發生這事，是在於靈界中人們的思想是共通的，這裏沒有物質世界那樣的空間。所以，一進入靈界，朋友眷屬就會立刻認出我們。我們互相交談，繼續保持人間的交往。故友重逢歡喜交加的場面，我見過很多。

夫妻重逢歡喜交加的情景也時常發生。他們繼續共同生活，時間的長短取決於二人在人間快樂融洽的程度。最後，除非他們是以真正的婚姻之愛，就是因天堂之愛而在思想上結合，否則一段時間以後，二人必要分離。

思想不合、彼此厭惡的夫妻，會將敵對情緒公然表現出來，甚至互相打起來。但是，在進入第二個狀態之前，他們一般不會分開。關於第二個狀態，我很快會加以描述。

495. 由於人在進入靈界初期，將延續他在人間的生活方式，加之他對死後生命、天堂、地獄一無所知，除非他從聖言的文字和講道所瞭解的以外，所以當他從對自己依然有身體、有知覺、周圍有類似事物的驚奇中醒悟過來後，就想更多地瞭解天堂和地獄各在哪裏，分別是什麼樣子。其朋友會向他描述永生的狀態，並帶他到各地遊覽，與不同的人交往。他們去到不同的城市、園林，通常都很壯觀，因為那些地方最能吸引他們的注意。他們不時想起自己在肉身時，對死後生命、天堂、地獄的看法，不禁為自己的無知及教會的無知而感到氣憤。

幾乎所有人都想知道自己能否進入天堂。很多人自以為能，因為他們在人間，曾過著道德文明的生活。他們不曾想過，惡人和善人在表面上並無差別，也是過著道德文明的生活，同樣與人為善，參加聚會，聽道禱告。他們未曾意識到，表面的行為和虔誠，其實無濟於事，唯獨產生外在行為的內在實質，才有功效。千萬人中，鮮有一人明白何為內在實質，知道它才是天堂和教會的根本。人外在的行為，取決於內在的意志和領悟，或說愛與信，瞭解這一點的人更少。就算有人告之，他們也無法領悟。在他們看來，只有言語和行為才是重要的。如今，多數進入靈界的基督徒就是如此。

496. 最後，會有善靈前來審視他們，以確認他們的秉性。這事通過各種途徑進行，因為在第一個狀態下，惡人能像善人一樣宣講真理，與人為善。正如前面所解釋的，他們也曾過著道德的生活，因為他們生活在政府管治和法律約束之下，加之道德的生活能讓他們贏得誠實公平的名聲，取得人們的信任，因而獲得地位和財富。但是，惡靈與善靈還是很容易分辨出來。因為惡靈特別注意外在的事物，對教會和天堂之真與善，漠不關心。在這些事上，他們充耳不聞，漫不經心，覺得索然無味。另外，一個人的秉性，也能從他恆常面對的特定區域辨別出來。獨處時，他就朝那地方走去。所以，從一個人所面對的區域和所選擇的道路，也可判斷，他是受怎樣的慾望所主導。

497. 凡離開人間進入靈界的人，都被安排與天堂中的某個社群或地獄的某個社群相關連，不過這只是相對他們的內在而言。當人尚處於外在的層面時，內在的層面不會向任何人顯明，因爲外在好比內在的外衣，將內在層面包裹和掩蓋起來，這一點對於內在爲邪惡之人尤其如此。但是，當人進入第二個狀態以後，內在的層面就會顯露出來，因爲它已被打開。相應地，外在的層面就歸於沉寂。

498. 第一個狀態所持續的時間因人而異，有的幾天，有的幾月，有的一年，但幾乎沒有超過一年的，取決於各人表裏一致的程度。表裏必須協作如一，互相呼應。在靈界，誰也不許想法和意志是一套，言語和行動是另一套。那裏的每一位，將是自己情感與慾望的形象，以致於內在的情感和慾望如何，外在的表現也如何。正因如此，外在的必先被揭露，使其歸入次序，作爲與內在對應的一個平台來服務於內在。

第五十二章、人死後的第二個階段

499. 人死後的第二個狀態稱爲內在的狀態，因爲那時，人進入思想之內層，即意志和領悟層面，人在第一個狀態下所處的外層將歸於沉寂。

善於觀察生活，注意人們言談舉止的人，不難看出人有外在和內在的層面，或著說是內外兩層的想法和意願。在社會生活中，我們對一個人的看法，是根據他的名聲，根據別人對他的評價。但在實際交往中，我們不會照心裏真實的想法與他談話。即便是惡人，我們也會以禮相加。虛情假意、阿諛奉承之輩更是如此，他們的言談舉止與內心的想法意願完全背道而馳。偽善之徒談論神、天堂、靈魂得救、教會真理、國家福祉、群眾利益，似乎滿有信心愛心。其實在心裏他們沒有信仰，沒有愛心，自私自利。

由此可見，人確實有內外兩層思想。他以外在的思想與人交往，但在內心裏，他有著不同的想法。而且兩個思想進程是分開的，以避免內心真實的想法暴露出來。

根據對應，人之受造，其內外兩層思想本是可以協同一致的。當人專注於善時，兩者也的確是一致的，因爲那時，他的念頭爲善，言語也爲善。但是，當人陷於惡時，兩者就不一致了，因爲此時，他的念頭爲惡，言語却爲善。這意味著次序已經顛倒，因爲善表現於外，惡却隱藏於內。善被惡轄制，淪爲奴隸，只是主人爲達到目的、滿足慾望所利用的工具罷了。美言善行之中既藏有惡的意圖，可見該善並非真善，已經被惡玷污，不論它在不明內情的人眼中顯得多麼善良。

專注於善者，情況與之不同。對他們而言，次序未見顛倒：善流入其內在的思想，再從內在的思想流入外在的思想，表現爲言語和行爲。人之受造，本合乎這種次序。在此次序下，人的內層處於天堂和天堂的光明之中。天堂的光明乃是從主所發的神性之真，實質上就是在天堂的主，所以他們是受著主的引導。

我說這些，是要證明人皆有內外兩層思想，兩者是可分的。當論及"思想"，其實也能明白"意志"，因爲思想出於意志。事實上，沒有人可脫離意志而思想。

由此可知何爲外在的狀態，何爲內在的狀態。

500. 說起意志和思想時，意志也用來表示情感與慾望，並從情感與慾望所生的快樂和滿足，因爲這些皆歸根於意志。因爲人皆志於其所慾，由此感受到快樂或滿足。另一面，但凡人所慾求，並從中感受到快樂或滿足的，就是他的意志所在。思想則是用來表示支持情感和慾望的一切事物，僅僅是意志的形式，或者將意志表現出來的方式，該形式由各種理性的分析所構成，而理性分析源於靈性世界，是靈的功能。

501. 我們當知道，人的品質完全由他的內在秉性所決定，並非由他的外在表現來決定。因爲人的內在是他的靈，肉體是靠靈而活，人的生命就是其靈的生命。所以，人的內在秉性如何，他的爲人就如何，直到永遠。人的外在屬於肉體，死後即被分離了，依附於靈的一切因素已歸於沉寂，僅僅作爲內在層面的載體，正如前面我在描述人死後將保留其記憶時所解釋過的。

由此可知什麼是真正屬於人的，什麼不然。對於惡人，產生其言語的外在思想和產生其行爲的外在意志，並不真正屬於他。屬於他的，只是其內在的思想和意志。

502. 第一個狀態，即上一章所描述的外在層面的狀態，結束以後，人就進入內在層面的狀態。該狀態正是人獨處、自由思想、不受約束時，所進入的內在意志和思想的狀態。人成爲靈，進入第二個狀態以後，他就成了真正的自己，開始過真正屬於自己的生活，因爲照自己的情感自由地思想，正是人的生命和自我所在。

503. 在此狀態下，靈憑意志而思想，也就是憑慾望與情感而思想。此時，他的思想與意志形成一個整體，彷彿他不再有思想，而只有意志。其說話的方式也是如此，除了他心裏尚有某種恐懼，即害怕其意志和思想被人看透的恐懼，因爲在人間的社會生活中，他的意志中已被植入這種恐懼。

504. 若無例外，人死後都會被帶入這種狀態，因爲這是靈的真實狀態。第一個狀態，是靈在衆人面前僞裝出來的狀態，不是其本來的狀態。對於人死後隨即進入的外在層面的狀態，正如上一章所描述的，不是靈的真實狀態，有很多理由可證明這一點。比如，靈是憑情感進行思維和說話，情感是語言的源頭。世人在內省時，也是以同樣的方式進行思維，因爲那時，他不是以肉體的語言進行思維，而僅僅是觀其所被光照的，所以彈指之間，其所思想的比一時半刻所能表達的還要多。另外，人在世上的社會生活中，爲保證自己的言論合乎道德和社會的要求，其內在的思想控制著外在的思想，正如一人控制著另一人，免得它逾越合宜、得體的界線。從這個事實，也能看出外在層面的狀態不是靈的真實狀態。再者，人在私下思考的時候，他籌畫著自己的言談舉止，以求取得人的喜悅、信任、欣賞、感激。而照他真實的意志，他並不樂意這樣行。這也是一個證明。

由以上事實，可知靈所進入的內在層面的狀態，才是他的真實狀態，也意味著，這才是他活在人間時的真實狀態。

505. 當靈進入內在的狀態以後，他在人間真正為人如何，就顯明出來了，事實上，他將完全照自己的秉性而行。在世時曾專注於善的人，將照理性智慧而行，事實上，將比在人間時更有智慧，因為他已脫去那如雲層遮蔽靈性的肉體。

反之，在世時曾沉迷於惡者，將表現得愚痴瘋狂，事實上，將比在人間時更加瘋狂，因為他已獲得自由，不再受到約束。在世之時，他們顯得很有理智，因為這是他們模仿理智之人的方式。所以，當外在的層面剝離以後，其內在的瘋狂就暴露了出來。

假冒為善的惡人，好比一個外表光亮，裏面却藏著各種污穢的痰盂，正如主說："你們好像粉飾的墳墓，外面好看，裏面却裝滿了死人的骨頭和一切的污穢。"（馬太福音 23:27）

506. 在世時凡專注於善良的生活，依照良心而行的人，也就是承認神，熱愛神性真理，特別是將真理運用於生活的人，當他們進入內在的層面以後，有如夢初醒或由暗入明的感覺。他們憑天堂之光思想，進入內在的智慧之中。他們依善而行，進入內在的情感之中。天堂流入其思想和情感，將前所未知的幸福和快樂注入其中，因為他們是與天堂的天使相聯的。他們承認主，以實際生活表達對主的崇拜，因為當他們處於外在的層面時，是照其秉性而行（參 505 節）。他們在自由中承認主，敬拜主，因為自由屬於內在的情感。就這樣，他們從外在的聖潔，進入內在的聖潔之中，而內在的聖潔乃是敬拜的本質，這是照聖言的要求而生活的人將要進入的狀態。

在世時沉迷於惡、無良心、否認神者，情況截然不同。凡過罪惡生活者，無不從心裏否認神，不論其表面如何承認神。因為承認神與過罪惡生活，是全然對立的。在靈界，當他們進入內在層面以後，其言行舉止顯得相當愚痴，因為惡慾驅使他們造作惡事，包括鄙夷、嘲笑、毀謗、仇視、報復，等等。他們圖謀惡計，詭詐惡毒的程度，令人難以置信。此時，他們自由地照意志和思想行事，因為曾在人間約束他們的外在因素已被分離。簡而言之，他們已喪失理智，因為在世之時，他們的理智並非處於內層，而是處於外層。但是，在他們自己看來，好似他們比任何人都更有智慧。

進入第二個狀態以後，他們還會偶爾短暫地，被帶回外在的狀態。那時，他們想起自己在外在狀態下的行為方式。有的會感到尷尬，承認自己喪失了理智。有的一點也不覺得慚愧。有的為不能一直留在外在的狀態而感到憤恨。他們被告知一直留在那狀態，後果會是怎樣。他們一定會虛假地做同樣的事，以表面的善良、誠實、公平，誤導心地單純、思想簡單的人，同時也會毀滅自己，因為他們的外在層面，終究會如內在層面那樣，燃燒起來，將整個生命摧毀。

507. 進入第二個狀態以後，靈就顯出他在人間時的真實面目。從前被隱藏的言語和行為，如今顯明了出來，因為此時，外在的因素已不再約束他們。他們公開地說同樣的話，做同樣的事，不再顧忌自己的名聲。另外，他們進入各種罪惡的狀態之中，在天使和善靈面前，顯出他們的真實面目。就這樣，隱藏的事被顯露了出來，正如主的話說："掩蓋的事沒有不露出來的，隱藏的事沒有不被人知道的。因此，你們在暗中所說的，將要在明處被人聽見；在內室附耳所說的，將要在房上被人宣揚。"（路加福音 12:2-3）"我又告訴你，凡人所說的閑話，當審判的日子，必要句句供出來。"（馬太福音 12:36）

508. 對於惡人進入該狀態以後，其表現如何，無法簡單地加以描述。因為瘋狂程度取決於其慾望，而慾望是因人而異的。還不如提出幾個具體的實例，以此來類推。

有的人愛自己過於一切。他們在工作和職位上，所追求的是自己的名聲。他們發揮其用，不是因為樂於服務，而是為了獲取名望和地位。所以，他們是在名望和地位中尋找快樂。當進入第二個狀態以後，他們表現得最為愚痴，因為私慾越大，就離天堂越遠，而離天堂越遠，就越智慧越遠。

有的人陷於己慾，陰險詭詐，用各種不正的手段謀取地位。他們與惡貫滿盈者為伍，研究法術，就是對神性規則的濫用，意慾操縱所有不順從的人。他們圖謀惡計，心懷仇恨，施行報復，渴望折磨一切不順從的人。但有一群惡徒支持，他們就陷入以上惡行之中。最後，他們甚至圖謀爬上天堂，將其摧毀，以便自己作神，受人崇拜，其瘋狂竟達到如此地步。

此等人中，數天主教的神職人員最甚。他們以為天堂地獄的權柄都在自己手中，能隨意赦免罪惡。他們自稱基督，將神的一切歸於自身，其信念之強，足以困擾和遮蔽人心，給其造成痛苦。他們一直處在這樣的狀態，只是進入第二個狀態以後，他們將喪失理智。對於他們的瘋狂和此後的命運，《最後的審判》一書有更詳細的描述。

有的人將造化歸於自然，從心裏否認神，否認有關天堂和教會的一切。進入第二個狀態以後，他們與同類靈聚集起來，稱當中最狡猾的人爲神，對其頂禮膜拜。我曾見一群人在會中膜拜一個巫師，還談論自然，其行爲好像呆子，彷彿一群保留人形的動物。這些人中，在世時有的曾尊享高位，有的曾被視爲學者和智者，情況各不相同。

由以上事實可知，靈性朝天堂閉合的人狀況如何。凡不通過承認神，並照信仰生活而獲得天堂之流注者，都將變得如此。每個人都可以給自己下一個判斷：人的秉性若是如此，那麼當人不再受外在的約束，不再懼怕法律，也不再顧忌自己的名利地位時，結果將會如何。

但是，他們的瘋狂受到主的限制，以免衝出用途的界限，因爲這樣的惡靈也能各自發揮一定的作用。透過他們，善靈能認清什麼是惡以及惡的性質，還能認清不爲主所引導之人，其結果將會如何。另一個用途在於聚集同類惡靈，將他們與善靈分開，除去他們虛有其表的善與真，將他們帶入自身生活之惡以及因惡而起的錯謬之中，因而爲地獄做好準備。因爲人只有進入自身生命之惡以及因惡而來的錯謬之後，才會落入地獄。在靈界誰也不許保持分裂的心智，不可以思考或說著一件事，心裏卻圖著另一件事。那裏的每一個惡靈只會照其邪惡而思考錯謬，只會出於錯謬來說話，所思所言皆源於意志，也就是源自他自己的根本慾望及其帶來的快樂與滿足。在人間，當他在靈裏也是以同樣的方式來思想，也就是當他出於內心情感、獨自自由思考之時。原因在於：意志是人之根本，而思想只有在出於意志的情況下才是，意志是人基本的屬性或秉性。讓人進入他的意志就是進入他的屬性或秉性，或者說進入自己的生活，通過他的生活獲取其秉性。死後，人將保留其在人間所塑造的秉性。對惡人而言，該秉性已不能再通過明理而獲得修正和改變。

509. 進入第二個狀態以後，惡靈既情不自禁地往各種罪惡裏直奔，自然就時常受到嚴厲的懲罰。在靈界，懲罰的方式多種多樣。不論你曾貴爲君王，或賤如奴隸，均一視同仁。每種惡皆有相應的罰相隨，如影隨形。所以，凡作惡者，必受相應之罰。但是，沒有人需爲人間的惡行受罰，只需爲當前的惡行受罰。不過，或說因人間的惡行受罰，或說爲靈界的惡行受罰，兩者是一回事。因爲死後，人必恢復各自的生命狀態，回到同樣的惡行之中，因爲人的秉性取決於他在人間的生活方式。

行惡必須受罰，因爲在此狀態下，對懲罰的恐懼，是約束他們的唯一手段。勉勵、教導已不再有效，法律、名聲等因素也不再起作用。因爲他們照秉性而行，唯有懲罰能給予強制。

善靈雖然在人間曾作過惡事，但因爲他們的惡不再重複，因此也就不再受罰。我還得知，他們所作之惡事屬於不同的性質，因為不是出於故意抵擋真理，也非出於噁心，而是因為從父母所遺傳而來的惡性，生來就陷入如此盲目的滿足中，不過這只是發生在外在層次，而非內在的層次。

510. 人在世時，他的靈與靈界哪個社群相聯，死後便去到那個社群，要麼天堂般的社群，要麼地獄般的社群，其中惡者與地獄般的社群相聯，善者與天堂般的社群相聯。靈被帶到該社群，是循序漸進的，直到最後融入其中。當惡靈進入內在的狀態時，他就一步一步地被轉向自己所屬的社群，最終直接面對該社群，這發生於內在狀態結束之前。該狀態結束以後，惡靈就自行投入有同類之靈所在的地獄。這種投入的動作看起來，像頭下腳上倒著跳入。這種現象的原因在於這樣的惡靈顛倒秩序，熱愛邪惡的事物，摒棄天堂的事物。另外，在第二種狀態中，有的惡靈會出入不同的地獄，只是他們不像完全做好準備的惡靈那樣，頭下腳上倒著跳入的。

在惡靈處於外在的狀態時，他們的靈活在肉身時與哪個社群相聯，就已經顯示給他們。他們由此知道，即使在肉身時，他們已屬於地獄，只是與地獄之靈並非同一狀態，但與靈界惡靈處於同一狀態。關於這兩種狀態的對比，後面我會加以解釋。

511. 進入第二個狀態以後，惡靈開始從善靈中被分別出來。但在第一個狀態下，兩者還是混在一起的，因為一個靈處於外在狀態時，與在世上的狀態相仿，因而善靈與惡靈、惡靈與善靈可一同相處。但等到被帶入內在的狀態，盡顯各自的秉性或意志以後，情況就不同了。

惡靈從善靈中被分離出來，方式有很多。通常，他們會被帶到其在第一個狀態下，與善的思想和情感而發生聯繫的相關社群。這些社群曾被表面現象所蒙蔽，以為他們不是惡人。通常，他們會繞一大圈，直至其真實的秉性在善靈面前顯露出來。於是，善靈一看到他們，便轉身離去。同時，惡靈也會離開，趨向其所樂意的地獄般的社群。此外，分離的方式還有很多，我就不提了。

第五十三章、人死後的第三個階段：
天堂學前班

512. 人死後，也就是其靈的第三個狀態，是一個受教的狀態。這個狀態，是爲即將進入天堂成爲天使的靈所預備的階段。即將進入地獄之靈無此階段，因爲他們並不願受這方面的教導。所以，他們的第二個狀態，也就是第三個狀態，隨著他們完全轉向自己的慾望，因而投向類似慾望的邪惡社群，而宣告結束。至此，他們的意志和思想，皆出自如此慾望，因爲此爲可憎之慾，所以他們所意志的，無非是惡；所思想的，無非是謬。這是他們的快樂所在，因爲與其慾望相應。曾被用作工具的一切善與真，終究爲他們所拋棄。

相比之下，善人將從第二個狀態，進入第三個狀態，通過受教爲天堂做好準備。事實上，人只有通過認識良善與真理，就是說，只有通過領受教導，才能爲天堂做好準備。若不領受教導，沒有人能明白何爲靈性的善與真，以及與之對立的惡與謬。在人間，人知道公平和誠實是屬乎民法與道德的善與真，因爲法律指示何爲公平，道德指示何爲誠實正直。但是，靈性之善與真，不能學自人間，只能學自天堂。人可以通過聖言和教會的教義去瞭解何爲靈性之良善與真理，但是，就人的思想而言，他若不在天堂，靈性之善與真，還是不能流入其生命中。而在天堂之人，就是承認神並同時照公平誠實而行的人。他知道理當如此行，因爲這是聖言的要求。所以，他行公平誠實，是因著神，不是爲了自己或世界。

但是，沒有人會照此而行，除非他首先領受教導，知道神存在、天堂地獄存在、死後生命存在、當愛神過於一切、當愛鄰如己、當信出於神的聖言等事實。若非如此，人不能思想屬靈之事，而不思想就無法立志。因爲人所不知者，他不能思想；所不思想者，他也不能以此而立志。反之，人若立此志向，主就藉著天堂流入其生命中。因爲主流入人的意志，經意志流入思想，最後流入生活。生活源於意志與思想。

由此可見，屬靈之善與真，不能學自人間，只能學自天堂。若不領受教導，沒有人能預備上天堂。

再者，主若流入我們的生命，祂必要指教我們，以渴慕真理之情激發我們的意志，照亮我們的思想，引導我們明白真理。如此，我們的心得以開啓，天堂得以種入其中。另外，神性和天堂的品質，流入誠實公平的行爲之中，使道德文明的生活提升爲屬靈的生活，因為這些事情出於神性而行，為了彰顯神性而行。民事和道德生活中誠實公平的行為，實質上是屬靈生命的效用。果成於因，因如何，果就如何。

513. 教導的任務由多個社群的天使承擔，主要是分佈在北方和南方的社群，因為這些社群因著領悟善與真而有聰明智慧。教導的場所位於北方，照天堂之善的種類而分佈。如此，每個人都能受到適合其秉性和接受能力的教導。這些場所覆蓋一片廣袤的區域。

需要學習的善靈，在靈界的時日滿足以後，蒙主引導來到受教的地方。不是每個靈都需要經歷這個過程，因為有的靈在人間已領受教導，為天堂做好了準備，其上天堂的途徑因而有所不同。有的人死後立刻被帶入天堂，有的人在靈界只作短暫停留，與善靈交往，去除思想和情感中為世間名利錢財所染之粗鄙，從而得到淨化以後，就被帶入天堂。有的靈首先需要在位於腳趾下部，被稱為"地下"之處被淨盡，在那裏受到嚴厲的對待。他們在世時堅定自己於錯謬之中，好像仍過著良善的生活。因為所信之錯謬被他們確信，因而執著於成見。在這些錯謬被驅散以前，真理無法被看見，因而無法被接受。關於淨盡的經歷和不同方式，《天堂的奧秘》一書已作過描述（參見 698, 7122, 7474, 9763 節）。

514. 領受教導之靈住在不同的地方。就個體而言，他們的靈與將要前往的天堂社群相聯，因此天堂的社群既是照天堂的形態分佈，施教的場所自然也是照此分佈。從天堂俯視這些場所，它們看似一個小型的天堂。在橫向上，它們從東延伸至西；在縱向上，它們從南延伸至北。縱向的廣度看似小於橫向的廣度。

大體的分佈如下：

在前的是幼年夭折的孩子，女性的幼師陪伴他們度過童年後，就被主帶到這裏受教。

位於其後的是死於成年，在世時曾過善良的生活，因而熱愛真理的人。

再其後的靈在世時信奉伊斯蘭教，且過著道德的生活，承認一位神，奉主為特別的先知。他們在放棄了不能給人任何幫助的穆罕默德以後，便轉向主，崇拜主，承認祂的神性，然後受教於基督信仰。

再往北、位於其後的是非基督徒，他們在世時曾照各自的信仰過善良的生活，憑良心、照公平誠實行事，不是因為懼怕國家的法律，而是為了遵守信仰的原則。他們相信這些原則是神聖的，不可以任何方式去違犯。領受教導時，他們都樂意認識主，因為在他們心目中，神不是不可見的，而是可以顯現為人的。他們的數目最多，其中佼佼者出自非洲。

515. 不是每個人都以同樣的方式受教，也不是由同一個天堂社群來施教。夭折的孩子在天堂長大以後，從內層天的天使受教，因為他們沒有從被扭曲的宗教吸收錯誤的觀念，也沒有被世上的名權利之念污染。

成年以後死去的人，多數從外層天的天使受教，他們比內層天的天使更適合教導他們。內層天的天使處於更深的智慧之中，其智慧尚不能為他們所接受。

穆斯林從那些曾經信奉伊斯蘭教，但後來轉向基督信仰的天使那裏受教。

其他非基督徒也從適合自己的天使受教。

516. 教導的一切內容，皆為從聖言提取的教義，非聖言本身。基督徒受教的內容，從屬於與聖言內在意義全然一致的屬天教義。其他人，如穆斯林、非基督徒等，被授以適合其領受能力的教義。他們依照各自信仰中良善的原則在世間生活，在這裏利用與其信仰原則相一致的道德生活，來引導他們進入天堂的屬靈生活，這是與上述基督徒以屬天教義來生活的唯一不同之處。

517. 天堂的教育與人間的教育不同在於：知識不是被存於記憶，而是融入生活，因為靈的記憶存在於生活中。事實上，他們接受、吸收一切與其生命相合的事物，不接受而更不吸收與其生命不合的事物。因為靈就是情感，呈現與其情感相似的人形。

因著這樣的屬性，他們不住地渴望瞭解與生活之"用"相關的真理。事實上，主確保每個人都熱愛在生活中與其性情相稱的"至用"。隨著對成為天使的期願，對"至用"的熱愛也得以提升。再者，天堂中一切的"至用"，皆與整合的"至用"有關，也就是為了主的國度，即那時他們的祖國。一切特別和具體的"至用"的價值，在於它們與整合的"至用"接近以致完全的程度，這無數的特別和具體的"至用"也因此而為善為天堂"所用"。因此對他們每一位來說，對"真理"之渴慕，就是如此與"至用"之渴慕相結合，以致於協作如一。從而，"真理"被植於"至用"之中，所學之真從而成為"所用之真"。善靈就是如此受教，為上天堂預備。

對適合其用之真理的渴慕，循循善誘的展現方式有多種，多數不為世人所知,主要的方式,是將靈界中的何爲"其用",藉助各樣的表徵事物,以千百種的方式展現出來,以致"其用"而帶來的滿足與快樂,從內至外穿透善靈,直至影響其全身心。結果,靈就幾乎變爲"其用",等到人受教後,被引導進入其相應社群後,因著投身於"其用"而進入自己的生活。

由上述可得知,作爲外在之真理的知識,並不能帶任何人上天堂;使人進入天堂的,是生活本身,就是通過知識所養成的有用的生活。

518. 有的靈確信自己比別人更有資格進入天堂,因爲他們受過良好的教育,對聖言和教會的教義知之甚詳。他們相信自己很有智慧,正是聖言所說"必要發光,如同天上的光"(但以理書 12:3)的聰明人。他們受到審視,以確認其學問是存於記憶中,或是已融入生活中。

有些靈對真理有著真正的渴慕之情,也就是他們有所"其用",此"其用"不以肉體和塵世爲目標,本質上就是靈性之"用"。這樣的靈一經受教,就被接入天堂。然後,他們得以認識何爲天堂中發光之物,其實就是神性之真,即天堂之光的"其用","其用"成爲接受神性之真的光之載體,並將其轉化爲各樣光彩。

但是,有些人的學問,只是被存入記憶中。他們培養了一種能力,能對真理進行論證,證明他們所接受的屬乎真理。即使是一些錯誤的觀點,一旦爲他們所證實,也看似正確無誤。此等人並不在天堂的光明之中,而是被包裹在驕傲的信念當中。很多有學問的人都有這種驕傲心理,以爲自己配得天堂,能得到天使的服侍。爲使他們擺脫這種狂妄的信念,他們被帶到第一層天即外層天,進入某個天使社群當中。正進入時,隨著天堂之光的流入,他們的眼睛變得模糊,理智變得混亂,最終呼吸變得困難,彷彿將死之人。不僅如此,隨著天堂的溫暖,即天堂之愛的流入,他們感到巨大的痛苦。於是他們被打發離開,並被告知:成就天使的不是知識,而是透過知識所養成的真實生活。因爲就其本身而言,知識是在天堂之外,唯有通過知識所培養的生活,才在天堂之內。

519. 靈在受教場所爲天堂做好準備的時間,一般不會很長,因爲憑靈性之念,一時可領會很多,之後,就穿上天使的衣服,通常是潔白的細麻衣,然後被帶到通往天堂的路上,交給守護的天使。他們受到天使的歡迎,被引入眾多社群當中,得到他們的祝福。此後,主將每位天使帶入各自的社群。該過程通過多種途徑完成,有時經過迂迴曲折的路程。天使不知他們當走的路,唯有主知。他們到達自己的社群以後,內在秉性就被打開。就內在秉性而言,他們與所屬社群的成員,是和諧一致的。所以,他們立時被認出,並受到熱烈的歡迎。

520. 關於即將成爲天使的靈，從受教場所進入天堂的路，有些事值得一提。路共有八條，每個受教場所兩條。一條引向東，一條引向西。進入屬天國度的人取東邊的路，進入屬靈國度的人取西邊的路。

通向屬天國度的四條路，兩側長有橄欖樹和各種果樹；通向屬靈國度的四條路，兩側長有葡萄樹和月桂樹。這是出於對應，因爲葡萄樹和月桂樹，與對真理及其效用的喜愛之情對應；橄欖樹和各種果樹，與對善良及其效用的喜愛之情對應。

第五十四章、無人能不通過任何途徑而單憑神的憐憫進天堂

521. 對天堂、上天堂之路、天堂的生活不瞭解的人,以為上天堂純粹在於神的憐憫,所有信的人,有主為他求情的人,都能單憑神的恩典進入天堂。因此,只要神願意,任何人都能得救,有的甚至相信地獄之人也能得救。

此等人對人性可謂一無所知,不知人的品性取決於他的生活,而他的生活又取決於他的愛慾。這話不僅適用於人內在的意志和領悟,也適用於其外在的身體,因為身體無非是內在秉性,在行為中自我表現的外在形態。這意味著人的愛慾,就是他整個人(參 363 節)。

他們也未曾意識到,身體不是憑自己而活,而是靠靈魂而活。人的靈魂就是他的真情實感,靈魂的形體,無非是情感在靈性世界所顯現出來的人的形狀(參 453-460 節)。

不知以上事實,他們也就以為,得救完全在於神的憐憫和恩典。

522. 首先,讓我解釋何為神的憐憫。神的憐憫是純粹的憐憫,施向整個人類,願意給予拯救。此憐憫恆常施向每一個人,從不收回。這意味著凡能得救者,皆已獲得拯救。但是,人只有遵循神的道才能得救,這道就是主在聖言中所啟示的神聖真理。真理告訴我們當如何生活,以便得救。主藉真理將我們引向天堂,將天堂的生命注入我們心裏。主如此恩待每一個人。只是對於一切不離棄罪惡的人,主無法將天堂的生命注入其中,因為罪惡阻塞了道路。反之,我們若離棄罪惡,主就以神聖的憐憫,照聖道引導我們,從出生到死亡再到永生,這就是我所說的神的憐憫。由此可見,主的憐憫的確是純粹的,但並非直接施予的,就是說,祂並非隨意施行拯救,而不管人的行為如何。

523. 主從不違背次序而行,因為祂就是次序本身。建立次序的是從祂所發的神性真理,神性真理是主引導我們的順序法則。憑憐憫直接施予拯救,這有違背神性的次序,違背神性的次序也就有違背神性的本質。

對我們而言,神性的次序就是天堂。人由於違背了它的法則,即神性真理,也就扭曲了神性的次序。主因著純粹的憐憫,通過合乎次序的法則,將我們領回神性的次序之中。我們若能回歸,就將天堂

接入心中。凡將天堂接入心中的人都能進入天堂。

這同樣說明，主的憐憫的確是純粹的，但並非直接施予。

524. 得救若單憑神的憐憫，那麼每個人都將得救，連地獄之人也能，而且地獄將不復存在，因爲主是憐憫之本，慈愛之本，良善之本。倘若人人皆可直接得救，祂却縮手不救，就是違背祂根本的神性。因爲聖言告訴我們，主不願一人沉淪，乃願人人得救。

525. 大多數從基督教世界進入靈界的人，以爲他們能不通過某些途徑，而單憑神的憐憫就可得救，因爲他們所祈求的就是憐憫。當他們受到審視時，顯明他們所相信的進天堂，不過僅僅是指獲取入門許可而已，誰獲得許可，誰就能享受天堂之樂。他們對於何爲天堂，何爲天堂之樂，一無所知。他們生前被告知，主不拒絕任何人上天堂。只要他們願意，就可以進入，甚至住在那裏。事實上，有的人被許可進入其中，可就在他們跨入天堂之門，感受到天堂之熱，即天使所專注之愛，接觸到天堂之光，即神性真理時，立時心如刀絞，彷彿是在地獄受苦，而非在天堂享樂。震驚之餘，他們趕緊跳入地獄。通過這種方式，他們親身體驗到，不透過某些途徑，神無法將天堂賜給任何人。

526. 有時我與天使談論這個話題，我說，世間有很多陷於罪惡的人，在談論天堂和永生時，宣稱上天堂純粹在於神的憐憫，以信爲唯一得救途徑者更是如此。因爲在此基本信條上，他們不注重生活和愛的行爲，也就不注重主將天堂注入人心，使人獲得天堂之樂的其它途徑。既棄絕一切實際途徑，其所得出的必然結論就是人可單憑神的憐憫上天堂。他們相信，因著聖子的代求，有憐憫的聖父將被此代求所打動。

天使說，"人得救是單憑著信"這一教義必然推出"人上天堂是單憑著神的憐憫"的信條，因爲前者是其它所有信條的頭。天堂之光不能流入此起頭，因爲它不是真理。今日，教會對主、天堂、死後生命、天堂之樂、愛與善的本質、良善與真理的結合、人類生命的起源和本質幾無所知，其根源在此。生命從來不是單憑思維而獲得，而是憑意志並隨後的行爲獲得。思維只有在出於意志的情況下，才構成生命；同樣，信只有在出於愛的情況下，才構成生命。單獨的信不可能存在於任何人，因爲信若偏離了其源頭，也就是愛，就只是某種知識或假冒信仰的二手信仰（參 482 節）。他們未曾認識到這個事實，天使爲此感到悲痛。二手信仰不在人的生命中，而在其生命之外，因爲若不與愛相連，便與人脫離。

天使還說，相信單憑信就能得救的人，也必相信上天堂純粹在於神的憐憫。他們憑物質之光和生活經驗可以看出，信心本身並不構成人的生命，因爲過罪惡生活的人，也能思想並接受同樣的信條。也正因如此，他們相信惡人也能像善人一樣得救，只要他們瀕死之時也求主爲他們代求，相信神的憐憫。

天使宣告說，他們從未見過，任何過罪惡生活的人單憑神的憐憫就可進入了天堂，不論其在世之時如何信誓旦旦。

當有人問：亞伯拉罕、以撒、雅各、大衛及衆使徒是否也不能單憑神的憐憫上天堂？天使說是的，人能否被接入天堂，取決於他在人間的生活。他們應該意識到，在天堂裏沒有人擁有特權。這些人在聖言中備受推崇，只因他們在聖言的靈義上象徵主。亞伯拉罕、以撒、雅各象徵主的神性和神聖之人，大衛象徵主是神聖的君王，衆使徒象徵主的神聖真理。當世人閱讀聖言的時候，天使並不意識到他們，因爲他們的名字不能傳入天堂。他們所意識到的是主，正如剛才所說的。所以，天堂的聖言（參259節）從不提及這些人，因爲其所傳達的，是與人間的聖言相對應的靈義。

527. 憑大量經歷我能證實，在人間過罪惡生活的人不可能被注入天堂的生命。有的人相信，在他們死後，當他們從天使聽聞神性真理時，一定會欣然接受，成爲信徒，改變生活行爲，從而被接入天堂。有此想法的人，主允許他們一試，好讓他們親自體驗人死後不可再悔改的事實。有的確能明白真理，好似欣然接受，可是他們一旦回到自己的慾望當中，便將真理拋棄，甚至加以駁斥。有的當場表示拒絕，不願傾聽。有的希望自己在人間所養成的慾望被抽離，注入天使的生命即天堂的生命，取而代之。就連這種願望，主亦滿足他們，可是慾望剛被抽離，他們就橫倒在地，失去自製。

此類經歷讓心思簡單的善人看出，人死後不可能再改變他的生命：罪惡的生命不可能改寫爲良善的生命，地獄的生命不可能改寫爲天堂的生命。因爲每個靈的本質，從頭到脚，由他的愛或慾望所決定。將之改變成對立的一面，等於將靈魂毀滅。天使說，將一支夜鷹變成一支鴿子，比將一個地獄之靈變成天堂的天使還要容易。

從前面的闡述可知（參470-484節），人死後的景況取決於他在人間的生活方式。我們由此推斷，沒有人能單憑神的憐憫上天堂。

第五十五章、活出天堂的樣式
並非想像的那麼難

528. 一些人認為,過通往天堂的生活,即所謂的"靈性生活",是很難的。因為他們聽說,要過這種生活,就得避世禁慾。他們將之理解為放棄世俗的利益,特別是名利地位,終日虔誠地默想神、救恩、永生,一心恆切祈禱、讀經。然而,通過大量的經歷和與天使的交流,我得知實際情況迥非如此。事實上,以這種方式摒棄世俗,過所謂靈性生活的人,是活在哀傷之中,無從接受天堂之樂,因為人死後將延續他之前的生活方式。

相反,要接受天堂的生命,人當盡心盡力活在現實生活中,參與其中,盡各自的責任和義務。那樣,通過道德、文明的生活,靈性的生命在人心裏逐漸成形。舍此途,靈魂無從為天堂做好準備。因為缺乏社會生活的靈性生活,好比一個沒有地基的房屋,逐漸開裂、搖晃,直至倒塌。

529. 以理性的眼光審視人的生活,不難發現人的生活可分三重:靈性生活、道德生活、社會生活。三者是可分的:有的過著社會的但非道德的和非靈性的生活;有的過著道德的但非靈性的生活;有的過著社會的、道德的和靈性的生活。後者是通往天堂的生活,而前兩者只是人間的生活,與天堂的生活無關。

由此可見,靈性的生活不是避世,而是入世,如靈魂與身體合一那樣。要是分離,就像房子沒了地基,正如前面所說的。事實上,道德和社會的生活,正是靈性生活的體現,因為立志為善是靈性生活的本質,而實際行善是道德和社會生活的本質。兩者若是分離,靈性的生活就只是空想和空談。沒了行動的支持,意志必要消退。而事實上,意志乃是人心性的本質。

530. 接下來我要說明,過通往天堂的生活,並不像人們想像的那麼難。試問,誰不能過社會的和道德的生活?我們從小就已進入其中,也知之甚詳。事實上,無論善人惡人,都過著社會和道德的生活,因為誰也不想被視為虛偽自私之人。幾乎所有人都表現得誠實公平,乃至看似由衷的誠實公平。屬靈之人,理當以同樣的方式生活,也能像屬世之人一樣,輕易做到;所不同的是,屬靈之人相信神,他行誠實公平,不僅因為如此行符合文明和道德諸律,也因為如此行更符合神性諸律。事實上,當他們思想神性法則而順其行事的時候,與天堂的天使是可以相通的。既與天使相通,其內在的靈魂便是開啓的。主就在不知不覺中吸引他，引導他，合乎道德文明的誠實公平，就都出於屬靈的源頭。憑屬靈的源頭所行的誠實公平是真正的誠實公平，是憑心而行。

表面看來，屬靈的誠實公平，與肉體之人甚至地獄之人所行的誠實公平，是一樣的，其實它們截然不同。惡人行誠實公平，是為了名聲和地位。若非畏懼法律的懲罰，害怕喪失名聲財富，他們的行為一定會表現得狡猾詭詐。因為他們不敬畏神及神性法則，缺乏內在的約束，只要獲得機會，就盡可能地欺騙、搶奪，以滿足內心的慾望。其內在秉性如何，到了靈界將清晰可見。那時，所有人的面具都要揭開，讓內在秉性顯明出來。人將保持他的內在秉性，直到永遠（參499-511節）。那時，他們的行為不再有外在的約束，即前面所說對遭受法律刑罰，或喪失名聲、利益、地位、生命的恐懼，故行事瘋狂，對誠實公平嗤之以鼻。

相反，因敬畏神的法則而實踐誠實公平的人，當他們的外在層面被剝開，進入內在秉性以後，將表現得十分睿智，因為他們與天堂的天使相通，分享他們的智慧。

由此可見，屬靈之人可以像屬世之人一樣過文明道德的生活，只要他們在意志和領悟上與神相通。

531. 靈性生活的法則，社會生活的法則，道德生活的法則，已通過十條誡命傳授給我們。前三條誡命包含靈性生活的法則，中間四條誡命包含社會生活的法則，後三條誡命包含道德生活的法則。表面看來，純然屬世之人也遵守十條誡命，和屬靈者一樣。他們崇拜神，參加聚會，聆聽講道，表現虔誠，不殺人，不行淫，不偷盜，不妄言，不行騙。但是，他們如此行，只是為著自己的利益，為要在人前顯得良善。在心裏，他們的品性與外在的表現截然不同。因為他們從心裏否認神，在崇拜中偽裝虔誠。私下裏，他們嘲笑教會的聖事，認為其目的只是為了約束平民百姓。

這是他們完全與天堂無份的原因。既然不是屬靈者，也就不是道德文明者。（1）他們雖不殺人，卻痛恨一切阻礙其道之人，從心裏燃燒著報復的慾望。若非法律和其它恐懼的約束，他們必要殺人。既有此慾望，就表示他們心裏藏有殺氣。（2）他們雖不行淫，卻時常淫慾深重，因為他們認為行淫並無過錯，只要獲得機會，必要盡情放縱。（3）他們雖不偷盜，卻時常在心裏偷盜，因為他們貪戀別人的財物，視欺騙巧奪為取之有道。其它有關道德的誡命，如不妄言，不貪戀他人財物，同樣適合。一切否認神，無信仰所立之良心者，都是如此。他們的秉性，從到達靈界、面具已被揭開、進入了內在秉性的同類顯明了出來。此等人已與天堂分離，與地獄沆瀣一氣，故恆常與地獄的人爲伍。

從心裏承認神，在生活行爲中尊重神性法則，既遵守後七條誡命，也完全遵守前三條誡命的人就不同了。當他們進入內在秉性，外層被剝去以後，就比在世時更有智慧。對他們而言，進入內在秉性好比從黑暗進入光明，從愚痴進入智慧，從痛苦進入快樂，因爲他們在神裏面，也就在天堂裏面。

我說這些，是要人們明白，雖然表面看來，他們都過著一樣的生活，其實際情況却可能各不相同。

532. 衆所周知，人的思維隨著他的意志而轉，意志指向哪，它就跟到哪。事實上，思維是人的內視，其反應和人的外視相似，都是隨目標而轉。人的內視或思維，若轉向世界，執著於世界，其思想就成爲屬世的；若轉向自己的虛榮，就成爲屬肉體的；若轉向天堂，就成爲屬天的。所以，它若轉向天堂，就得以提升。若轉向自己，就從天堂被拉開，沉迷於肉體。若轉向世界，同樣是背離天堂，迷失於肉眼所接之物。

造就意志，使內視或思維，注念於一特定目標，是人之所愛。愛自己，使人的思維轉向自己；愛世界，使人的思維轉向世界；愛天堂，使人的思維轉向天堂。人若能確認他的所愛，也就能瞭解其靈性所處的狀態。若是愛天堂，其靈性就向天堂提升，朝上頭開啓；若是愛自己和世界，其靈性就朝外開放，朝上關閉。由此可以推斷，人的靈性若是朝上關閉，他就看不到屬於天堂和教會之物。對他們而言，天堂和教會處於幽暗之中。凡處於幽暗中的，他們要麼否認，要麼無法領悟。愛己愛世界過於一切的人，從心裏否認神性真理，原因就在於他們的心已朝上關閉。即便他們憑記憶談論，也並非真的領悟。而且他們從世界和肉體的角度，去看待神性真理，無法理解肉體感官之外的事物。這也是他們唯一的興趣所在，其中包含著許多污濁、淫穢、褻瀆、邪惡的事物。他們無法擺脫這些誘惑，因爲沒有天堂之流進入其心。如前面所說，他們的心已朝上關閉。

使內視或思維注念於某個目標的，是人的意志，因爲意志決定目標，目標決定思維。所以，人的目標若是天堂，他的思維就專注於天堂，其整個靈性也就沉浸於天堂。他看待人間的事物，如站在房頂向下俯視。這是靈性已被開啓的人，能洞察自身慾望和謬見的原因，因爲慾望和謬見，都在其靈性的審視之下。相反，靈性未曾開啓的人，看不到自身的慾望和謬見，因爲他們不在慾望和謬見之上，而是陷入其中。由此可知人的智慧和愚痴各從何來，也可知人死後，當他照內在的秉性立志、思維、說話、行事時，將是什麼模樣。

我說這些，也是爲了表明，雖然表面看來，人們過著一樣的生活，其實際情況却可能各不相同。

533. 由此可見，通往天堂的生活，其實並不像人們想像的那麼難，因爲這只是一個加以分辨的問題。每當有虛僞自私之念引誘我們時，我們及時省察，禁絕不做，因爲這違背神的誡命。我們若時常這樣思維，使之成爲一種習性，就能逐漸聯於天堂。既聯於天堂，我們的心就能開啓，心既開啓，就能洞察虛僞自私之念。既洞察之，就能驅除之。因爲凡惡必須先被識破，才能將其驅逐。人可以進入這種狀態，因爲他有自由。每個人都有自由如此思維。這過程一旦開始，主就在我們心裏施行奇蹟，不僅讓我們洞察罪惡，更讓我們有能力拒絕之，乃至遠離之。主說："我的軛是容易的，我的擔子是輕省的"（馬太福音11:30），即是此意。

我們當知，如此思維並禁絕罪惡的難度，將隨著人故意沾染罪惡的程度而增加，這一點很重要。事實上，人若習慣了造作惡事，最終他將對罪惡視而不見。然後，他必迷戀罪惡，找藉口滿足自己的慾望，以各種自欺的理由，將之合理化，稱之爲善。從青年時代就毫無節制地沉迷於各種罪惡，同時從心裏否認神的人，即是如此。

534. 我曾被指示通往天堂和通往地獄的路。有一條大道延向左方即北方（譯注：天堂的方位，以天使面向主所在的東方爲基準）。有許多靈走在大道上。在遠處，我看到大路的盡頭有一塊很大的石頭。路在石頭處分爲兩條，一條通向左，一條通向右。通向左邊的是一條窄路，從西方繞到南方，引入天堂的光明之中。通向右邊的是一條寬路，傾斜而下，引向地獄。

起初，每個人都走同一條路，直到交叉口的大石頭處，然後分道揚鑣。善人轉向左，沿著通向天堂的窄路前進。惡人甚至看不見交叉口的大石頭，而撞傷自己，起來以後，他們沿著通向地獄的寬路快速前進。

後來，這些事的寓意被解釋於我。善人和惡人一起沿大道前進，相互交談，如同朋友，看似無任何分別，象徵人們從表面看來，都過著誠實公平的生活，沒有分別。交叉口的石頭象徵神性真理，否認真理、注視地獄的惡人在此跌倒，奔向通往地獄的路。在至高的意義上，石頭象徵主神聖之人。承認神性真理和主的神聖之人者，則被引入通往天堂的路。

這同樣說明，表面看來，惡人和善人過著一樣的生活，沿著同樣的路前進。然而，從心裏承認神，特別是教內承認主的神聖之人者，被引向天堂，反之則被引入地獄。

在死後的靈界，道路象徵從目標和意圖所流出的思想。靈界所顯現的路，與目標所流出的思想相應。人所取的路，與目標所流出的思想一致。正因如此，從靈所走的路，可洞察其思維的品質。這也讓我明白了主的話，祂說："你們要進窄門，因爲引到滅亡，那門是寬的，路是大的，進去的人也多；引到永生，那門是窄的，路是小的，找著的人也少。"（馬太福音 7:13-14）引到永生的路是窄的，不是因爲它難走，而是因爲找著的人少，正如主所說的。

我看到大路盡頭有一塊石頭，兩條路從此分出，通往兩個不同的方向。這也讓我明白了主的話，祂說："匠人所棄的石頭已作了房角的頭塊石頭，凡掉在那石頭上的，必要跌碎。"（路加福音 20:17-18）"石頭"表神性真理，"以色列的磐石"表示主的神性之人，"匠人"表教會的信徒，"在房角的頭塊石頭上跌碎"表示因否認真理而滅亡。

535. 在靈界，我與一些曾遠離人間社會，以求虔誠度日的人交談；也與另外一些人交談，這些人曾以種種方式禁慾苦修，以代替避世獨居。其實，他們多數人過著鬱鬱寡歡的生活，使自己遠離了只有在世人當中，才有機會實踐的積極愛的生活。所以，他們不能與天使相通。天使的生活是快樂幸福的，由有價值的、愛的活動構成。逃避人間生活的人，通常懷有一種功德心理，無時無刻不渴望天堂，以爲天堂之樂是他們當得的賞賜，對究竟何爲天堂之樂，却一無所知。當他們進入天使當中，試著去感受天堂之樂時，他們困惑了，彷彿遇見了與其信仰格格不入之物。因爲天使的行爲不摻雜功利的觀念，完全由積極的活動和服務構成，並從自己所成就的善行中獲得快樂。他們既不能接收天使的快樂，只好離開，與在人間曾過著相同生活方式的人結合起來。

還有一些人曾過著表面虔誠的生活，經常上教堂禱告。他們禁慾苦修，心裏却時刻想著自己如何比別人更值得稱道，死後必被尊爲聖徒。到了靈界，他們不能進入天堂，因爲他們做這一切完全是爲了自己。他們以自己的虛榮，玷污了神性的真理，有的甚至喪失了理智，把自己當作神。因此，他們只能與地獄的同類呆在一起。還有一些奸妄狡詐之人，也在地獄。因爲他們用各種詭計，裝成道貌岸然的模樣，誘導人們相信他們是聖人，這其中包括許多天主教聖徒。我曾與他們一些人交談，也對他們先前在人間，後來在靈界的生活，作過清楚的描述。

我說這些，是要大家明白，通往天堂的生活不是退離世界，而是活在世界當中。愛的生活只有在世人當中，才能成就，缺乏愛的所謂虔誠，不能將人引向天堂。只有在每項責任、事務、工作中實踐誠實和公平，憑內在的秉性，從屬天的源頭，過愛的生活，才能將人引向天堂。當我們按誠實、公平行事爲人的時候，屬天的源頭就在我們心裏，因爲如此行正符合神性的法則。這種生活不難，缺乏愛的所謂虔誠才真的難。人們以爲那種生活能將人引向天堂，其實它只能將人引離天堂。

下篇、地獄

第五十六章、主掌管地獄

536. 前文在討論天堂時，已清楚說明主是天堂的神，祂掌管整個天堂。天堂與地獄，就像兩股彼此對立的力量，其作用與反作用產生一種平衡。爲確保該平衡的絕對性，有一個必要的條件，就是掌管天堂者也同時掌管地獄。就是說，除非同一位主控制著地獄的攻擊，節制他們的瘋狂，否則平衡必被打破。平衡一被打破，一切將陷入混亂。

537. 首先，我需要說說該平衡的性質。衆所周知，當兩股力量相互作用且勢均力敵時，力量就會抵消。此時，第三股力量就能隨意將兩者移動，輕而易舉地控制兩者，好似沒有任何阻力。

天堂與地獄之間就存在這種平衡，但該平衡不像兩個體格相當的人作身體上的搏鬥。它是靈性意義的平衡，是謬與真、惡與善之間的平衡。惡與謬不斷從地獄發出，善與真不斷從天堂發出。正是這種靈性的平衡賦予人思想和意志的自由。因爲人的思想和意志要麼牽涉惡與謬，要麼牽涉善與真。

在這種平衡的狀態下，人有自由接受地獄之惡和謬，也有自由接受天堂之善與真。掌管天堂和地獄的主，將每一個人保守在這種平衡的狀態之中。

後面我會專門解釋主爲何通過這種平衡來確保人的自由，而不是憑祂的聖潔大能將惡與謬驅逐，然後灌之以善與真。

538. 有時，我被允許感受從地獄所發出的惡與謬的氣息。它就像一股力量，片刻不息地意慾摧毀一切善與真，其中夾雜著因不能得逞而蓄積的怒氣。它尤其意慾摧毀主的神性，因爲一切善與真源於主。

我也曾感受從天堂所發出的善與真的氣息，它是一股節制地獄憤怒的力量，從而產生一種平衡。我感覺出該氣息完全來自主，雖然它看似出於天堂的天使。天使無不承認善與真全出於主，而非出於自己。

539. 在靈性世界，能力完全屬於善與真，無一絲屬於惡與謬。因爲在天堂，神的本質是神性之善與神性之真，而一切能力都屬於神。惡與謬無一絲能力，因爲能力全屬於善與真，惡與謬之中無絲毫善與真。正因如此，能力全在天堂，無一絲在地獄。天堂之衆皆因善而專注於真，地獄之衆則全因惡而沉迷於謬。因爲人只有因善而專注於真，才會被接入天堂，也只有因惡而沉迷於謬，才會被投入地獄。

540. 這就是天堂與地獄之間的平衡，靈界的人處於平衡之中，因爲靈界居於天堂與地獄之間。世上之人也被保守在平衡之中，因爲主藉靈界之靈來主導世上之人。

這種平衡，只有在主同時掌管天堂和地獄的前提下才可能實現。否則，惡與謬必要超越界線，影響天堂最外層的單純的善靈，相比天使，他們更容易受到誘惑。那樣，平衡就會遭到破壞，人的自由也將一併喪失。

541. 和天堂一樣，地獄也按社群而分。事實上，天堂有多少社群，地獄就有多少社群。因爲每個天堂社群，皆有一個對立的地獄社群。如此，平衡就有保證。

地獄的社群照惡與謬而分，正如天堂的社群照善與真而分。凡善皆有與之對立的惡，理也都有與之對立的謬，因爲萬物皆存在對立的一面。通過對立的一面，人可瞭解某物的性質和層次，他也從中獲得覺知和感受。正因如此，主始終確保每個天堂社群，皆有一個對立的地獄社群，以達致平衡的狀態。

542. 既然天堂有多少社群，地獄就有多少社群，那麼天堂的社群有多少，地獄也就有多少。因爲正如每個天堂的社群都是一個小型的天堂，每個地獄的社群也都是一個小型的地獄。

總體而言，天堂既分爲三層，那麼地獄也分爲三層。其中底層的地獄與內層天（第三層天）相對，中層的地獄與中層天（第二層天）相對，上層的地獄與外層天（第一層天）相對。

543. 讓我簡單解釋一下主是如何掌管地獄的。總體上，整個天堂的神性之善和神性之真的流注，約束並控制著整個地獄的勢力。具體來說，各天堂和組成天堂的各社群也都發出一種影響力。

具體而言，主藉天使來掌管地獄。這些天使能洞察地獄，節制地獄的瘋狂和騷動。有時，天使會被派往地獄，他們的降臨能使局面得到控制。

籠統而言，地獄的人都受著恐懼的約束。有的在人間便已種下，如今依然在起作用。不過那些恐懼並不足夠，且會逐漸減弱，所以懲罰便成了阻止他們作惡的主要手段。懲罰的方式多種多樣，有的溫和，有的嚴酷，取決於他們所作之惡。多數情況下，最爲惡毒的靈會取得權力。他們憑經驗和詭計施行控制，藉懲罰和恐懼，叫人俯首聽命。但是，他們不敢超越一定的界線。

我們當知，對懲罰的恐懼乃是控制地獄暴亂和憤怒的唯一手段。

544. 世人依舊相信有一個魔鬼，在掌管著地獄，他本是光明的天使，後來因背叛而與同黨一併被投入了地獄。他們如此相信，是因從字面上理解了聖言所說關於魔鬼、撒旦、路西弗的話。其實，那些經文中的魔鬼、撒旦系指地獄。其中"魔鬼"指往內或靠下部分的地獄，住在那裏的是最邪惡的人，他們被稱爲"惡魔"。"撒旦"指往外或靠上部分的地獄，住在那裏的人邪惡性較輕，他們被稱爲"邪靈"。"路西弗"則指出自巴比倫的人，他們意慾掌權，甚至圖謀掌管天堂。

另外，天堂、地獄中所有的居民都出自人類，從創世以來，已有無數的人因在肉身時反對神而成了魔鬼，由此也可知並不存在一個掌管地獄的魔鬼。

第五十七章、主不將人投入地獄 皆爲生前自選

545. 一些人以爲神會因人作惡而背離他，撇棄他，向他發怒，將他投入地獄。有的甚至以爲神會懲罰人，傷害人。他們引聖言的文字爲證，未曾意識到聖言當中那使字義合情合理的靈義，意思却截然不同。也就是說，取自聖言靈義、真實不虛的教義，所展示的完全不同。它告訴我們，主從不背離人，不撇棄人，不向人發怒，不將人投入地獄。

理智的人，當他閱讀聖言時，單從主是良善之本、慈愛之本、憐憫之本的事實，便不難看出這一點。良善之本不可能傷害人，慈愛之本、憐憫之本不可能撇棄人，因爲這有違慈愛和憐憫，故與神性本身相悖。所以，理智的人在閱讀聖言時，能清楚看出神從不背棄人。既從不背棄人，也就始終以善良、慈愛、憐憫待人。就是說，祂總是善待我們，疼愛我們，憐憫我們。

理智的人也看出，聖言的字面意義之中藏有內在意義；爲適合大衆理解能力和初淺觀念而述說的字面意義，必須透過內在意義才能獲得解釋。

546. 理智之人還可看出，善與惡是全然對立的，如天堂與地獄全然對立，亦如天堂所發的一切，與地獄所發的一切全然對立。再者，是主的神性形成天堂，從主流入我們的無非是善，從地獄流入我們的無非是惡。所以，主無時無刻不引我們離惡向善，而地獄却無時無刻不拉我們離善向惡。若非處於之間，我們就不會有思想和意志，更不會有自由。正因善惡之間的平衡，我們才獲得這一切天賦本能。所以，主若背棄我們，任憑我們陷於惡中，我們將不再是人。

由此可見，無論善人惡人，主的流入皆全然是善。所不同的是，對於惡人，祂無時無刻不在引他離惡；而對於善人，祂無時無刻不在引他向善。產生這種區別的是人，因爲人是神性之流的受體。

547. 由此可見，人因隨從地獄而作惡，因隨從主而行善。但是，由於人相信他所作的全都出於自己，也就將所作之惡歸於自己。這是人當爲所作之惡負責，而非由主負責的原因。人心裏的惡也就是其心裏的地獄，因爲或說"惡"，或說"地獄"，兩者沒有分別。既然人當爲所作之惡負責，而非由主負責，那麼顯然，是人自己走入了地獄。主絕不將人引入地獄，相反，祂總是救人脫離地獄，只要

人不願意陷入惡中。死後，人將延續他的意志和慾望。在人間迷戀惡的人，在靈界也將迷戀惡，而且不再願意被引離出來。這是陷入罪惡的人與地獄相通，而且就靈魂而言，他已落入地獄的原因。死後，其最大的慾望，莫過於去往其惡所屬的地方。也就是說，人死後，是他自己走入了地獄，而非主將他投入了地獄。

548. 我需要解釋一下這是如何發生的。當我們進入靈界以後，首先會有天使來接收我們，給我們提供一切幫助，也告訴我們有關主、天堂、天使的生活等方面的一切，指示我們何爲善與真。倘若我們在人間聽過這些道理，且從心裏表示了拒絕，那麼經過一些交往，我們就想離開。天使一察覺到這一點，便會離開。經過與各種各樣的人交往，我們最終與陷入一樣罪惡的人混在一起。就這樣，我們背離了主，趨向了在人間便已聯屬的地獄，住在那裏的是陷入一樣惡慾的人。

由此可見，主一直藉天使和天堂之流，將每一個靈引向祂，只是深陷惡慾的靈極力反抗，將自己與主隔開。他們爲惡慾所牽制，即是被地獄所牽制。惡如一條繩索，將他們緊緊拉住。他們既迷戀惡，願意爲惡所牽制，那麼走入地獄便是他們自己的選擇。

鑒於世人對地獄所懷的觀念，這事確實令人難以置信。事實上，在靈界，走入地獄的人，在地獄之外的人看來，彷彿不是自願進入的。那些因惡慾中燒，而迫切往地獄直奔的人，彷彿是倒身跳入其中的。正因如此，他們彷彿是被神打入地獄的。

由此可見，主並不將任何人投入地獄。投入地獄是人自己的選擇，在人間如此，進入靈界以後也是如此。

549. 主無法憑其神聖的本質，即善、愛、慈悲，以同樣的方式賦予每一個人，是因人的惡與謬的阻擋，不僅遮蔽、甚至拒絕神性之流。惡和謬如同烏雲，遮蔽太陽的光明。太陽一直試圖驅散烏雲，總有一線光明能够透過雲層，進入人的眼睛，靈性世界的情形與此相似。在那裏，太陽是主及其神性之愛，太陽之光是神性之真，烏雲表示惡和謬，眼睛表示領悟。人若陷於惡謬之中，就被烏雲包裹，其幽暗濃密的程度，取決於惡的大小。由此比喻，可知主始終與每一個人同在，只是人接受主的情況各不相同。

550. 在靈性世界，惡靈時常受到嚴厲的懲罰，好叫他們害怕作惡。這似乎也來自主，其實它是來自惡本身。因爲凡惡皆有罰與之相隨，兩者不可分割。屬地獄的靈，其最大的慾望，莫過於給人以痛苦和折磨。凡是不受主保守的人，他們著實能加以傷害，施以懲罰。所以，對於本乎惡而作惡的人，由於他拒絕了主的保護，惡靈便乘隙加以攻擊，施以虐待。

在某種程度上，這可從世人犯罪而受到法律的刑罰來說明：法律設定每個罪行當受的刑罰，凡犯罪之人理當接受相應的刑罰。唯一不同的是，人的罪行在人間可能隱藏，在靈性世界卻不能。

由此可以斷定，主不傷害任何人。這與人間的情況相似：國王、法官、法律無需爲刑罰負責，他們在罪犯的惡行上沒有責任。

第五十八章、地獄之人因自私自利而邪惡愚昧

551. 地獄之靈皆迷於惡謬,沒有哪個陷於惡而能曉真理。在人間,許多惡人瞭解屬靈之真理,是因爲他們從小受教,後來也聽過講道,讀過聖言。於是,他們談論真理,甚至叫人認爲他們是虔誠信徒。他們學會偽裝情感,表現真誠,彷彿是憑著靈性之信,其實心裏所想的正好相反。出於法律、名聲、地位、利益等方面的考慮,他們小心翼翼地防止惡念外顯。他們心裏充滿惡慾,表面行善守真,靈裏却不以爲然。所以,到了靈界,當他們的外在脫落以後,靈的內在秉性就顯明出來,結果證明他們完全沉迷於惡謬之中,對真和善漠不關心。由此可見,他們的真和善只存於其記憶中。與人談論時,他們將之取出,表現得道貌岸然,彷彿有信有德。

當此等人進入內在秉性以後,也就是進入惡性以後,他不能再談論真理,只能講說謬誤,因爲他的言語乃出於他的惡性。那時,人不能憑罪惡講說真理,因爲他的靈魂完全由罪惡構成,從罪惡只能生出謬誤。

每個惡靈,在被投入地獄以前,都要被帶入這種狀態。該過程被稱爲"清盡真理和善良"的過程,好讓他們進入各自的秉性之中,或說進入各自的靈魂之中。

552. 至此,他不再是第一個狀態下的靈,而是成了真正的靈,因爲真正的靈有著與內在秉性相應的面孔和身體,就是說,他的外在形體乃是其內在秉性的相。當前面所描述的第一、第二個狀態結束後,靈將變得如此。通過他們的面孔、身體,特別是言行舉止,能立時明瞭他們的秉性。再者,他們既成了真實的自我,就只能與同類的靈呆在一起。

在靈性世界,情感和思想是相通的。靈自然而然地趨向同類之靈,爲他們所吸引,也從中感受到快樂。事實上,他面對著那個方向,因爲只有對著那個方向,他才能自由地呼吸,面對其它方向却不然。我們當知,在靈性世界,交流取決於人所面對的方向。在他面前的,通常都是有著同類情感之靈。不論他怎樣轉動身體,都是如此。

正因如此,地獄之靈全都背對主,面對漆黑幽暗之地,就是世間日月所在之處。反之,天堂的天使全都面對那顯爲天堂日月的主。

由此可以推斷，地獄之靈全都沉迷於惡謬，也都朝向各自的慾望。

553. 在天堂的光照下，所有地獄之靈都顯出他們邪惡的形象。事實上，地獄裏的每個靈都是其惡的形象。因爲他們的外表和靈性協作如一，靈性通過面孔、身體、言語、行爲表現出來。所以，看他們的外表，就能瞭解他們的秉性。籠統而言，他們是蔑視、恐嚇、仇恨、報復的形象，殘暴和冷酷從裏面透現出來。不過，當他們受到讚揚、恭敬、崇拜時，其面貌會有所緩和，露出喜悅滿意之色。

要三言兩語描述他們全部的形象是不可能的，因爲沒有兩個人是完全一樣的。但是，陷入相同罪惡、住在同一地獄社群的人，其面貌大體相似。籠統而言，他們的面目皆猙獰恐怖，沒有生氣，如同死屍。有的發黑，有的發紅如火把，有的流膿生瘡，有的甚至無臉面，只見頭髮或骨頭，有的只見牙齒。他們的身體奇形怪狀，語言帶著憤怒、仇恨、報復。因爲他們的言詞出自謬見，語氣出自惡慾。一言以蔽之，他們全是地獄之相。

我未曾被允許觀看地獄在整體上的形象，我只是被告知，正如整個天堂呈現一個人的形狀，整個地獄也呈現一個魔鬼的形狀。不過，我常得以看見某個地獄，或某個地獄社群的形象，因爲在稱爲"地獄之門"的各入口處，通常都有一個怪物，該怪物在總體上顯示出當中所有靈的形象，它的猙獰恐怖也刻畫出其中所有人的殘暴之性。關於這些，我不忍陳述。

我們當知，地獄之靈在天堂之光中雖顯得如此，他們在彼此眼中却是人模人樣的。這是出於主的憐憫，免得他們彼此厭惡，如在天使眼中那樣。不過這只是一種假相，因爲當天堂之光透入時，人的模樣就變成怪物的模樣，正如前面所描述的。這是他們真實的模樣，因爲在天堂的光明中，一切都顯出它真實的本相。這也是他們逃避天堂之光，躲入洞穴的原因。洞中的光線好像燒著的炭火或硫磺，當有一絲天堂之光透入時，其中的光就變成一片黑暗。正因如此，地獄被稱爲漆黑幽暗之所；"漆黑"、"幽暗"象徵了地獄中由邪惡所生的謬誤。

554. 見識了地獄之靈的醜陋形象，即如前所述，盡是蔑視、恐嚇、仇恨、報復的形象，我明白：籠統而言，它們都是己慾和物慾的形象。使他們顯出此等形象的罪惡，全都可追溯到那兩種慾望。再者，我從天堂得知，且通過大量經歷證實，己慾即愛自己，和物慾即愛世界，的確在地獄占主導地位。事實上，地獄正是由兩者所構成。愛主和愛鄰則在天堂占主導地位，事實上，天堂正是由此兩者所構成。我還得知，地獄的兩種慾望與天堂的兩種愛全然對立。

555. 起初，己慾和物慾爲何如此可憎，陷入其中的人爲何顯得如此恐怖？對此，我感到納悶。畢竟，在人間，我們很少對己慾進行反思，僅僅注意到人的驕傲情緒，因爲它顯而易見，以爲它是己慾的唯一表現形式。再者，己慾若不表現爲驕傲，世人就將其理解爲催促人追求地位、施展抱負的雄心壯志，認爲人若看不到尊貴、榮耀的前景，其靈魂必要變得呆滯。人們說："若非爲了獲得稱讚，受到尊敬，誰願意做有價值有意義的事？其動力從何而來？還不是從追求榮譽和尊貴的慾望而來？換言之，還不都是爲了自己？"這是世人無法察覺在地獄占主導地位、構成人心中地獄的，正是己慾的原因。

既是如此，我願意先描述一下己慾的性質，然後解釋一切邪惡和謬誤都是從己慾湧現出來的。

556. 己慾乃是只爲自己的利益打算，不爲別人打算，除非對自己有利。對教會、國家、社會，同樣如此。即便與人爲善，也只是爲了自己的名聲、地位、榮譽。除非看到這些利益，否則他們必想著說："這有什麼意義？我幹嗎去做？與我有什麼關係？"於是將之拋諸腦後。由此可見，陷入己慾的人，並不愛他的教會、國家、社會或任何有意義的活動。他們只愛自己，唯一的樂趣在於滿足個人的慾望。構成人生命的既是慾望與快樂，那麼他們的生命顯然是自私的。自私的生命，只關心他所執著的一切；從本質上說，"自我"全然是惡。

愛自己的人，也愛他所執著的一切，特別是他的孩子，以及孩子的孩子，更廣泛一點，也包括所有被他稱爲"自己人"的社群。愛這些人，其實就是愛他自己，因爲他將他們視爲自己的一部分。另外，他所認定的"自己人"也包括所有稱讚、恭敬、崇拜他的人。

557. 將己慾與天堂之愛對照，其性質就顯而易見了。天堂之愛乃是樂意爲教會、國家、社會、鄰人，做有意義有價值的事，且是爲了有意義有價值的事物本身。這是真正的愛神與愛鄰人，因爲一切有意義有價值的行爲都出於神，也正是我們所當愛的"鄰人"。反之，做這些事若是爲了自己，就是把它們當作服侍自己的奴隸來熱愛。所以，陷入己慾的人，想要他的教會、國家、社會、鄰人都成爲他的奴隸，而非爲他們服務。他們將自己置於鄰人之上。所以，當人陷入己慾時，就使自己遠離了天堂，因爲他使自己遠離了天堂之愛。

558. 再者，人若專注於天堂之愛，樂意爲教會、國家、社會、鄰人做有意義有價值的事，從心裏感到快樂，那麼他就是爲主所引導。因爲天堂之愛出於主，主在其中。但是，人若陷入己慾，爲自己的緣故做有意義有價值的事，那麼他是爲自我所引導，不是爲主所引導。這將得出同樣的結論：人陷入己慾越深，離神就越遠，離天堂也越遠。

自己引導自己，就是爲"自我"所引導，而"自我"全然是惡，因爲遺傳之惡，就是愛自己過於愛神，愛世界過於愛天堂。

人在所行之善中若專注於自己，就是被引入自我，也就是被引入遺傳之惡，因爲他因己行善，而非因善行善。爲己行善，就是在善行中建立自己的形象，而非神的形象。這也是我通過親身經歷，所確認的事實。

在天堂之下，西北方向，有一些惡靈特別擅長於引誘善靈，使他們落入自我、陷入各種罪惡之中。他們通過公然的讚美，或暗地引導善靈的情感，誘使他們顧念自身。一旦得逞，就成功地誘使善靈轉離天堂，同時也遮蔽了善靈的領悟力，使惡慾從他們的自我中湧現出來。

觀察兩者的起源和本質，不難看出愛自己與愛鄰人是對立的。陷入己慾的人，愛鄰人是從自己起首的。他聲稱任何人都是他自己的鄰人，於是以他自己爲中心，向一切意氣相投的人輻射，親近的程度隨感情的深淺而定。所有圈子之外的人，他們認爲是微不足道的，反對他們及其惡行的人，更被他們視爲敵人，無論對方是否有智慧，是否正直、誠實、公平。

然而，真正的愛鄰人，却是從主起首的，然後以主爲中心，根據其愛與信的特質，向一切在愛與信裏與祂結合的人輻射。

由此我們看出，從自己起首的愛鄰，與從主起首的愛鄰是全然對立的。前者出於惡，因爲它出於自我；後者出於善，因爲它出於主，而主是善之本。我們也看出，出於人及其自我的愛鄰，是人間之愛慾，出於主的愛鄰，却是天堂之愛。

總之，人若陷入己慾，己慾就成了他的頭，天堂之愛倒成了他的脚。天堂之愛若不能爲他效力，必被他踹在脚下。這是被投入地獄的人看起來好像是倒身跳入地獄的原因。

559. 按其本質，當外在的約束，即對遭受法律刑罰或喪失名聲、利益、地位、生命的恐懼鬆懈時，己慾將變得瘋狂，瘋狂到不僅想要統治世界，甚至想要統治天堂，凌駕於主之上，無有止盡。凡陷入己慾者都有這種潛在的傾向，雖然在世人眼中，因有上述因素的約束而沒有表現出來。

但是，從不受上述因素約束的帝王，我們不難看到這一點。他們野心勃勃，極盡所能地討伐征服，擴充疆土，貪圖無盡的權力和榮耀。當今之"巴比倫"顯明了這一點：他們將權慾之手伸入天堂，將主的神聖權柄轉於自身，還不以此爲足。他們與神及天堂全然對立，進入靈性世界以後，公然與地獄爲伍。關於這些，可參看《最後的審判》一書。

560. 試想有一個社群，社群內的人全都自私自利，對他人漠不關心，除了與己同盟者。你不難想像，他們之間的愛，與小偷之間的愛沒有分別。一起行動時，他們互相擁抱，惺惺相惜，可是一旦起了紛爭，就彼此攻擊，相互殘殺。如若審視他們的內在秉性，不難看出他們彼此之間充滿了仇恨，都從心裏嘲笑誠實公平，也藐視神，將神棄如敝屣。下文會對他們的地獄社群加以描述，那時將更加清楚地證明這一點。

561. 愛自己過於一切的人，其內在的思想和情感，是面向自己和世界的，故而是背對主和天堂的。這是他們陷入各種罪惡，神性無法流入的原因。因爲神性一旦流入，就被其自私的念頭淹沒了，玷污了，也被自我所生的邪惡浸淫了。這是他們進入靈界以後，全都背對主，面向幽暗之地的原因。這幽暗之地是人間的太陽所在之處，正好與天堂的太陽相對。幽暗象徵罪惡，人間的太陽象徵己慾，也就是愛自己。

562. 籠統而言，陷入己慾者通常都對他人懷有蔑視、妒忌、敵對、仇恨、報復、詭詐、欺騙、冷酷、殘忍之心。信仰方面，他們不僅藐視神以及神之善與真，更對這些心懷怒火。成爲靈以後，這怒火將轉變爲仇恨。他們不僅不願聽到善和真，更對承認、崇拜神的人心懷憤怒和憎恨。

我曾與一人交談，在世之時，他曾大有權勢，己慾極重。僅僅聽人提到神，特別是主的名，他就怒火中燒，意慾殺人。當約束慾望的繩索鬆懈以後，他甚至想變成魔鬼，以求滿足慾望，不斷攻擊天堂。在靈界，很多天主教神職人員，當意識到自己毫無權柄，主才擁有一切權柄時，就感受到這種衝動。

563. 我看到西方偏南的地方有一些靈，他們說，在世之時，他們曾享有尊貴的地位，故在這裏，他們也配得享受尊貴的地位，高人一等。天使審視他們的內在秉性，結果證明，在人間的崗位上，他們並不關心服務，只關心自己，將自己置於服務之上。由於他們渴望獲得提拔，就被允許加入一個社群，參與討論一些重要的事務。事實證明，他們並不關心所商議的正事，看問題也沒有深度，不能提出建設性的建議，發言都帶著自我的印記。他們的行爲只是爲了滿足自己的慾望，於是被打發離開。他們繼續向西方進發，不時受到接納，但每次都被告知，他們考慮的只是自己，並不關心事務本身。這表示他們是愚痴的，和執著於身體與感官的靈沒有兩樣，乃至無論走到哪裏，總是被人厭棄。經過一些時日，他們變得一無所有，只好乞求施捨。

由此也能看出，爲己慾之火所激勵的人，不論其談吐在世人眼前顯得多麼睿智，却總歸只是出於呆板的記憶，不是出於理性之光。所以，在靈界，當他們不能從自然的記憶存取訊號時，就變得極爲愚痴，因爲他們已經與神切斷了聯繫。

564. 獲得權能的途徑有兩種：一是愛鄰，一是己慾。從本質上說，兩者是全然對立的。因愛鄰而獲得權能者，爲所有人的利益打算，最大的樂趣莫過於爲衆人服務。爲衆人服務意味著與人爲善，包括教會、國家、社會、鄰人。這是他們的慾望和快樂所在。被提到高位時，他們感到歡喜快樂，但快樂不在於被榮耀，而在於能做更多有意義的事。天堂的權能就是這樣分配的。

反之，因己慾而獲得權能者，只爲自己的利益打算，對他人的利益漠不關心。即便爲人服務，也是爲了自己的地位和榮譽。因爲只有這樣，他們才能從中獲利。對他們來說，與人爲善只是取得尊榮和權位的手段。他們追求高位，不是爲了服務於國家和教會，而是爲了引人注目，博取稱讚，從中獲得快樂。

死後，人將延續他對權能的熱愛或慾望。以愛鄰之心行使權能者，將在天堂被授予權柄。本質而言，不是他們來掌權，而是他們所愛之"其用"來掌權。"其用"來掌權，就是主在掌權。反之，以己慾行使權力的靈，將進入地獄，成爲可憐的奴隸。我曾見一些大有權勢，但以己慾行使權力的靈，被棄置於最可悲的境地，有的住在骯髒污穢之地。

565. 至於物慾即愛世界，它不像己慾那樣與天堂之愛全然對立，因爲它裏面沒藏有那麼多的邪惡。

物慾乃是希望以各種可能的手段，奪取他人的財物，將心思放在財富之上，任憑愛世界之心，分散他的愛鄰之心，結果與神和天堂反向而行。

物慾有多種表現形式。有人愛財是爲了獲得尊貴的地位，他所愛的是地位。有人愛尊貴的地位，目的是爲了求財。有人愛財是爲了享受世慾的種種享受。有人愛財，純粹是爲了財富本身，是出於貪婪，等等。求財的目的也就是財富的作用，愛或慾的品質取決於它的目的或作用,其它的一切都不過是手段。

第五十九章、如何理解不滅的火和咬牙切齒

566. 迄今爲止，鮮有人瞭解聖言所說地獄不滅之火和咬牙切齒是何含義。因爲他們從物質的角度理解聖言的描述，對靈義一無所知。關於地獄之火，有的將其理解爲物質的火，有的認爲它是痛苦的總稱，有的將其理解爲良心的譴責，有的認爲它只是對罪惡的警戒。關於咬牙切齒，有的將其理解爲磨牙，有的將其理解爲磨牙之聲帶給人的戰慄。

瞭解聖言靈義的人，却明白不滅之火和咬牙切齒各是何義，因爲聖言的每個描述都含有靈義。從本質上說，聖言是屬靈的。但是，屬靈的含義必須通過屬世的表達，才能傳遞給我們，因爲我們處在人間，通過人間的事物進行思考。

接下來，我將解釋不滅之火和咬牙切齒，是惡人進入靈界以後將要面臨的遭遇。

567. 熱有兩個來源，一是天堂的太陽，也就是主，一是物質的太陽。天堂的太陽，也就是主所發的，是靈性之熱，其本質是愛（參126-140節）。物質的太陽所發的是物質之熱，其本質不是愛，而是承載靈性之熱即愛的載體。從以下事實可知，愛在本質上就是熱：因爲愛，我們的身心變得溫暖，且隨著愛的強度和性質而變化。不僅夏天如此，冬天也是如此。關於這一點，我們也不妨留意一下血液的溫度。至於人間的太陽所發的物質之熱，是承載靈性之熱的載體這一事實，從靈性之熱對身體溫度的激發和維持可以推而知之。另外，我們可特別留意一下春夏季節的熱對動物發情週期的影響。使動物發情的不是物質之熱，物質之熱只是在調節身體，去接受靈性世界的熱罷了。靈性世界流入物質世界，猶如原因流入結果。人若以爲使動物發情的是物質之熱，那就大錯特錯了，因爲流注是從靈性世界進入物質世界，不是從物質世界進入靈性世界。愛與靈性相關，因爲它是生命的本質。再者，人若以爲物質世界的一切，都是脫離靈性世界的流注而自我產生的，也是大錯特錯了。因爲物質世界的現象，都是憑靈性世界的流注而產生並維持的，甚至植物都是靠靈性世界的流注而生根發芽的。春天和夏天的熱能，其作用只是讓種子處於膨脹開裂的狀態，好讓它接受靈性世界的流注，從而生根發芽。

我說這一切，是要闡明熱能的兩種類型，一是靈性之熱，一是物質

之熱。靈性之熱出自天堂的太陽，物質之熱出自人間的太陽。前者流入後者，共同產生了人間的一切現象。

568. 就人而言，靈性之熱就是其生命的熱能。因爲正如前面所說，該熱能的本質就是愛。在聖言中"火"正是象徵愛。"天堂之火"表示愛主和愛鄰，"地獄之火"表己慾和物慾。

569. 地獄之火即地獄之慾，與天堂之火即天堂之愛，系出自同一個源頭，此源頭即天堂的太陽，也就是主。但是，它因接受者的緣故，而被轉化成了地獄之火。因爲靈性世界的流注所產生的效果，取決於它所流入的形體，正如人間之太陽的光與熱，產生了不同的效果。同樣的熱，流入樹叢和花圃，產生的是植被和怡人的芳香，流入糞便和腐肉，產生的是腐敗和污濁的惡臭。同樣的光，照入一個物體，產生美麗迷人的色彩；照入另一個物體，卻產生醜陋厭煩的色彩。天堂之太陽，其本質是愛，其所發的光和熱也是如此。同樣的熱即愛，流入善人、善靈和天使，使他們的良善日益增長；流入惡者，卻產生反面的效果，因爲他們的惡將愛阻隔了或扭曲了。同樣的光，流入善意和真知，產生的是聰明和智慧，流入惡慾和謬見，產生的是瘋狂和各種幻相。一切都取決於受體的性質。

570. 地獄之火表己慾和物慾，也表從兩者所延伸出來的所有慾望。人愛什麼，就始終渴求什麼，這是他的快樂所在。因爲當人得償所慾時，就感到快樂。快樂沒有其它來源。所以，地獄之火包括從己慾和物慾所湧出的所有慾望和快樂。這些惡慾包括對他人的蔑視、敵對、妒忌、仇恨、報復，其結果是殘暴和冷酷。他們否認神，蔑視、嘲笑、**褻瀆**教會的聖事。死後，當他成爲靈，對聖事的蔑視、嘲笑、**褻瀆**將轉變爲憤怒和仇恨（參562節）。

再者，惡人既始終意慾毀滅一切被他仇視的物件，那麼其生命的興趣，也就在於毀滅和殺戮，如若做不到這一點，就試圖加以傷害和強暴。

這正是聖言在論到惡人和地獄時，所說地獄之火的含義。下面我引用一些經文，以作證明：

各人是褻瀆的，是行惡的，並且各人的口都說愚妄的話。邪惡像火焚燒，燒滅荊棘和蒺藜，在稠密的樹林中著起來，就成爲煙柱，旋轉上騰。百姓成爲火柴，無人憐愛兄弟。（以賽亞書9:17-19）

在天上地下，我要顯出奇事，有血，有火，有煙柱。日頭要變爲黑暗。（約珥書2:30-31）

地土成爲燒著的石油，晝夜總不熄滅，煙氣永遠上騰。（以賽亞書34:9-10）

那日臨近，勢如燒著的火爐。凡狂傲的和行惡的必如碎稭，在那日必被燒盡，根本枝條一無存留。（瑪拉基書4:1）

巴比倫成了鬼魔的住處，看見燒她的煙，就喊著說：燒淫婦的煙往上冒，直到永永遠遠。（啓示錄18:2,18;19:3）

他開了無底坑，便有煙從坑裏往上冒，好像大火爐的煙，日頭和天空都因這煙昏暗了。（啓示錄9:2）

有火、有煙、有硫磺從馬的口中出來，口中所出來的火與煙並硫磺，這三樣災殺了人的三分之一。（啓示錄9:17-18）

若有人拜獸和獸像，在額上或在手上受了印記，這人也必喝神大怒的酒，此酒斟在神忿怒的杯中純一不雜。他要在聖天使和羔羊面前，在火與硫磺之中受痛苦。（啓示錄14:9-10）

第四位天使把碗倒在日頭上，叫日頭能用火烤人，人被大火所烤。（啓示錄16:9）

他們被扔在燒著硫磺的火湖裏。（啓示錄19:20;20:14-15; 21:8）

凡不結好果子的樹，就砍下來丟在火裏。（馬太福音 3:10；路加福音 3:9）

人子要差遣使者，把一切叫人跌倒的和作惡的從他國裏挑出來，丟在火爐裏。（馬太福音13:41-42,50）

王又要向那左邊的說：你們這被詛咒的人，離開我，進入那爲魔鬼和他的使者所預備的永火裏去。（馬太福音25:41）

他們將被送到那不滅的火裏去，在那裏，蟲是不死的，火是不滅的。（馬太福音18:8-9；馬可福音9:43-49）

財主也死了，並且埋葬了。他在陰間受痛苦，舉目遠遠地望見亞伯拉罕，又望見拉撒路在他懷裏，就喊著說：我祖亞伯拉罕哪，可憐我吧！打發拉撒路來，用指頭尖蘸點水，涼涼我的舌頭，因爲我在這火焰裏，極其痛苦。（路加福音16:22-24）

在這些經文中，"火"象徵己慾和物慾，"煙"象徵惡慾所生的謬見。

571. 正因地獄之火象徵己慾和物慾所驅動的作惡的慾望，且是地獄所有人的特性（參上一章），是故當地獄之門被打開的時候，就有煙霧和火焰冒出來。從己慾盛行的地獄所冒出的是濃烈的火，從物慾盛行的地獄所冒出的是閃爍的火。

當地獄之門重新封上時，火就不見了，只見一片黑暗，好像一團濃密的煙霧。但是，火依然在裏面燃燒，因爲它冒著熱氣，有時像火災過後從廢墟中冒出的熱氣，有時像燃燒的火爐所冒出的熱氣，有時像熱水浴所冒出的熱氣。當它流入人心時，就激起人的慾望。惡人生起仇恨和報復，愚昧人則變得瘋狂。

這火是所有陷入愛自己和愛世界者的共同特徵，因爲即使在肉身之時，他們的靈魂已與地獄相通。

只是我們要知道，地獄之人並非真的在火中焚燒。火只是表像。他們也沒有被火焚燒的痛楚，所感受的只是在人間已熟知的慾火。烈火燃燒之相是出於對應，因爲慾與火對應。不僅如此，靈性世界所現的一切相都是出於對應。

572. 而且我們要知道，當天堂的熱流入時，地獄的熱將變爲酷寒。那時，地獄的人勢必凍得發抖，痛入骨髓。因爲他們與神全然對立。當天堂的熱能，即神性之愛，熄滅地獄的熱能即己慾時，其生命之火也就隨之熄滅了。正因如此，他們會感到寒冷和痛苦。與此同時，地獄將陷入一片黑暗和混亂。

不過這情形並不常見，只在地獄發生騷亂，且行將失控時才有必要。

573. 地獄之火既指從己慾所流出的一切邪惡的慾望，自然也意味著地獄的種種痛苦。因爲人被己慾驅動，必意慾傷害一切不恭敬、不順從、不崇拜他的人。當憤怒、仇恨、報復之心爆發時，他們就凶殘地攻擊別人。當社群內的每個人都懷有這些慾望，又無外在的約束，即對遭受法律刑罰或喪失名聲、地位、利益、生命的恐懼，他們就以惡毒之心彼此攻擊傷害。强者將弱者置於自己的統治之下，殘忍地折磨那些不願服從的人，以此爲樂。殘暴之樂與專制之樂是一體的，表現出一樣的强度，因爲敵對、妒忌、仇恨、報復之中含有殘暴。正如前面所說，敵對、妒忌、仇恨、報復都是殘暴之性的表現。

所有地獄的社群都是這樣，每個人都懷著仇恨，只要力所能及，就顯出殘暴之性。

地獄之火就意味著這種殘暴、折磨的行徑，因爲它們是慾望的必然反應。

574. 前面我已解釋（參548節），惡靈是自願投入地獄的。下面我要簡單解釋一下，地獄既是痛苦之地，爲何惡靈自願選擇地獄爲歸宿。

情況是這樣。每個地獄皆發出一種迷縛其中惡靈的慾望之氣。當爲相同惡慾所迷之人，感受到這種氣息時，他們的心就受到觸動，並感到由衷的快樂，因爲慾望和快樂是不可分割的。凡是人意慾得到的，對其而言就是快樂的。這是惡靈轉向地獄，因受快樂驅使而走向地獄的原因。他們尚未意識到地獄是充滿痛苦之地，有的即便知道，也依然爲慾望所牽制。在靈性世界，我們皆難以抗拒自己的衝動，因爲衝動源自慾望，慾望源自意志，意志源自秉性。在那裏，我們的行爲皆基於自己的秉性。

當靈自願進入自己的地獄以後，一開始會受到熱情的歡迎，乃至他自以爲找到了知己好友。然好景不長。地獄的人正窺探他的性情，揣摩其精明強幹的程度。窺探完以後，各種各樣的攻擊就開始了，而且越來越嚴酷，越來越強烈。強烈的程度是隨著墜入地獄的深度而增加的，因爲墜入越深，其中的靈越凶惡。攻擊之後，凶惡之靈開始折磨新來的靈，直到他俯首貼耳，甘爲奴隸。

由於地獄的靈無不希望成爲頭目，心裏燃燒著仇恨，新的攻擊也就不斷發生，反叛騷亂也因而此起彼伏，場景也隨之輪番更換。奴隸得到釋放，擁護新的魔鬼作爲頭目，不願屈服的人受到各種各樣的折磨。如此反復，無休無止。地獄的火就意味著這種痛苦的折磨。

575. 咬牙切齒則指錯謬之間不停的衝突和碰撞，進而也指持守錯謬的人之間彼此的衝突和碰撞，其中夾雜著人對他人的蔑視、敵對、嘲笑、譏誚、譭謗，甚至演變成各種形式的殺戮。地獄裏的每個人都維護自己的謬見，稱之爲"真理"。這種衝突和碰撞，在地獄之外聽起來像咬牙切齒的聲音，因此當真理從天堂流入地獄的他們中間時，也就轉變成咬牙切齒的聲音。

一切將創造歸功於自然的人和一切已經拒絕神的人，都住在這些地獄裏。故意持守錯謬的人，住在更深的地獄。他們不能接受天堂之光，也不能看到自己裏面的問題。大體上說他們的靈是屬肉體和感官的靈，因爲他們什麼都不能相信，除非眼見爲真、手摸爲實。所以，對他們來說，感官幻象就是真理，也是他們辯論的基礎。這就是為什麼其爭辯聽起來好似咬牙切齒一般。實際上，在靈性世界一切錯謬所發出的聲音都是"磨"擦之聲，而牙齒本身對應自然界的最外層，也對應人的最外層，即人的肉體和感官。（關於地獄裏的咬牙切齒之聲，見馬太福音 8:13; 13:42, 50; 22:13; 24:51; 25:30；路加福音 13:28）

第六十章、魔鬼惡毒凶殘的伎倆

576. 能反觀內省，對靈性的運作有所瞭解的人，不難看出靈是遠勝於人的。彈指之間，人在靈裏所作的思維、考慮、決定，比他一時半刻所能表達的還要多。這顯示人在靈裏具有何等的優越性，故也顯示人成爲靈以後具有何等的優越性，因爲進行思考的是靈，肉體只是靈用來表達其思維的工具。

正因如此，當人成爲天使以後，他將獲得不可思議的聰明和智慧，是他在人間的聰明智慧所不可比擬的。此前，他的靈被局限於肉體內，被禁錮於物質中。靈雖作靈性的思考，却陷入相對籠統、粗糙、模糊的物質觀念，無法接收靈性思維裏的無限元素，同時也被困在了世俗的衆多煩惱之中。但是，人一旦從物質世界進入靈界，靈從肉體中獲得解脱，進入靈性的狀態以後，情況就不同了。那時，其思想和情感的狀態將遠勝從前。正因如此，天使的思維是不可言傳、無法描述的，與物質的思維格格不入。而事實上，每位天使都曾生而爲人，那時他並不覺得自己的智慧異於常人。

577. 天使之聰明智慧的程度，也正是地獄之靈惡毒詭詐的程度。因爲當人的靈脱離肉體以後，就徹底進入了自己的善或惡之中：天堂之靈進入善之中，地獄之靈進入惡之中。事實上，每個靈就是他自己的善或惡，因爲他就是自己的愛或慾，正如前面所常解釋的。所以，天堂之靈憑善生起思想和意志，作出言語和行爲。地獄之靈則憑惡生起思想和意志，作出言語和行爲。憑惡而行，即是照惡所含的一切惡毒和詭詐而行。

尚在肉身之時，其情況有所不同。因爲那時，其靈裏的邪惡受到了法律、金錢、地位、名聲等因素的約束，沒有暴露出來，同時也被表面的正直、誠實、公平和對善理的喜愛掩蓋了起來。他們如此僞裝，完全是出於世俗的考慮。惡既被隱藏了起來，那麼其靈裏藏有多少惡毒和詭詐，也就連他們自己都不瞭解了。他們也不曾想到，當其靈進入本性並顯露本相時，自己竟然就是魔鬼。

那時，他們將湧出的惡毒，多到令人難以置信。從罪惡本身將湧出千萬的惡事，有的是語言無法描述的。我曾被允許瞭解甚至親眼觀察他們的行爲。因爲主許我進入靈裏，同時也處於物質之身裏。我能證實，他們惡毒的程度，連千分之一也無法描述。若非得主保守，人勢必無法逃脱地獄，因爲每個人都有地獄之靈和天堂的天使與他同在。但是，主無法保守那些不承認神，不踐行信與愛的人，因爲他們背離主，趨向地獄之靈，在靈裏吸收他們的惡毒之性。主無時無刻不在引導我們出離罪惡，此罪惡乃因與地獄之靈相通而吸收的罪惡，倘若不能藉內在良心的約束引導我們，主至少還可通過外在的約束，諸如法律、金錢、地位、名聲等因素的約束，來引導我們。接受外在約束的人，因著對相關因素的慾望或恐懼，能被引離邪惡，但不能被引入靈性之善。因爲一接觸靈性之善，他們就將其扭曲爲僞善和詭詐，喬裝成善良、誠實、公平的模樣，欺騙他人。僞善與其靈裏的邪惡勾結起來，朋比爲奸。

578. 至惡之人，當屬因己慾而陷入邪惡、十分具有欺騙性的人。因爲欺騙之性已徹底溶入其思想和意志之中，如同毒素，摧毀了他們的靈性。他們多數住在靠內的地獄，被稱爲"惡魔"。他們尤其喜歡鬼鬼祟祟，好像幽靈飄浮在人周圍，不知不覺中給人以傷害，好像毒蛇四處噴射毒液。因此，他們受到的折磨也最嚴酷。

因己慾而陷入罪惡，但不具此般欺騙和詭詐的人，也住在稍內的地獄，但沒有那麼深入。因物慾而陷入罪惡的人則住在稍前的地獄，被稱爲"惡靈"。他們所行的罪惡，所懷的仇恨和報復，與陷入己慾者不同，因爲他們不具那般惡毒和詭詐。所以，相對而言，他們的地獄要溫和一些。

579. 通過親身經歷，我見證了被稱爲"惡魔"的人是何等的惡毒。他們並不流入人的思想，却流入人的情感，窺測之，嗅探之，正如狗嗅探林中的動物。一發現善良的情感，就藉著某些慾樂，以令人驚嘆的方式，將之轉變爲邪惡的情緒。他們行得如此隱秘，手法如此詭詐，以致人渾然不覺。他們小心翼翼地防止自己進入思維，免得被人察覺。對人而言，他們處在後腦的部位。

在世之時，此等人懂得利用他人的某些慾樂，而對其進行誤導和欺騙，誘惑他們的靈性。

幸好，主將這些靈與任何有重生之望的人隔離，因爲他們不僅能敗壞人的良心，也能激發某些本已深埋的遺傳之惡。所以，爲防止他們誘惑人心，主設法確保這些地獄處於封閉的狀態。當具有如此秉性的人進入靈界以後，就立時被投入所屬的地獄之中。當他們的惡毒和詭詐受到審視之時，看上去就像是蛇。

580. 從地獄之靈的邪惡之術，也可推知他們是何等的惡毒。單單列出這些邪術就足以寫成一本手册，詳細描述之則更能匯成一部大的著作。這些邪術多數不爲世人所知：其一，濫用對應知識；其二，濫用神性次序；其三，通過轉變、檢視之法，以及利用第三者之靈來進行思想與情感的交流與灌輸；其四，利用幻覺來操縱；其五，外在投射，使靈顯於身外；其六，各式各樣的模仿、喬裝、引誘。

離開肉體以後，惡人的靈自然而然地涉入這些邪惡之術，因爲這是其邪惡的固有本性。

他們利用這些邪術在地獄彼此折磨。不過，鑒於這些邪術不爲世人所知，除了各種模仿、喬裝、引誘之術以外，我就不詳加描述了，一來它們難以領會，二來它們也難以言說。

581. 主允許地獄有痛苦存在，因爲這是約束罪惡的唯一方式。對懲罰的恐懼，是馴服罪惡，節制地獄暴行的唯一手段。若非如此，邪惡必要肆虐，摧毀一切，正如一個沒有法律和刑罰的國家，將要演變成的局面一樣。

第六十一章、地獄的形狀、位置與數量

582. 靈和天使所居的靈性世界，其環境看起來，與人類所居的自然界相似，以致乍看之下，兩者似乎沒有分別。那裏有平原，有高山，有小山，有峭壁，有山谷，有江河，和自然界一樣。不過它們都出自靈性的源頭，爲靈和天使所見，不爲世人所見。靈界之人可見靈性之物，世間之人可見物質之物。就是說，世間之人看不見靈性世界的事物，除非他進入靈裏，或者死後成爲靈。另一方面，靈和天使也看不見物質世界的事物，除非他與某個世間之人相通。世人的眼睛適合接收物質世界的光線，天使和靈的眼睛適合接收靈性世界的光線。不過，兩者的眼睛表面看似沒什麼兩樣。

對於靈性世界的如此模樣，物質之人無法理解，感官主義者更不能。因爲凡是看不見摸不著的事物，他們一概不信。他們只信看得見摸得著的事物，在此基礎上進行思考。所以，他們的思維是物質性思維，不是靈性思維。

正因靈性世界和物質世界如此相似，才使得進入靈界之人，不敢相信他已離開曾經生而爲人的世界，即人間。也正因如此，他們稱死亡不過是從一個世界，轉入了另一個世界。

583. 在靈性世界，天堂顯現於高處，靈界在較低處，地獄在兩者之下。靈界之靈看不見天堂，除非他們的內在視覺被打開。有時，天堂向他們顯現出來，看似閃亮的白雲。就聰明和智慧而言，天堂的天使處於更內在的狀態，故不爲靈界之人所見。

住在平原和山谷的靈，能彼此相見。但是，當他們進入內在秉性，被分門別類以後，惡靈就看不見善靈了。善靈依然能看見惡靈，一遇見便躲開。一躲開，就不爲他人所見了。

地獄本身也是不可見的，因爲它們是閉合的。當地獄之門被打開，以接收同類之靈時，也只有地獄的入口可見。所有地獄之門都從靈界而開，不可能從天堂而開。

584. 地獄散落於各處，有的在高山、小山、峭壁之下，有的在平原、山谷之下。高山、小山、峭壁之下的地獄，其入口看似岩石間的洞穴或裂縫。有的很開闊，有的很狹窄，到處高低不平。一眼望去，裏面盡是一片幽暗。但是，對於裏面的地獄之靈來說，其中的光線好像閃爍的炭火。他們的眼睛適合接收這種光線，因爲在世之時，

他們因否認神性之眞，而對眞理一無所見。錯謬已使得他們的眼睛，適合接收錯謬之光。這也是為什麼天堂之光，在他們看來是一片漆黑。當他們走出洞穴時，什麼也看不見。這充分說明，人若承認神，從心裏確立了天堂和教會的價值體系，那麼他就能進入天堂之光。反之，人若否認神，從心裏確立了與天堂和教會全然相反的價值體系，那麼他必要進入地獄的幽暗。

585. 平原、山谷之下的地獄，其入口顯現各種不同的形狀。有的與高山、小山、峭壁之下的地獄相似，有的像洞穴，有的像深淵，有的像沼澤，有的像池塘，平時都是隱藏的，只有惡靈從靈界被投入其中時，才會打開。打開時，有時會冒出大火和濃煙，有時只有火苗，沒有濃煙，有時像煙囪冒出的黑煙，有時像濃密的烏雲。我聽說惡靈既看不見，也感受不到這些，因為他們身處其中，享受其中。這些現象與他們所陷入的惡慾和錯謬相對應，其中火與仇恨、報復相對應；煙與仇恨、報復所生的錯謬相對應；火苗與己慾所含的種種邪惡相對應；烏雲與這種種邪惡所生的錯謬相對應。

586. 我曾被允許審視地獄，觀察裏面的景象。得蒙許可，靈或天使可以透視其中，瞭解它們的性質，甚至一覽無餘。我也曾透視其中，我注意到，有的地獄看似通向峭壁、傾斜而下的洞穴；有的像林中野獸的洞穴；有的像礦藏的地窖；有洞穴直引而下。多數地獄分作三層。較上層看似一片幽暗，因為住在那裏的，是陷入邪惡之錯謬的人。較下層看似一片火紅，因為住在那裏的是，陷入邪惡本身的人。黑暗對應邪惡所生的錯謬，火則對應邪惡本身。就是說，人陷入的邪惡越深，他所處的地獄就越深。反之，人陷入的邪惡較淺，即陷入由邪惡所生的錯謬中不深，他所處的地獄就較淺。

有的地獄看似火災過後的廢墟，地獄之靈就住在廢棄的房屋之中。

在相對溫和的地獄，可看到一些簡陋的棚屋，組成一個城鎮，有大街小巷。地獄之靈住在棚屋之中，時常爭吵、敵對、打鬥。大街小巷到處是竊賊和強盜。

有的地獄全是妓院，隨處可見骯髒污穢之物。

有的地獄看似一片幽暗的森林，地獄之靈住在其中，像野獸一樣吼叫，一遇到危險，就躲入地下的洞穴中。有的地獄看似一片寸草不生的曠野，四處散落著藏有洞穴的岩石或棚屋。在地獄受盡痛苦的人，主要是一些極為詭詐，慣於喬裝欺騙的人，被投到這些曠野。這種生活就是他們最後的歸宿。

587. 至於各地獄的位置，沒有人知道，連天上的天使也不知道，只有主知道。籠統而言，它們的位置可從所處的方位來辨認。和天堂一樣，地獄也是按方位來劃分的。在靈性世界，方位是照著所愛或所慾的性質來劃分。天堂的方位是從主顯爲太陽的地方起始的，主是東方。地獄既與天堂對立，其方位也就從西方起始。

正因如此，西方的地獄是最邪惡、最恐怖的。離東方越遠，就越邪惡、越恐怖。住在這些地獄的，是在世之時因陷入己慾而蔑視、敵對、仇恨、報復他人者。住在極處的，是意慾被崇拜爲神，對一切不承認其權柄，即掌管靈魂和天堂的權柄之人心懷仇恨的天主教神職人員。對於一切反對者，他們心裏燃燒著仇恨和報復的慾望，如在人間一樣。他們從殘暴中尋找快樂，但在靈性世界，殘暴將歸到他們自己身上。因爲在他們的地獄，位於西方的地獄裏盡是這種人，人人都宣稱擁有神的權柄，彼此憤怒相向。關於這一點，《最後的審判》一書有更詳細的描述。

但是，我們依然無法瞭解地獄在該區域的具體分佈，只知最恐怖者靠近北方邊界，相對溫和者靠近南部。就是說，地獄的恐怖程度隨著從北方靠近南方而遞減，也隨著靠近東方而遞減。靠近東方的地獄，住著不信神的愚昧人，但是他們不像深陷西方地獄的人那樣具有深重的仇恨報復心理，也不具那般欺騙性。

當前，東方已沒有地獄，因爲它們已被轉移到西方的前部。北方和南方有許多地獄，住在那裏的是在肉身之時因陷入物慾而懷有憎恨、敵對、偷盜、搶奪、欺騙、貪婪、冷酷心腸的人。在這類地獄中，最惡者位於北方，相對溫和者位於南方。其恐怖的程度隨著靠近西方、遠離南方而遞增，隨著靠近東方和南方而遞減。

西方地獄的後部有濃密的森林，惡毒之靈住在其中，像野獸一樣吼叫。北方地獄的後部同樣如此。南方地獄的後部有前文所描述的曠野。關於地獄的位置，就介紹到這裏。

588. 至於地獄的數量，它和天堂的社群一樣多，因爲每個天堂社群都有一個與之對立的地獄社群。天堂由無數社群構成，這無數社群是照屬天之屬靈之善的分別而劃分的。同理，地獄也由無數社群構成，這無數社群則是照與天堂之善對立的惡的差別而劃分的。

與善一樣，每種惡都有無數的多樣性。人對蔑視、敵對、仇恨、報復、欺騙等惡若只有粗淺的觀念，就無法領悟這一點。但是，他們應當瞭解，每種惡都有許多不同的形式，每種形式又包含許多具體的形式，一部著作也述之不盡。地獄井然有序而清楚分明地照每種惡的具體差異而分，沒有比這更井然有序而清楚分明的。由此可見，地獄的數量是數不勝數的，根據其惡在總體和局部上的差別，它們的距離或遠或近。

另外，地獄之下還有地獄，有的直接相交，有的間接相交，完全根據其惡在種類上的親疏關係而定。

從每個高山、小山、峭壁、平原、山谷之下皆有地獄縱橫延伸的事實，我看出地獄的數量是何其龐大。簡而言之，整個天堂和整個靈界之下，就是一個縱橫交錯、延綿不絕的地獄。關於地獄的數量，就介紹到這裏。

第六十二章、天堂與地獄之間的平衡

589. 凡事若要發生，都需要某種平衡的環境。沒有平衡，就沒有作用與反作用，因爲平衡產生於作用與反作用這兩股力量。兩者勢均力敵而產生的穩定態即稱爲"平衡"。

人間普遍存在著某種平衡，比如大氣層總體存在著上層降壓和下層抗壓的平衡。此外，還有冷熱、明暗、燥濕之間的平衡。它們的中點就是平衡點。礦物、植物、動物三界也普遍存在著平衡，因爲若無平衡，萬事都不可能發生。可以說，作用與反作用的關係無處不在。

每個事件，每個結果，都產生於某種平衡，或說產生於作用與反作用兩股力量，一方主動施力，一方被動受力。

在自然界，作用者與反作用被稱爲"力"或"能"。但在靈性界，作用者與反作用被稱爲"生命"或"意志"。生命是活的力量，意志是活的能量，產生的平衡被稱爲"自由"。這種靈性的平衡和自由產生於善惡雙方的作用與反作用。對於善人，善是主動者，惡是被動者；對於惡人，惡是主動者，善是被動者。靈性的平衡存在於善惡兩者之間，因爲人的生命無不關乎善與惡，意志則是接受善或惡的載體。

真理與錯謬之間也存在某種平衡，但與善惡之間的平衡比較，它相對次要。真理與錯謬之間的平衡，好比光明與黑暗之間的平衡。光明與黑暗對植物的影響，取決於光明或黑暗之中含熱的多寡。對比一下冬天和春天的光景，便可知光明或黑暗本身不能產生什麼，關鍵在於它們所含之熱。

真理與錯謬，和光明與黑暗的對比，是基於對應。因爲真理對應光明，錯謬對應黑暗，熱則對應愛之善。事實上，靈性的光明是真理，靈性的黑暗是錯謬，靈性之熱是愛之善。

590. 天堂和地獄之間始終存在某種平衡。從地獄始終發出一股惡力，從天堂則始終發出一股善力。靈界處於兩者的平衡之中，因爲它居於天堂與地獄之間。

靈界處在這種平衡之中，因爲人死後首先進入靈界，在此延續他在人間的狀態。靈界若缺乏完美的平衡，這一切就不可能發生。因爲有此平衡，各人才能在此受到檢視，因爲他仍然保持著和在人間一樣的自由狀態。正如前面所說，靈性的平衡對於世人和靈而言，是一種自由的狀態。

天堂的天使，通過情感和思想的交流，能判斷一個人是處於怎樣的自由。從他所選之路，也能一目了然。因爲善靈選擇通向天堂的道路，惡靈則選擇通向地獄的道路。在靈界，這些道路真實可見。正因如此，"道路"在聖言中系指通向善良的真理，在相反的意義上，則指通向邪惡的錯謬。在聖言中，"行走"和"旅行"也因此而代表生命的進程。我常被允許觀看這些道路，靈按各自的情感和思想自由地行走其上。

591. 爲何邪惡不斷從地獄上騰，而良善不斷從天堂降臨？因爲每個人的周圍都包裹著某種靈性之氣場，該氣場從各人的情感和思想中流出。既從每個人流出，自然也從天堂的每個社群和地獄的每個社群流出。總體而言，也就從整個天堂和整個地獄流出。善從天堂流出，因爲凡屬天堂者皆爲善；惡從地獄流出，因爲凡屬地獄者皆爲惡。天堂之善全出於主，因爲天堂的天使都被保守於"自我"之外，專注於主之"大我"之中，而此"大我"即善之本。反之，地獄之靈全都落入"自我"之中。每個人的"自我"並非別的，而全然是惡，既全然是惡，當然也就是地獄。

由此可以推斷，天堂的天使所處的平衡，和地獄之靈所處的平衡，與靈界的平衡，皆有不同。天使所處的平衡，取決於在世之時他們是何等熱愛善良，遠離邪惡；地獄之靈所處的平衡，取決於在世之時他們是何等迷戀邪惡，抵制善良。

592. 主若不同時掌管天堂和地獄，平衡就不會存在。平衡若不存在，天堂和地獄也就不會存在。理性之人不難領會這一點：宇宙間的一切，包括物質世界與靈性世界的一切，全都依平衡而立。一方若占絕對優勢，另一方却毫無抵抗能力，兩者豈不一併毀滅？在靈性世界，若非善一刻不息地抵制惡，若非神的大能親自掌管這一切，天堂和地獄必要一併毀滅，整個人類也必隨之而滅。我說"若非神的大能親自掌管這一切"，因爲每個人，包括天使、靈、世人的"自我"全然是惡。無論天使還是靈，都絲毫抵制不了從地獄不斷湧出的邪惡勢力，因爲"自我"使得他們全都趨向地獄。由此可見，若非主同時掌管天堂和地獄，就沒有人能够得救。

不僅如此，所有地獄是協作一致的。因爲地獄的惡勢力是交織在一起的，正如天堂的善勢力是交織在一起的。只有主所發的神聖大能，才能抵制這無數地獄對天堂和其中天使的聯合攻擊。

593. 天堂與地獄之間的平衡點，隨著進入天堂和地獄的人數而起伏，其數目可以用日以萬計來形容。瞭解並覺察這一點，隨時加以準確的調整，這不是任何天使所能做的，只有主能，因為主所發的神性無所不在，對任何偏差皆能明察秋毫。而天使只能察看周圍，有時連自己社群內的事都無法覺知。

594. 根據天堂和地獄的安排，每個人都享有屬於自己的自由。關於這一點，我們從前面對天堂和地獄的描述，可推而知之，其中包括：（1）天堂照善良在總體和具體上的不同，而分為無數的社群；（2）地獄照邪惡在總體和具體上的不同，而分為無數的社群；（3）每個天堂社群都有一個與之對立的地獄社群，這種對立和對應產生一種平衡；（4）主始終確保每個天堂社群之下的地獄社群不致過於強勢，一旦有此跡象，就通過各種方式加以節制，恢復適當的平衡。

節制的方法有很多，我略說一二，例如：（1）主的臨格；（2）某個或某些社群與其它社群間，更緊密地交流與聯合；（3）將過量的邪惡之靈驅往荒野；（4）惡靈在某些地獄間的轉移；（5）以多種方式迫使某些地獄恢復秩序；（6）將某些地獄更嚴密地遮掩起來；（7）將某些地獄沉入更深之處。此外還有很多方法，有的涉及地獄之上的天堂。

我說這一切，是希望大家明白，唯有主能確保善與惡，即天堂與地獄在各處的平衡，每位天使，每個世人，其得救的保證都取決於這種平衡。

595. 我們當知，地獄無時無刻不在攻擊天堂，意慾毀滅之。主則無時無刻不在保守天堂，引導我們離棄因"自我"所生之惡，將我們保守於善之中。我時常被允許感受從地獄所發出的氣場，它完全是一股邪惡之力，意慾摧毀主的神性，進而摧毀天堂。有時我也得以感受某些地獄的騷動，它們意慾擺脫束縛，施行毀滅。另一方面，天堂卻從不攻擊地獄，因為從主發出的神性氣勢，是拯救所有人的不懈大能。但是，由於地獄之人皆陷於惡中，與主的神性對抗，無從得救，主就只有盡可能地管制地獄內部的相互攻擊，約束他們的殘暴之性，免得它超出一定的界限。這同樣是神性權能，通過無數的途徑來實現的。

596. 天堂分為兩類國度，一為屬天國度，一為屬靈國度。照樣，地獄也分為兩類國度，一類與屬天國度對立，一類與屬靈國度對立。前者位於西方，住在那裏的靈被稱為"惡魔"；後者位於北方和南方，住在那裏的靈被稱為"邪靈"。

屬天之天使，都專注於對主之愛；與之對立的地獄惡魔，皆沉迷於愛自己即己慾中。屬靈之天使，都專注於對人之誼；與之對立的地獄邪靈，則沉迷於愛世界即物慾中。由此我看出，對主之愛和自我之慾是對立的；對人之誼與對物質之慾是對立的。

主始終確保，與屬天國度相對立的地獄之氣不致波及屬靈國度的天使，否則屬靈國度必要毀滅。

這就是主始終保持的兩個主要的平衡。

第六十三章、人的自由
源於天堂與地獄之間的平衡

597. 前文描述了天堂與地獄之間的平衡，已說明該平衡是天堂所發的善與地獄所發的惡之間的平衡，就是說，它是靈性的平衡，其本質是自由。

這種靈性的平衡本質上是一種自由，因為它存在於善與惡、理與謬之間，而這些都關乎靈性。所以，可以在善惡真偽之間做選擇，可以在彼與此之間權衡輕重，就是這裡所說的"自由"。

主將這種自由賜與每一個人，從不收回。就其源頭而言，它實際上屬於主，不屬於人，因其源自於主。但是，主將自由連同生命一起賜與我們，好似其本來就屬於我們，以便我們重生得救。因為若無自由，重生得救就無從實現。

稍具理性的人，不難看出人有思想善良或邪惡、誠實或虛偽、公平或自私的自由。但是，因著靈性的、道德的、民事的法則約束，人的言行總力求善良、誠實、公平，避免顯得邪惡、虛偽、自私。

由此可見，所謂人具有自由，是指運行思維和意志的靈性而言，對於他外在的言語和行為並不適合，除非其言行合乎以上所提到的法則。

598. 除非人具有一定的自由，否則他不能得救。因為人皆生於惡中，若要得救，就必須除惡，而要除惡，就必須省察、承認、拒絕惡，最後離惡。這要求人同時面對善與惡，因為人只有透過善，才能看見惡，而不能反過來從惡來看見善。從閱讀聖經、聆聽講道，人可得靈性之善；也從與人交往，人可得道德、民事之善。這是人需要自由的主要原因。

另一個原因是，任何事物若要成為某人的一部分，就必須合乎他的慾望和情感。其它的事物，雖然也能進入，卻只是進入其思維，不能進入其意志。凡不進入意志的，就不屬於人，因為思維是出於記憶，而意志則出於生命本身。只有出於意志的，或者說，只有出於慾望和情感的，對人而言才是自由的。因為凡是人所愛的，在他看來才是自由的。正因如此，人的自由與他愛的情感，或意志的情感，是一體的。所以，人要為真理和良善所感，即要熱愛真和善，使其成為好似他的一部分，就必須擁有自由。一句話，凡不能通過人的自由而進入人裏面的，都不能永存，因爲它不能歸屬於他的愛好或意志。凡不能歸屬於愛好或意志的，都不屬於靈。人之靈的本質，就是其愛或意志。或說其愛，或說其意志，因爲人皆立志於其所愛的上面。這就是爲什麼人只有在自由的狀態下，才可重生再造的緣故。

599. 爲活在自由中以便獲得重生再造，人的靈與天堂並地獄是相通的。每個人都有地獄的惡靈和天堂的天使與他同在。因著地獄的惡靈，人處於惡中；因著天堂的天使，他處於主之善中。這樣，人就獲得了靈性的平衡，也就因此住在自由中。關於天堂的天使和地獄的惡靈，都與人聯合這一點，可在天堂與人類的聯結那一章看到（參291-302節）。

600. 我們當知道，世人與天堂和地獄的聯結，不是直接的聯結，而是通過靈界之靈而間接達成的。這些靈與世人同在，他們既非來自地獄，也非來自天堂。通過靈界的惡靈，我們與地獄相通；通過靈界的善靈，我們與天堂相通。因著這種安排，靈界居於天堂和地獄之間，處在兩者的平衡點上。關於世界之靈是天堂和地獄之間的媒介，請參照421-431節；關於天堂與地獄之間平衡的必要，請參照589-596節。從這一切可知，人的自由是顯然的。

601. 關於與人同在的靈，我再說明一點。一個社群，可通過該社群內的某個靈，與另一個社群，或某地個別的靈，建立交流。該靈被稱爲其所屬社群的"媒介"。照樣，人可通過靈界之靈，與天堂的社群，或地獄的社群，建立交流。

602. 最後說說因天堂之靈流的注入，人對死後生命而有的直覺。有一些人，在世之時曾照某種信仰，過善良的生活，當時他們只是普通的百姓，他們被帶回在世時的狀態——主若許可，此事可發生在任何人身上，好將他們當時對死後生命的看法顯明出來。他們說，在世之時，一些有學問的人曾詢問他們對靈的看法，他們說不知何爲靈，於是問他們對死後生命的看法，他們說人死後將以靈的形態存在。便又問他們對靈的看法，他們說靈就是人，又問他們何以知道靈就是人，他們說本來就是。這些有學問的人，不禁爲普通百姓竟擁有連他們都不曾有的認識而感到驚訝。

這證明，在每一個與天堂聯結的人裏面，都有著對死後生命的直覺。該直覺的唯一源頭是天堂之流，從主經由天堂，透過靈界的靈傳遞給我們。凡不因某些錯誤成見，而熄滅其自由思考能力的人，都擁有此直覺，無論這些關乎人死後靈魂的錯誤成見如何形成——是自己承繼的還是用各樣思辨的方式所確認的，也無論那些錯誤的成見是什麼——或誤以爲靈只是一種純粹的想法，或誤以爲其只是在人身體裏尋求寶座的某種至關重要的原則。事實上，魂不是別的，而是人的生命，但靈才是人自己，身體只是他在人間所披戴的軀殼，是靈即人自己用來在人間正常活動的工具。

603. 本書對天堂、靈界、地獄所作的介紹，對於無興趣瞭解屬靈真理的人，是晦暗不明的。但是，對於有興趣瞭解，特別是爲著真而激情滿懷尋求真，即因其是真而愛慕真的人來說，却是一目了然的。凡是人這樣所愛的，都帶著光進入人的悟性思想中，特別是所愛的真理，因爲一切真理都在光中。

www.ingramcontent.com/pod-product-compliance
Lightning Source LLC
Chambersburg PA
CBHW062004220426
43662CB00010B/1224